프로젝트 수업
어떻게 할 것인가?

SETTING THE STANDARD FOR PROJECT BASED LEARNING
: A Proven Approach to Rigorous Classroom Instruction
by Buck Institute for Education and John Larmer, John Mergendoller, and Suzie Boss.

Translated and published by JISIKFRAME PUBLISHING CO. with permission from ASCD. This translated work is based on Setting the Standard for Project Based Learning: A Proven Approach to Rigorous Classroom Instruction by the Buck Institute for Education and John Larmer, John Mergendoller, and Suzie Boss.
© 2015 ASCD. All Rights Reserved.

ASCD is not affiliated with JISIKFRAME PUBLISHING CO. or responsible for the quality of this translated work.

이 책은 (주)한국저작권센터(KCC)를 통한 저작권자와의 독점계약으로 지식프레임에서 출간되었습니다. 저작권법에 의해 한국 내에서 보호를 받는 저작물이므로 무단 전재와 복제를 금합니다.

프로젝트 수업 어떻게 할것인가?

철학에서 실천까지, 교사들을 위한 PBL의 모든 것!

PROJECT BASED LEARNING

존 라머 · 존 머겐달러 · 수지 보스 지음 | 최선경 · 장밝은 · 김병식 옮김

지식프레임

옮긴이의 말

언제부터인가 '교실 붕괴'라는 말이 유령처럼 우리 학교 현장을 지배하고 있다. 많은 교사들이 학교와 수업이 무너져가는 모습을 깊은 슬픔과 상실감 속에서 지켜보고 있으며 일부는 교사로 살아가는 것이 두려워진다고도 한다. 이대로 가다간 학교가 완전히 무너질 수도 있겠다는 두려움과 절박함. 안타깝지만 이것이 우리의 현 주소이다.

하지만 이러한 불안과 절박함이 교사들을 변화시키는 원동력이 되기도 한다. 수업 변화의 의지로 불타는 수많은 교사와 학교의 노력은 절망 속에 존재하는 한줄기 밝은 빛이다. 지금 학교 현장에서는 수업이 살아나면 교실이 회복될 것이라는 희망으로 다양한 모험과 연구가 진행 중이다. 이 책을 번역한 우리 역시 그러한 고민 속에서 서로를 만났고 이 책을 만나게 되었다. 이 책이 학교와 수업에 당장 변화를 가져올 특별한 마법이나 만병통치약이라고는 생각하지 않는다. 하지만 PBL(Project Based Learning, 프로젝트 기반 학습)은 분명 수업을 살리고 학교 교육을 정상화하려는 교사들의 노력에 마중물이 될 것이다.

독자 여러분은 이 책을 통해 PBL이 무엇인지 제대로 알게 될 것이다. 우리는 지금껏 흥미 위주로 진행되면서 그저 무언가 새로운 것을 시도해 보는 수업을 PBL이라 여기기도 했었고, 다양하고 화려한 결과물을 만들어내는 활동을 PBL로 착각하기도 했었다. 그러나 이 책은 흔히 PBL로 오해받는 수업의 종류와 함께 왜 그러한 수업을 PBL이라 말할 수 없는지 상세히 설명해 준다. 또한 그저 재미만을 추구하는 의미 없는 '활동' 수업이라는 오해와 달리 PBL은 분명하고 깊이 있는 내용의 학습을 매우 중시한다는 강조와 함께 이를 뒷받침할 여러 교사의 수업 사례와 연구 결과를 소개하고 있다.

물론 PBL에서도 학생의 '흥미'라는 요소는 매우 중요하다. 다만 여기에서의 재미는 일시적 기분에 불과한 말초적 재미와는 차원이 다른, 의미 있는 것을 제대로 배울 때 만나게 되는 진한 기쁨과 깨달음의 감동임을, 덤으로 교사에게는 어린 학생들의 진지함을 지켜보는 기쁨임을 이 책은 잘 보여준다.

PBL을 처음 만나는 교사뿐 아니라 이미 PBL을 실천 중인 교사에게도 이 책은 큰 도움이 될 것이다. PBL의 세계로 막 걸음마를 떼려는 교사에게 이 책이 제공하는 PBL의 정의와 철학, 구체적 실천 방법과 풍부한 사례는 유용한 길라잡이가 되어줄 것이다. 또한 PBL

수업 시 각 단계마다 예상되는 어려움을 상세하게 기술하였다. 장애물을 만났을 때 어떻게 헤쳐 나가면 좋을지, 누구에게 어떤 도움을 받을 수 있는지 등에 대한 여러 가지 가능성과 정보는 PBL을 이미 실천하고 있는 교사에게도 유용한 팁이 될 것이다.

무엇보다도 오랜 시간 PBL에 천착해 온 연구자들이 저술한 책이라는 점은 이 책에 권위와 신뢰를 더한다. 특히 새로운 수업이 현장에 소개되고 안착될 때 학력 저하에 대한 우려가 강한 한국의 상황에서 이 책이 제시하는 다양한 연구 결과와 사례는 PBL에 대한 거부감을 불식시키기에 충분하다. 지난 20년간 여러 국가의 다양한 학교에서 이루어진 현장 연구 논문에 따르면 PBL을 실천했던 학교의 학생들이 그렇지 않은 학교의 학생보다 학력이 저하되었다는 보고는 단 한 건도 없었으며, 오히려 대조군에 비해 여러 가지 면에서 뛰어난 모습을 보여주었다.

우리는 이 책을 번역하면서 수업에 진지하게 참여하며 배우는 학생들을 머릿속으로 그려보며 짜릿한 전율을 느끼기도 했다. 독자 여러분 중에도 책을 읽는 중에 당장이라도 PBL을 실천해 보고 싶은 충동을 느끼는 분이 계실지 모르겠다. 물론 새로운 수업의 실천은 결코 녹록한 일이 아니다. 특히 우리나라에서 PBL을 실천하는 일은 여전히 어려울 수도 있다. 일단 책의 배경인 미국의 상황과 우리의 조건은 다소 거리가 있으며, 매우 뚜렷한 교과 간 경계와 교육 전반을 지배하는 입시의 영향력도 무시할 수 없기 때문이다.

그럼에도 불구하고 우리가 PBL을 한국의 교실에 소개하는 이유는 현재 우리의 교육이 교사 주도에서 학생 중심으로 변하는 패러다임의 전환기에 들어서 있기 때문이다. 특히 우리가 주목하는 점은 프로젝트를 수행하는 전 과정이 학생 간의 협력을 중시하고 비판적 사고력을 기반으로 문제를 해결하는 '21세기 역량 중심 교육'을 지향하고 있다는 사실이다. 이는 현재 2015 개정 교육과정이 지향하는 역량 중심 교육과정과 방향을 함께하기 때문에 점차 PBL 실천을 위한 여건과 분위기가 학교 현장에 조성될 것이라 예상한다. 중학교에 자유학기가 도입되고, 대입에서 학생부 위주 전형이 확대되면서 교실 수업 변화의 필요성이 더욱 커지고 있다는 점도 PBL의 확산과 성공적 안착에 좋은 환경이다. 특히 학생부 종합전형을 대비하여 단일교과 혹은 교과융합 수업이 필요한 고등학교 선생님들에게 이 책은 큰 도움이 될 것이다.

끝으로 두 가지를 강조하며 글을 마치고 싶다.

먼저, 학교 교육의 정상화는 유능하고 헌신적인 교사들의 힘으로만 되는 것이 아니라는 점이다. 교실 붕괴의 책임이 마치 교사들의 무능함 때문인 양 호도하는 것은 사실도 아닐 뿐더러 많은 교사를 더욱 깊은 슬픔과 좌절에 빠뜨리는 일이다. 이 책에서도 계속해서 강조하고 있지만 아이들이 학교에서 의미 있는 것을 배우며 행복해하기 위해서는 그러한 환경이 조성될 수 있도록 교육 당국과 관리자의 지원과 배려가 반드시 필요하다.

우리는 PBL이 매우 좋은 교육 철학이라고 굳게 믿지만, 그렇다고 해서 이것이 교육청이나 국가 기관의 주도로 확산되고 단기간의 성과를 내기 위한 도구로 이용되는 것은 철저히 경계한다. 시범 학교나 연구 학교의 이름으로 한두 해의 실적을 내기 위해 흉내만 내다가 교사들의 반감만 잔뜩 키워놓고 사라졌던, 혹은 사라져가고 있는 교수법이 한두 가지였던가? 우리는 PBL이 이처럼 가슴 아픈 전철을 밟는 것을 보고 싶지 않다. PBL은 교육과 수업에서 문화와 시스템 그리고 인식의 전환을 요구하는 철학이며, 이를 위해서는 많은 시간과 기다림이 전제되어야 한다.

두 번째는 교사들에게 드리는 진언으로, 완벽한 수업을 할 수 있을 때까지 기다리지 말라는 것이다. 실천 과정에서 만나는 장애물과 실패를 새로운 도약을 위한 기회로 여기고 도전을 멈추지 않기를, 그리고 반드시 동료와 연대할 것을 당부 드린다. 어려움의 극복을 위해서든 PBL 실천에 수반되는 교과융합을 위해서든 동 교과는 물론 타 교과와의 연대는 반드시 필요하다.

이 책이 나오기까지 애써주신 모든 분들께 진심으로 감사를 드린다. 번역 초보인 우리와 일하며 어려움이 많았을 이현선 편집자님께 특히 감사를 표하고 싶다. 기존의 수업 방식이라는 알에서 깨어나 새로운 수업을 실천해 보고자 하는 모든 교사들에게 이 책과 함께 아낌없는 응원을 보내며 글을 맺는다.

2016년 11월 대구에서
김병식 장밝은 최선경

프롤로그

    PBL은 최근 들어 유독 많은 사람들의 신뢰와 지지를 얻고 있다. 하지만 PBL이 요사이 새롭게 등장한 교수법은 아니다.
    수년간 많은 교육자들은 PBL의 확산을 위해 노력해 왔다. 이 책의 저자들이 소속된 미국의 비영리 교육 단체인 벅 교육협회(The Buck Institute for Education)도 그중 하나다. 벅 교육협회는 지난 20여 년간 PBL의 개념을 정의하고, 이를 하나의 교수법으로 정립하기 위해 심혈을 기울여왔다.
    초창기만 해도 이러한 노력은 별 의미가 없어 보였다. 20세기의 교사들에게 요구되는 것은 오직 성취기준을 달성하는 것이었기 때문이다. 교사들은 학생의 시험 성적에 책임을 져야 했고, 자연스레 철저한 설명 중심의 수업이 중시되었다. 정해진 것을 잘 따르는 교사들이 우수한 교사로 평가받는 시절이었다.

그러나 시대가 변했다. 학교 교육을 통해 대학과 직장 생활을 대비할 수 있어야 한다는 요구가 나오기 시작했다. 이에 발맞춰 미국 전역에 적용되는 주 단위 공통 핵심 성취기준(CCSS, the Common Core State Standards)도 바뀌었다. 학생들의 수행 능력에 초점을 두게 된 것이다. 그러자 자연스레 PBL에 대한 교육자들의 관심도 높아지기 시작했다. 바로 PBL이 새로운 시대의 요구에 부합하는 교수법이기 때문이다. PBL은 한마디로 교과 내용에 대한 깊은 이해는 물론이고 학생들이 졸업 후 성공적으로 대학과 직장, 일상생활을 해나갈 수 있도록 필요한 역량을 길러주는 수업이다.

구글에서 'project based learning'을 검색해 보면 3백만 개가 넘는 결과가 나온다. 신학기가 되면 신문들도 PBL 사례를 조명하고, 학부모와 학교운영위원회에서 먼저 학교에 PBL 채택을 권하기도 한다. 실제로 미국의 많은 차터 스쿨(Charter School, 대안학교의 성격을 가진 공립학교)이 PBL 중심으로 운영되고 있으며, PBL에 관한 경험과 아이디어를 나누는 교사들도 점차 늘어나고 있다. 실제로 미국의 교육 사이트 에드모도(Edmodo)의 PBL 커뮤니티 회원 수는 무려 3만 명에 달한다(https://www.edmodo.com/publisher/biepbl).

이러한 수요에 맞춰 PBL에 관한 자료를 개발하는 출판사와 교육 사업자도 늘어나고 있는 추세다. PBL 중심으로 학생들을 교육하는 기관들도 빠르게 성장하고 있다. 뉴텍 네트워크(New Tech Network), 아시아 소사이어티 국제학 학교 연합(Asia Society International Studies Schools), 탐험 학습 학교 연합(Expeditionary

Learning Schools), 인비전 학교 연합(Envision Schools), 국립 학술 재단(National Academy Foundation)이 운영하는 다양한 직업 중심 교육 기관 등이 대표적이다. AP 수업(미국 고교생이 대학 진학 전 수강하며 대학 인정 학점을 취득할 수 있는 고급 학습 과정)과 SAT의 성격 역시 PBL의 인기 추세에 맞춰 변화하고 있다.

그러나 인기를 누리는 모든 것들에는 '질적인 편차'가 존재하기 마련이다. PBL이란 이름으로 진행되지만 정작 PBL의 장점을 제대로 살리지 못하는 수업들도 많다.

제대로 된 PBL을 위해서는 시간을 투자해야 하고, 나름의 철학과 철저한 계획이 필요하다. 알맞은 계획 없이 엉터리로 진행되는 프로젝트 수업은 시간 낭비일 뿐이다. 그 예로, '프로젝트'란 이름이 붙었지만 '재미' 이외에는 얻을 것이 없는 수업들이 있다. 그런가 하면 기존 수업에 모둠별 보고서와 발표 활동만 추가하고서는 이를 '프로젝트'라고 부르는 경우도 있다. '디저트 프로젝트' 역시 PBL로 오해하지만 진짜 PBL과는 거리가 먼 활동이다. 디저트 프로젝트는 간단한 계획, 사고 활동, 조사 등 작은 노력만으로 쉽게 결과물을 완성할 수 있는 활동으로, 이러한 활동들은 PBL이 가진 장점을 전혀 살리지 못할 뿐 아니라 PBL 교수법의 명성을 위협하는 가짜 PBL이다.

지난날 숱한 수업 혁신들이 반짝하고 시라지는 운명을 맞이했다. PBL이 같은 운명으로 전락해서는 안 된다. 그렇기에 우리는 최고의 PBL이 교실에서 실천될 수 있도록 노력해야 한다.

PBL은 현대 사회에서 살아갈 학생들을 위해 반드시 필요한 교수법이다. 우리는 PBL이 보다 많은 교실에서 일상적인 실천이 되길 바란다. 이 꿈을 현실로 만들기 위해서는 교사와 관리자, (당연히) 학생의 협력이 필요하며, 학부모와 지역 사회의 협조도 절실하다. 그런 이유로 이 책은 모든 교육 주체를 염두에 두고 쓰여졌다.

우리는 PBL의 이상을 제시하고 교육자들을 독려하는 한편, 실용적인 내용을 전달하기 위해 노력했다. PART1, PART2에서는 진정한 PBL의 의미와 조건에 대해 설명하고, PBL에 관한 연구 결과를 살펴봤다. PART3과 PART4에서는 참고할 만한 사례와 유의 사항을 제시하며 성공적인 프로젝트 설계와 운영 방법을 설명했다. PART5에서는 방과후학교나 여름 방학 프로그램 등 정규 교육과정 이외의 수업 속에서 PBL의 가능성을 논의했다. 마지막으로 PART6에서는 학교 및 교육청 소속 관리자들을 위한 내용을 담았다. PBL이 교육계 전반으로 확산되기 위해서는 이들의 정책적·조직적·문화적 지원이 반드시 필요하기 때문이다. 한편, 본문 사이사이에 다양한 학년과 교과 안에서 이루어지는 PBL 수업 사례를 소개했다.

지금 PBL은 세계적인 주목을 받고 있다. 세계 각지의 많은 교육자들이 21세기를 위한 새로운 교수법의 필요성을 느끼고 있기 때문이다. 우리는 최근 몇 년 동안 캐나다, 멕시코, 한국, 영국, 중국, 남아프리카공화국, 싱가포르, 코스타리카, 파키스탄, 일본, 브라질, 요르단, 대만, 도미니카공화국을 비롯한 세계 각지에서 PBL에 관심을 두고 있는 교육자들과 교류해 왔다. 비록 이 책에서는 미국 교육

제도에서 사용하는 용어와 미국의 상황을 중심으로 논의했지만 우리가 권장하는 프로젝트 기획의 원칙, 구체적인 운영 방법 등은 세계 어느 곳에서나 유효할 것이다.

아무쪼록 이 책이 이미 완벽한 PBL을 실천하고 있는 소수의 교육자들에게는 자신감과 용기를 주고, 더 발전된 PBL을 원하는 이들에게는 유용한 지도와 안내를 제공할 수 있기를 바란다. 더 많은 교사와 학생들이 우리의 여정에 함께하기를 진심으로 희망한다.

존 라머, 존 머겐달러, 수지 보스
2015년 2월
캘리포니아 노바토에서

Contents

옮긴이의 말 004

프롤로그 009

PART 1 _ PBL이란 무엇인가?

01 PBL의 시작과 GSPBL　023

02 GSPBL이 되기 위한 조건들　038

03 GSPBL을 실현하기 위한 교사의 역할　058

　PBL 수업 엿보기 01 〈농민의 수고에 감사하기〉　070

　PBL 수업 엿보기 02 〈건강한 공동체〉　076

　PBL 수업 엿보기 03 〈포근한 우리집〉　079

PART 2 _ 왜 PBL을 하는가?

01 배움의 동기를 부여하다   088
02 미래의 성장을 위한 대비   093
03 새로운 성취기준과 평가를 위한 대비   102
04 가르침의 기쁨을 더하다   113
05 지역 사회와 소통하는 배움   118
06 PBL의 가치를 입증하는 연구들   125

   PBL 수업 엿보기 04 〈암을 이겨내요〉   139
   PBL 수업 엿보기 05 〈내 집 마련하기〉   142
   PBL 수업 엿보기 06 〈세상에 단 하나뿐인 아이반〉   146

PART 3 _ 프로젝트 설계하기

01 프로젝트 설계, 관건은 '적절함'   154
02 PBL이라고 보기 어려운 활동들   157
03 프로젝트의 다섯 가지 유형   164
04 프로젝트 설계 1단계 : 상황 고려하기   172
05 프로젝트 설계 2단계 : 아이디어 구상하기   182
06 프로젝트 설계 3단계 : 기본 틀 잡기   188

   PBL 수업 엿보기 07 〈시스템 고민하기〉   215
   PBL 수업 엿보기 08 〈수학자의 집 리모델링〉   219
   PBL 수업 엿보기 09 〈지구촌 행복과 지역 봉사〉   223

PART 4 _ 프로젝트 운영하기

01 학생들의 준비 상태 점검하기   233
02 프로젝트 준비하기   238
03 1단계 : 프로젝트 시작하기   243
04 2단계 : 지식, 이해, 역량 키우기   257
05 3단계 : 비평하고 개선하기   268
06 4단계 : 결과물 발표하기   276
07 테크놀로지 활용하기   282

  PBL 수업 엿보기 10 〈남북전쟁 속 과학기술〉   288
  PBL 수업 엿보기 11 〈우리 지역의 시민운동가〉   294
  PBL 수업 엿보기 12 〈미니 골프장 디자인하기〉   299

PART 5 _ 정규 수업 밖에서 PBL하기

01 정규 수업이 아니어도 PBL은 유용한가?   307
02 PBL로 여름 방학 프로그램 운영하기   311
03 방과후학교에서 PBL하기   316
04 PBL이 가져다 주는 기회들   323
05 비정규 교육 속 PBL을 위한 전략   328

  PBL 수업 엿보기 13 〈변화의 주역들〉   333
  PBL 수업 엿보기 14 〈프랑스에 유학하는 미국인 교환학생〉   337

PART 6 _ 관리자를 위한 PBL 가이드

01 PBL을 어떻게 도입할 것인가? 345

02 시작은 작게, 비전은 크게 350

03 교사의 변화를 위한 공간 만들기 361

04 동료 리더십의 힘 374

05 지역 사회 파트너와 함께하기 379

　　PBL 수업 엿보기 15 〈달콤한 용해〉 385

　　PBL 수업 엿보기 16 〈사우스 센트럴의 내일〉 388

에필로그　393

참고문헌　396

주　　405

• **일러두기** •
원서의 본문에 소개된 온라인 홈페이지 주소는 미주에서 확인할 수 있습니다.

PART 1

PBL이란 무엇인가?

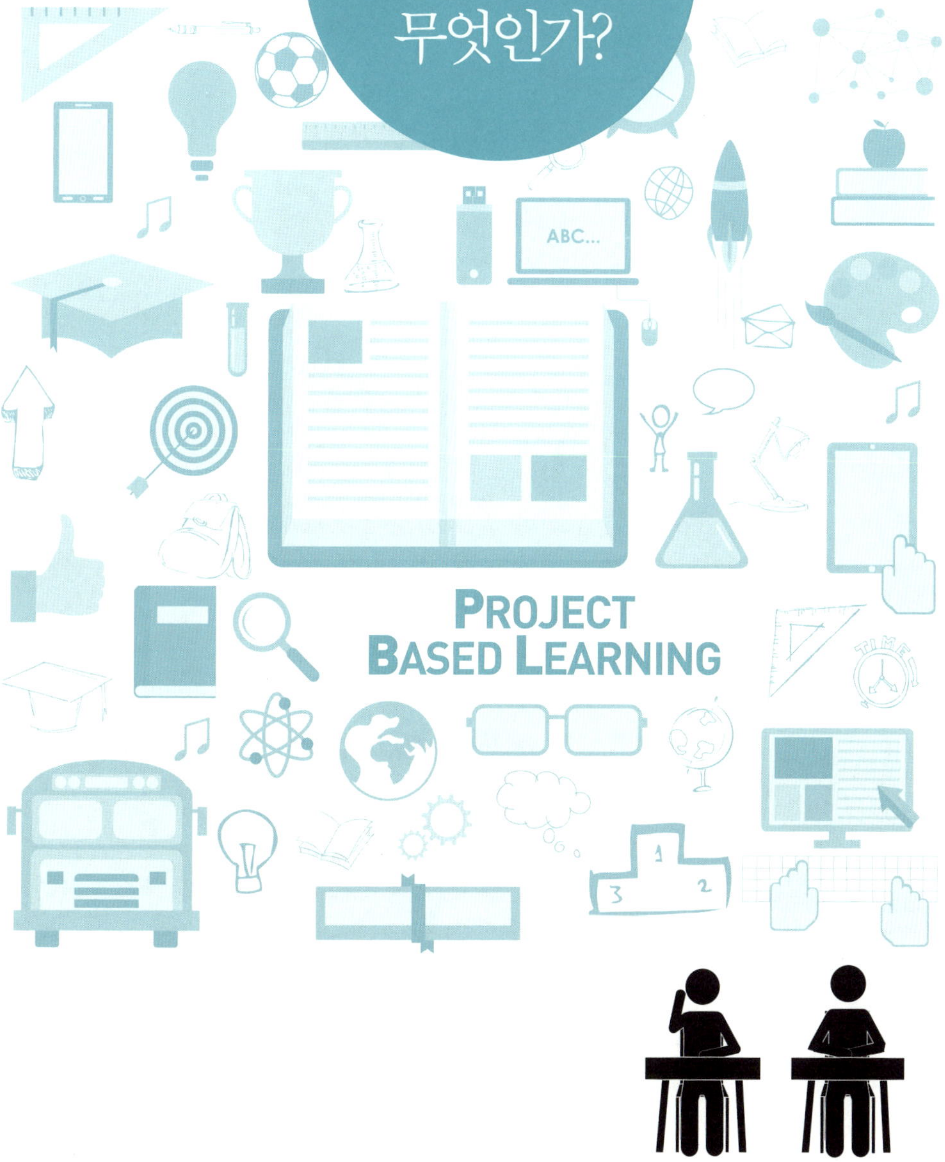
ABC...
PROJECT
BASED LEARNING

● 벅 교육협회는 2010년, ASCD의 학술지 《교육 리더십(Educational Leadership)》에 〈프로젝트 기반 학습의 7가지 필수 요소〉라는 글을 발표해 진정한 PBL이 무엇인지 설명했다. 이후 '핵심 지식과 이해'란 요소를 추가해 PBL의 필수 요소를 8가지로 정리했다. 이는 일부 고정관념과 다르게, PBL이 '대인 관계 능력'을 개발하는 데 그치지 않고 교과 내용을 가르치는 수업이란 점을 상기시키고 싶었기 때문이다.

우리는 최고의 PBL을 연구하며 새로운 PBL 모델을 발전시켜왔다. 2014년 6월에 열린 PBL World를 비롯해 각종 블로그와 다수의 콘퍼런스, 60개 국립대학의 교수진과의 협의회, 그리고 PBL에 정통한 몇몇 단체의 대표 모임 등에서 진행 상황을 공유하며 비평과 개선을 반복했다. 이 과정을 통해 '최고의 PBL을 위한 기준'을 세울 수 있었다.

우리는 완벽한 조건을 갖춘 PBL을 'GSPBL(Gold Standard PBL)'이라고 이름 붙였다. 여기에는 수많은 교육 철학자와 연구자들이 검증한 교수법과 학습 전략이 녹아들어 있다. GSPBL은 체계적인 계획, 섬세한 운영 등의 기준을 두고 있으며, 학생의 활동 과정과 결과에 대한 교사와 학생, 외부 청중의 평가를 중요한 요소로 삼고 있다. 이와 함께 교사의 역할과 전통적인 교수법의 적절한 활용도 강조한다.

PBL에서 교사의 역할은 프로젝트가 될 만한 것을 찾아내거나 프로젝트를 기획해서 학생에게 넘겨주는 정도로 한정되지 않는다. 기존의 교수법들, 특히 교사의 시범, 설명, 적절한 도움과 지도는 PBL에서도 여전히 중요하다. 더 나아가 교사는 학생이 새로운 능력을 요구하는 PBL 학습 환경에 적응할 수 있도록 도와야 한다. 학생이 새로운 역량을 발전시키고 스스로에 대한 기대치를 설정할 수 있도록 옆에서 지원해야 한다(Schmidt, Boshuizen, & de Vries, 1992).

PBL의 시작과 GSPBL

● PBL의 출발은 진보주의 교육, 그리고 '배움은 사회적 과정'이라고 믿었던 존 듀이John Dewey의 사상과 어느 정도 맞닿아 있다. 하지만 PBL의 핵심 요소들은 존 듀이나 진보주의 교육의 탄생 이전에도 이미 여러 세기 동안 실천되어온 것이다.

프로젝트의 시작, 프로게티(Progetti)

16세기 이탈리아에서 건축가와 화가, 조각가는 숙련된 장인으로 인식되었다. 하지만 정작 본인들은 이러한 분류를 마음에 들어 하지 않았다. 자신의 직업이 석수나 목수 같은 숙련 직종과는 다르다고 믿었기 때문이다.

그들은 자신의 일이 과학 지식과 예술의 통합을 기반으로 한다고 생각했으며, 구두로 전수되는 기술과 그에 대한 연습보다는 특별한 훈련과 이론적 지식에 기반을 둔 전문직으로 인식되기를 원했다. 이러한 지식의 발달과 체계화, 전파를 위해 학교가 필요했고, 마침내 1577년 교황 그레고리 13세의 후원 아래 아카데미아 디 산 루카(Accademia di San Luca)라는 예술 학교가 로마에 설립됐다(Knoll, 1997).

그 당시 다른 교육 기관과 마찬가지로 이 학교의 주된 교육 방법은 강의였다. 하지만 초보 건축가와 조각가를 강의 중심으로 교육하는 것은 누가 봐도 적절하지 않았다. 이들에게 필요한 것은 배운 것을 적용하고 실습할 기회였기 때문이다.

상급 학습자가 되면 학생들에게는 오늘날 '디자인 챌린지'라고 부를 만한 것들, 즉 교회, 기념비, 궁전과 같은 모형을 만들어내는 과제가 주어졌는데, 이러한 과제를 '프로게티(Progetti, 영어의 project와 같은 말)'라고 불렀다. 이는 이 과제가 실제로 지어질 건축물이 아니라 상상력과 창의성의 산물이라는 점을 부각시키기 위함

| 디자인 챌린지 |
(Design Challenge)

디자인 개발 최초 단계에서 디자인을 위해 구체적으로 정의된 문제를 말한다. 최근에는 디자인 이외의 분야에서도 이러한 문제 정의 방식이 활발히 활용되고 있다. 디자인 챌린지의 예로 '어떻게 하면 청소년들이 네티즌으로서 바람직한 자세를 갖추는 데 도움을 주는 방안을 도출할 수 있을까?'와 같은 것이 있다. PBL에서는 디자인 챌린지가 하나의 유형으로 활용되고 있다.

이었다. 프로젝트란 단어가 교수 학습 방법론의 하나를 의미하는 말로 사용된 것은 이때가 처음이었다(Marconi, Cipriani, & Valeriani, 1974). 그리고 그로부터 약 20년 후, 이 학교는 구체적인 기준에 따라 프로게티 결과물을 평가하는 대회를 열기 시작했다.

16세기의 이 대회들은 오늘날 PBL이 지닌 많은 특징들을 만들어 냈다.

첫째, 프로게티는 어려운 문제(Challenging Problem)에 대한 해결책을 중심으로 기획됐다. 이 경우 학생에게 요구되는 것은 지식을 단편적으로 이해하고 암기한 뒤 기억해 내는 것이 아니라, 적극적인 문제해결력과 함께 필요한 지식을 적용하는 능력이다. 그런 점에서 이 개념은 매우 중요하다. 프로게티를 통해 학생들은 단순히 듣고 기억하는 것이 아니라, 생각을 통해 문제를 해결하고 배운 것을 적용할 기회를 갖게 된 것이다.

둘째, 프로게티에는 현직 건축가들의 실제 업무가 반영되어 있었다. 현직 건축가의 경험과 그들이 직무상 겪을 수 있는 일을 반영한 것이다. 예를 들면 마감일에 맞춰 디자인을 완성하는 일, 다른 사람들에게 디자인의 가치를 설명하는 일 등 건축가가 맞닥뜨리는 일상적인 업무를 포함하고 있었다. 오늘날의 시각으로 봤을 때 프로게티는 상당히 실제적(Authentic)이었다.

셋째, 과제는 교사가 냈지만 문제를 이떻게 해결할지, 모형은 어떻게 만들 것인지 등에 대한 의사와 선택권(Voice and Choice)이 상당 부분 학생들에게 있었다. 그렇기에 다양한 정답이 가능했다.

넷째, 프로게티의 목표는 전시되고 평가될 수 있는 공개할 결과물(Public Product)을 만들어내는 것이었다. 'product'라는 단어는 라틴어 동사 'producer'에서 유래한 것으로 '~을 낳다'라는 뜻을 지닌다. 즉 'product'는 구체적인 결과물로, 학습 과정을 엿볼 수 있게 해주는 대상이다.

| 공개할 결과물 |
(Public product)

GSPBL(Gold Standard Project Based Learning)은 학생의 학습 결과물을 반드시 공개하는 것을 원칙으로 한다. 기존의 교실에서 학습 결과물의 독자나 청중이 교사로 국한되어 있던 것과는 달리 GSPBL에서는 교실 밖 실제 청중이나 독자를 염두에 두기 때문에 학습 결과물이 '공공성(being public)'을 띠게 된다. 결과물은 프레젠테이션, 출판물, 온라인 게시물, 연극, 전시회 등 다양한 형태를 지닌다.

존 하티John Hattie 등이 지적한 것처럼, 일단 볼 수 있는 것은 논하고 반추할 수 있으며, 비평의 대상이 되어 개선될 여지가 있다(Hattie, 2012; Ritchhart & Perkins, 2008). 학습자는 이러한 엄격한 평가와 비판, 수정의 과정을 통해 비로소 초기 단계의 아이디어와 노력이 지닌 강점과 약점을 깨닫게 된다. 그 결과 부족한 세부 항목을 추가하여 작품을 더욱 정교하게 만들고 이 과정을 통해 자신의 배움에 깊이를 더할 수 있다.

이처럼 16세기의 프로게티가 오늘날 수준 높은 PBL이라 여겨지는 요소(어려운 과제나 문제, 실제성, 학생의 의사와 선택권, 비평과 개선, 공개할 결과물)를 모두 갖추고 있었다는 사실은 매우 인상적이다. 이러한 요소는 미국과 유럽의 직업 훈련 모델을 확립하는 데 기여했으며 오늘날까지도 직업교육의 필수 요건으로 여겨지고 있다(Knoll,

1997). 그리고 이러한 아이디어는 컬럼비아 사범대학의 두 교육 철학가에 의해 직업교육에서 초·중등교육으로 넘어오게 된다.

킬패트릭의 '프로젝트 교수법'과 듀이의 '사고행위'
―

1918년 가을, 윌리엄 허드 킬패트릭William Heard Kilpatrick은 〈프로젝트 교수법(The Project Method)〉이라는 영향력 있는 글을 발표했다. 존 듀이의 제자였던 그는 당시의 심리학 사조와 듀이의 철학 사상으로부터 영향을 받았다. 십 년 넘게 미국 교육자들의 관심을 끌었던 이 교수법은 학생의 적극적 참여를 중시했고, 학생 중심의 '목적 지향적 활동(purposeful act, 학생들이 목적을 가지고 하는 활동, 의지를 가지고 하는 행위. 프로젝트 교수법은 교육과정에서 목적[의지]을 가지고 하는 활동을 전제로 한다. - 역자 주)'에 주안점을 두었다(Csikszentmihalyi & Csikszentmihalyi, 1991). 그는 학생 스스로 자유롭게 '목적'을 결정하도록 해 학습 동기를 높이는 것이 프로젝트의 목표라고 생각했다. 학생들에게 자유로운 의사와 선택권이 없을 때 학교 공부는 지겹고 고된 일이 되며 이는 결국 학생을 학습에서 소외시키고, 능력 있는 시민의 양성이라는 교육의 궁극적인 목적을 달성하는 데 역효과를 낼 것이란 게 킬패트릭의 생각이었다.

하지만 교육에 대한 킬패트릭의 시각은 루소Rousseau에서부터 닐A. S. Neill에 이르기까지 많은 교육가들 사이에서 반향을 불러일으켰지만 존 듀이에게는 그러지 못했다. 듀이는 무제한적인 학생 선택권에 대한 킬패트릭의 견해가 잘못됐다고 믿었다. 학생 선택권이 중요한 것은 사실이지만 절대적이지는 않다고 생각했다. 듀이는 킬패트릭이 말하는 자발적이고 전면적인 학생 참여에 대해 의문을 가졌으며, '목적 지향적 활동'을 강조하는 것에 대해서도 비판했다.

듀이는 활동의 중요성에 초점을 두기보다는 '사고행위(act of thinking)'에 주목했다. 여기서 사고행위란 학생들이 추상적 또는 현실적 장애물을 마주했을 때 해결책을 세워 실천해 보고 그 결과를 성찰하는 것을 말한다(Knoll, 1997). 듀이는 학생들에게 그런 장애물을 제시하는 것이 교사의 역할이라고 믿었다. 그가 생각하는 효과적인 프로젝트는 학생들이 교과 영역 내에서 스스로 의미를 발견할 수 있도록 교사가 안내하며 함께 학습 과정에 참여함으로써 가능한 것이었다(Dewey, 1939; Dewey & Small, 1897). 따라서 교사의 판단, 지도, 영향력을 중시하지 않는 프로젝트는 실패로 이어지거나 학생들의 도전 의식을 자극하지 못할 가능성이 높다고 봤다(Dewey & Small, 1897). 또한 듀이는 높은 기준, 탁월함에 대한 안목 등 학생들이 교사로부터 배워야 할 중요한 것들이 있다고 주장했다.

> 아이들이 너무 복잡한 프로젝트를 수행하는 것이 위험한 이유는 단순히 프로젝트가 엉망이 되고 결과물 또한 조잡해지기 때문이 아니다. 이는 사소한 문제일 뿐이다. 그보다는 기준을 망칠 위험이 크다는 게

진짜 중요한 문제다(Dewey, 1916, p.205).

듀이가 학생들을 혼란스럽게 하고 교육을 망치는 자유방임주의 교육자라고 오해했던 사람들은 이러한 사실이 놀라울 것이다. 듀이는 학생들이 자신의 공부에 대해 높은 기준을 설정하고 발전시키도록 하는 것이 중요하다고 생각했다. 그리고 이를 위한 엄격한 비평과 지도를 강조했다. 킬패트릭은 프로젝트 교수법을 대중화하며 명성을 얻긴 했지만, 그의 사상은 결국 외면 받았고 스스로도 자신의 생각에 의문을 제기하게 됐다(Knoll, 1997).

오늘날 GSPBL이 탄생하게 된 중심에는 킬패트릭에 대한 듀이의 비판과 더불어 '인지적 사고행위'에 대한 강조가 있다. 듀이는 학생들을 프로젝트 활동에 참여시키면서 학생의 의사를 반영하고 어느 정도는 선택권을 부여하는 것이 필요하다고 생각했다. 하지만 학생의 참여와 의사 결정만으로는 결코 충분한 학습이 이루어질 수 없다고 봤다. 배움이 일어날 수 있는 환경을 만들어주는 교사가 반드시 필요하다는 것이 듀이의 생각이었다.

교사는 학생이 사고하고, 탐구하며, 성찰할 수 있는 상황을 만들어내는 존재다. 즉 프로젝트를 구상하고 계획하는 일을 한다. 교사는 학생이 배울 가치가 있는 것(일반적으로 공인된 기준들)을 붙들고 씨름할 수 있도록 이끌고, 학생이 성공할 수 있도록 학습에 대한 비계(Scaffolding)와 자료를 제공해야 한다. 학습 과정을 평가하고 학습 목표에 도달하도록 학생을 참여시키고 지도해야 한다. 생산적인 프로젝트를 위해 학생에게 최대한 많은 책임감을 부여하고, 학생들이 프로젝트의 목표를 파악하고 그들 자신의 배움에 대해 책임감을 갖도록 프로젝트 과정을 관리해야 한다. 이러한 실천을 '프로젝트 기반 교수법(Project Based Teaching)'이라 정리할 수 있다.

> **| 비계 |**
> **(Scaffolding)**
>
> 일반적으로 비계(飛階)는 건축 공사장에서 쓰이는 말로, 높은 곳에서 공사를 할 수 있도록 임시로 설치한 가설물을 의미한다. 교육학에서 비계는 학습자의 인지적 성장에 도움이 되는 요소와 환경을 말한다. 교사나 동료의 친절한 설명, 어려운 과제의 해결이나 주제 이해를 돕기 위한 별도의 학습 자료, 교사나 동료와의 상호작용(대화) 등 교실 내에서 학습자의 학습에 도움을 주는 모든 요소를 비계로 이해할 수 있다.

'사고행위'에 대한 듀이의 관심으로 인해 PBL은 단순히 직업교육을 강조하는 것을 넘어 '미란 무엇인가? 윤리란 무엇인가? 교육의 목적은 무엇인가?'와 같이 쉽게 답하기 어려운 철학적인 문제로까지 확장되었다. 듀이는 건축 디자인처럼 실험과 사고, 성찰을 통해 해결해야 할 구체적인 문제들도 가치 있고 중요하지만, 학생들이 삶과 윤리에 관한 추상적인 문제들에 대해서도 고민해야 한다고 주장했다.

듀이를 PBL의 직접적인 시조로 볼 수는 없지만 그의 사상은 PBL을 실천하고 있는 이들에게 많은 영향을 주었고 GSPBL의 개념 정립에도 지대한 영향을 미쳤다. 특히 PBL의 구상과 계획, 운영과 지도, 평가와 성찰에 있어서 교사의 중요성을 주목하게 만들었다.

듀이는 또한 반복적인 사고행위와 성찰을 통해 디자인 챌린지뿐만 아니라 추상적인 문제에도 접근할 수 있다는 것을 보여주었다. 마지막으로 그는 학생의 참여 하나만으로는 PBL의 가치를 정당화하기에 충분하지 않으며, 이는 일반적인 학습에 있어서도 마찬가지임을 강조했다.

의과대학에서 시작된 문제기반학습

1960년대, 캐나다 맥마스터 대학의 의과대학 교수들은 학생들이 유능한 의사가 갖추어야 하는 임상 및 진단 능력을 충분히 연습하지 못한다고 걱정했다. 기존 교육과정에서는 단편적인 생물 의학 지식의 암기만을 강조할 뿐 성공한 의사들이 갖춘 지식, 역량, 성향 등을 가르치지는 못했다. 이에 교수들은 새로운 교수법을 개발했다. 이들이 개발한 문제기반학습(Problem Based Learning)은 네덜란드의 마스트리히트 대학과 미국의 미시간 주립대학을 비롯한 여러 기관에서 즉시 채택되었고, 이후 50년 동안 다른 기관들로 확산되었다. 오늘날 문제기반학습은 예일, 하버드, 캘리포니아 대학을 비롯한 거의 모든 의과대학에서 공인된 교육 방법이며(Camp, 1996), 건축, 경영, 교육, 사회복지, 법, 공학 등 다른 분야의 전문 직업 훈련 프로그램에서도 많이 활용되고 있다(Mergendoller, Markham, Ravitz, & Larmer, 2006).

문제기반학습을 적용하는 방식은 학교마다 다를 수 있지만 다음과 같은 공통점이 있다.

첫째, 초창기의 프로게티처럼 어려운 문제가 주어진다.

주어진 문제들은 구조가 없고 명확하지 않으며 '골치 아픈 문제'로, 명백한 답이나 해결 절차도 없다. 이러한 특징들은 사람들이 실생활에서 겪는 문제 유형과 가깝다. 현실에서는 정보가 누락되거나 서로 상충되는 경우가 많고, 다양한 이해 당사자와 가치가 존재하며, 이론의 여지가 없는 명확한 답이 없을 수도 있다. 그런 문제를 해결하기 위해 토론, 분석, 논리가 필요하다. 문제들은 가능한 현실에 가깝게 만들어진다. 예를 들어, 의대의 문제는 환자의 증상, 면담, 검사 결과를 설명하는 자료의 형태로 제시된다. 심지어는 환자를 연기하는 사람이 등장하기도 한다. 경영대학에서는 특정 부서의 수익과 지출 보고서, 시장조사 결과, 사업 계획서 등이 포함된 자료가 제시되는 식이다.

둘째, 모둠을 구성해 협력을 통해 문제를 해결한다.

각 모둠의 학생들은 '학습 과제'를 확인하고 숙지한다. 학습 과제란 문제해결을 위해 필요한 정보와 개념을 말하는데, 의대 학생들에게 학습 과제는 질병의 특성과 진행 경과 같은 것이고, 건축과 학생들에게는 건축자재나 건축법규 같은 것이다. 모둠 구성원들은 역할 분담 후 각자 맡은 부분을 조사한 뒤 조사한 내용을 한데 모은다(Aronson, 1978). 지속적인 탐구가 이루어지려면 학생 각자가 목표를 설정하고, 자신의 학습뿐만 아니라 스스로를 관리해야 하며, 자신의 일이 공동의 목표를 달성하는 데 기여할 수 있도록 해야 한다.

'학습하는 방법'을 익히고, 생산적으로 '협력하는 법'을 배우는 것 등은 성공역량과 관련된 것으로 문제해결을 위해 필요한 지식을 완벽히 익히는 것만큼이나 중요하다. 모둠 구성원들은 문제와 관련해 배운 것을 토의하고 그들이 최선의 해결책이라 생각하는 것에 대한 합의를 이끌어낸다. 각 모둠은 전체 학급을 대상으로 결론을 발표하고 그런 결론을 도출하는 데 사용된 논리를 설명한다.

셋째, 동료 학생, 교사와 함께 학습 과정 전체를 성찰하고 서로의 생각을 공유한다.

메타인지(metacognition, '알고 있음을 아는 것'을 의미한다. 자신이 수행 중인 인지 과정 자체를 인지하고 관장하는 상위의 인지 과정을 뜻한다. - 역자 주)라고도 하는 성찰의 과정은 학생들에게 문제해결 과정을 검토하고 더 나은 방안을 모색하는 기회를 준다. 또한 문제해결 과정을 내면화하고 문제 유형을 파악하게 하여 차후에 같은 문제가 발생했을 때 잘 해결할 수 있도록 도와준다(Bransford, Brown, & Cocking, 2000; Hung, Jonassen, & Liu, 2007).

여기서 우리는 PBL(Project Based Learning)과 문제기반학습(Problem Based Learning) 사이의 구분이 자의적이며 탁상공론에 가깝다는 점을 강조하고 싶다. 실제로 상당수의 교사들은 현재 수업 중 실시하고 있는 프로젝트를 설명해 보라는 요청을 받았을 때 전형적인 문제기반학습 장면을 묘사하곤 한다.

문제기반학습에서 튜터의 역할

의과대학에서 문제기반학습은 경험 많은 조력자의 안내와 감독 아래에서 진행된다. 예전에는 그런 조력자들을 '튜터(tutor)'라고 불렀다. 튜터 대부분은 학교나 지역 사회의 의사들이었다. 이들은 학생 그룹을 관찰하면서 멘토가 되어 주었고, 대화를 통해 학생들이 배움과 의문을 공유할 수 있도록 이끌었다(Savery, 2006). 튜터는 학생들을 직접적으로 가르치거나 해답을 제시하지는 않았다. 이들의 역할은 학생들이 토론하고 성찰하게 만들며 비계와 참고할 자료를 제공하는 것이었다. 튜터는 질문을 통해 학생들이 사고력과 추론 능력을 확장하도록 도왔고, 독립적이고 자기주도적인 학습자로서의 역량을 개발할 수 있도록 격려했다.

뛰어난 의사이자 작가이며 문제기반학습의 이론가인 하워드 배로우스Howard Barrows는 튜터의 역할과 '메타인지 시범'의 중요성을 강조했다.

> 구두 서술 시험과 도전 과제는 학생들이 함께 해결해야 하는 것으로, 그[조력자]는 학생들이 문제 또는 상황에 대처하는 모습을 심사숙고하면서 직접 문제를 만들어야 한다. 그의 질문은 학생들이 문제해결을 위해 애쓰는 동안 어떤 질문을 해야 하며 무엇을 배워야 할지를 깨닫게 해준다. 이런 식으로 조력자는 학생에게 직접 정보를 제공하지 않으며, 학생의 사고 과정이 옳거나 그르다는 것을 가르쳐주지 않는다

(Barrows, 1992, pp.4-5).

교사는 긴장감과 흥미를 높이기 위해서 다음과 같은 질문을 할 수 있다. "왜?" "그게 무슨 뜻이니?" "근거가 뭐니?" "설명을 더 해줄 수 있겠니?" "모든 가능성을 고려해 봤니?" "그것의 의미는 뭐니?" 또 학생의 어려움을 줄여주기 위해 할 수 있는 질문은 다음과 같다. "우리 지금은 이 부분에만 집중하면 어떨까?" "목표를 수정해서 가장 중요한 것들만 다루도록 하자. 여기서 잠시 멈추고 자료를 더 읽어보자." "전문가와 이야기해 보는 건 어떨까?" "지금은 큰 그림에 집중하고 세부 사항은 나중에 채우는 게 어떨까?"(Barrows, 1992, p.11).

전문가들은 문제해결 과정 중에 있는 학생의 상태를 관찰하는 것이 중요하다고 강조한다. 관찰을 통해 학생들이 더욱 세련되게 사고하고 문제를 해결하도록 이끌어줄 수 있기 때문이다.

린다 토프Linda Torp와 사라 세이지Sara Sage는 문제기반학습을 진행할 때 교사들이 다음의 5가지를 명심해야 한다고 조언했다(2002).

① 학생의 학습 욕구 진단하기
② 학생이 더 높은 단계의 지적 이해 수준으로 나아갈 수 있도록 도와주고 조언하기
③ 학생의 성장을 칭찬하기

④ 학생의 사고를 촉진하는 질문하기
⑤ 탐구 과정 시범 보이기

이렇듯 문제기반학습은 노련하고 존경받는 교사의 지도뿐만 아니라 학생의 사고, 토론, 협력의 중요성에도 관심을 둔다. 여기서 학생은 지식과 경험이 많은 튜터의 자극과 시범, 칭찬이 필요한 초보자로 인식된다.

우리는 문제기반학습의 튜터와 같이 도움을 주고 메타인지에 초점을 둔 교육적 접근이 가진 힘과 중요성을 믿는다. 하지만 이것만으로는 GSPBL을 만족시키는 뛰어난 교사를 설명하기에 부족하다. PBL 교사에게는 학생들의 사고를 촉진하는 것 이상의 역할이 요구되기 때문이다.

의과대학이나 직업전문학교의 학생들은 스스로 그 과정을 선택한 이들이다. 그들은 명석한 학생들이며 학습 동기 또한 갖추고 있다. 이런 상황에서의 튜터의 역할과 경험은 초·중등교사의 경험과 다르다(Maxwell, Bellisimo, & Mergendoller, 2001). 학생의 특성과 교사가 책임져야 할 학생 수도 다르며, PBL을 성공적으로 만들기 위해 수행해야만 하는 과업 또한 다르다.

우리가 아는 PBL 교사들은 학생들과 진행할 프로젝트를 만들고 적용하는 데 상당한 시간을 보낸다. 교사들은 시험에 나올 역량과 개념들에 대해서도 확실히 가르쳐야 하고, 학생들을 평가해야 한다. 또 학생과 더불어 학부모와 함께 학생들의 학업 성취도와 문제점에 관해 소통해야 한다. 이처럼 문제기반학습 속 튜터와 유사한 방식으로 학생들을 가르친다고 하더라도 현장의 PBL 교사에게는 훨씬 더 많은 일이 요구된다.

GSPBL이 되기 위한 조건들

● 보다 성공적이고 완벽한 PBL, 즉 GSPBL의 개념을 설명하기 위해 도표를 그려보았다. 이 도표를 그리면서 40번이 넘는 검토와 수정을 거듭했지만, 여전히 비판과 논쟁의 여지는 있을 것이라 생각한다.

우리는 이 도표를 작성하면서 몇 가지 목표를 염두에 두었다.

첫째, 오늘날의 전문가 의견뿐만 아니라 앞선 세대의 사상 또한 포함하고자 했다. 우리는 그들로부터 헤아릴 수 없을 정도로 많은 것을 배웠으며 큰 빚을 지고 있다.

둘째, 도표를 단순하고 간결하게 만들려고 했다. 복잡하고 길게 나열된 특징보다는 단순한 도식과 간결한 설명이 훨씬 기억하기 쉽고 현장에서 활용하기에도 용이하기 때문이다.

GSPBL(Gold Standard PBL)의 조건

셋째, 우리의 주장이 최신의 교육 연구와 이론에 바탕을 두기를 원했다. 특히 '학습 과학(learning sciences, 학습 과정의 과학적 연구를 통해 효율적인 학습 환경을 구성하는 데 관심을 두는 학문. - 역자 주)'이라는 범주 안에 기반을 두기 원했다(Bransford, Brown, & Cocking, 2000).

우리는 GSPBL이라는 이상과 일반적인 PBL 교실의 현실 사이에 괴리가 있다는 것을 잘 알고 있다. 어쩌면 GSPBL은 애초에 이상적인 목표로 보일 수밖에 없다. 연구로 검증되고 현장에서 입증된 가장 훌륭한 프로젝트 설계 요소와 교수법을 결합한 것이 바로 GSPBL이기 때문이다.

GSPBL에 관한 우리의 도식은 어마어마한 것이 아니며, PBL을 시도하는 초보자들을 좌절시키려고 만든 것도 아니다. 그보다는 좋은 PBL이 어떤 모습인지, GSPBL 속 문제해결, 실천, 성찰을 통해 달성해야 할 궁극적인 목표가 무엇인지 보여주기 위한 것이다. 우리가 PBL을 통해 달성하고자 하는 목표는 교사와 학생 모두의 성장이다. 교사가 GSPBL을 향해 갈수록, 학생은 대학과 직장, 삶에서의 성공에 필요한 역량들을 깊이 배우고 발전시키게 될 것이다.

학습 목표

도표의 중앙에는 GSPBL의 핵심인 학습 목표가 있다. GSPBL을 개념화하는 것을 비롯해 교육자로서 우리가 하는 모든 일의 이유가 바로 여기에 있다. 학생들이 지식과 이해, 성공역량을 발전시켜 성공적인 학교생활과 삶을 경험할 수 있도록 하는 것이다.

핵심 지식과 이해

PBL은 학생과 교사 모두가 해당 과목에 깊이 파고들게 하는 수업 방법이다. 즉, 기본적인 개념 및 이해와 씨름하며 단순 암기하는 것을 넘어서는 배움이다. 특히 GSPBL이 관심을 두는 것은 구글 검색을 통해 얻을 수 있는 피상적인 정보와 개념 너머에 있는 생각과 분석을 요구하는 정보와 개념들이다.

물론 이러한 사고의 깊이가 항상 PBL과 결합되어온 것은 아니다. 1970년대에 많은 교사들이 PBL을 시도했는데, 당시 그들은 PBL이 단순히 학생들을 참여시키는 흥미 위주의 방법이 아니라 학습을 위한 훈련법이라는 것을 이해하지 못했다. 오늘날에도 일부 교사들은 PBL이 학생들을 가르치는 방법이 아니라 동기를 유발하는 방법이라고만 생각한다. 윌리엄 킬패트릭 역시 학습과 거리가 있는 '전심을 다하는 유목적적 활동'만을 강조함으로써 같은 실수를 저질렀다. 프로젝트를 통한 배움의 측면을 간과한 것이다.

GSPBL은 학생들의 동기를 유발하기도 하지만 궁극적인 목적은 '이해가 있는 배움'이다. 즐거움에 따른 동기 유발은 당연한 결과이며 궁극적으로 주안점을 두어야 하는 것은 '학생이 무엇을 배울 것인가'이다. 프로젝트 활동은 수단일 뿐이란 것을 기억하자. GSPBL의 궁극적인 목표는 지식과 이해다(Blumenfeld, Solloway, Marx, Krajcik, Guzdial, & Palincsar, 1991).

핵심 성공역량

GSPBL의 목표는 학생들의 이해를 높이는 것에서 더 나아가, 시간이 지난 후에도 사용하고 적용할 수 있도록 역량을 키우는 데 있다. 학생들은 배운 것을 총동원하여 최근의 쟁점을 분석하고 새롭게 나타난 문제를 해결하며, 민주적 논의 과정에 참여할 수 있어야 한다. 인지심리학자들은 이것을 '전이(transfer)'로 표현한다. 학생들은 그들이 배운 것을 새로운 상황과 문제에 전이할 수 있어야 한다. 휴렛 재단(Hewlett Foundation)은 이와 매우 유사한 개념을 다루기 위해 '심층 학습(deeper learning, 학습자가 스스로 한 분야를 더 깊이 있게 공부하도록 돕고, 습득한 지식을 실생활에 적용할 수 있는 능력을 키워주는 학습. - 역자 주)'이라는 용어를 사용한다[1].

하지만 학생들이 배운 것을 사용하고 적용할 수 있다고 하더라도 대학, 직장, 인생의 성공을 위해서는 추가적인 능력이 필요하다. 우리는 이를 '성공역량(Success Skills)'이라고 부를 것이다. GSPBL은 세 가지의 구체적인 성공역량을 명시한다. 이 역량들은 직장에서 성공하기 위해 필요한 것으로 미국 사회에서 높이 평가받고 있다(AMA, 2012; Casner-Lotto & Barrington, 2006; Partnership for 21st Century Skills, 2007).

① 비판적 사고력 / 문제해결력
② 협업능력
③ 자기관리능력

물론 이 세 가지 외에 다른 요소들도 성공역량에 포함될 수 있다. 하지만 GSPBL의 효과와 실현 가능성을 높이는 데 있어 가장 중요한 역량은 위의 세 가지다.

가령, 21세기 역량 중 하나로 자주 강조되는 의사소통 능력은 확실히 중요한 역량이지만 이는 읽기, 쓰기, 말하기, 듣기 내용 성취기준에 이미 포함되어 있다. 창의성 역시 혁신과 연계되어 현대 사회에서 자주 강조되는 능력이다. 그러나 이 역시 비판적 사고력/문제해결력을 통해 대변할 수 있다고 본다. 비판적 사고력/문제해결력은 창의성과 혁신의 기반이 되는 능력이기 때문이다.

> **| 21세기 핵심 역량 |**
> **(21st Century Success Skills)**
>
> 미래학자들이 제시한 21세기 미래 인재가 갖추어야 할 핵심 역량을 말한다. 어떤 능력을 이 핵심 역량에 포함해야 하는가에 대한 견해는 학자와 단체에 따라 조금씩 다르지만 보통은 흔히 4C로 표현되는 의사소통 능력(Communication), 창의력(Creativity), 비판적 사고력(Critical Thinking), 협업능력(Collaboration) 등이 공통적으로 포함된다. 대학과 기업들은 현재의 초·중·고 교육과정이 학생들을 졸업 후 21세기에 걸맞은 경쟁력 있는 인재로 만들지 못한다고 비판한다. 그런 이유로 21세기 핵심 역량을 키울 수 있는 교육 혁신이 필요하다고 요구하고 있다. 이 책에서는 이러한 역량을 '성공 역량(Success Skills)'이라고 부른다.

학생들의 창의성이나 혁신적인 능력을 표현하도록 자극하는 것도 좋지만 그보다 더 중요한 것은 따로 있다. 모든 프로젝트가 반드시 갖춰야 할 것은 바로 학생들이 깊이 사고하며 문제를 해결하고, 다른 사람들과 일하며, 자신의 학습·시간·과업을 관리할 수 있도록 기회를 제공하는 것이다.

'성공역량'은 프로젝트의 학습 목표이면서 동시에 프로젝트의 목표를 성취하기 위한 필요 과정을 나타낸다. 만약 학생들이 문제해결력을 갖추길 원한다면, 교사는 그들에게 문제해결을 연습할 수 있는 문제를 제공해야 한다. 비판적 사고력과 협업능력, 의사소통 능력, 자기관리능력도 마찬가지이다. 학생들이 이런 능력들을 배우기 위해서는 구조화된 학습 기회가 필요하고, GSPBL은 이런 기회를 제공한다.

프로젝트 설계의 필수 요소

교사들은 학습 목표를 생각하며 새로운 프로젝트를 창조하거나 기존의 프로젝트를 변형해 재설계할 수 있다. 이때 앞서 도표를 통해 소개한 프로젝트 설계의 필수 요소들을 포함해야 한다.

① 어려운 문제 또는 질문
② 지속적인 탐구
③ 실제성
④ 학생의 의사와 선택권
⑤ 성찰
⑥ 비평과 개선
⑦ 공개할 결과물

해당 프로젝트가 GSPBL의 목표에 얼마나 밀접하게 도달하는가를 결정하는 것이 바로 이 설계 요소들이다. 따라서 위의 요소들이 프로젝트 내에서 잘 표현되어야 한다. 각각의 요소를 좀 더 면밀히 살펴보자.

어려운 문제 또는 질문

문제와 질문은 GSPBL의 구조를 체계화하고, 학습을 의미 있게 만든다. 또한 학습에 목적을 부여한다. 문제나 질문에 초점을 두면 학생들은 단지 기억하기 위해서 지식을 배우는 것이 아니라 사용하기 위한 지식을 얻는다. 새로운 지식을 습득할 뿐만 아니라, 언제 어떻게 이 지식이 사용될 수 있을지를 배우게 되는 것이다. 그럼으로써 학생들은 장차 해당 지식을 사용하고 적용할 수 있게 된다(Brown, Bransford, Ferrara, & Campione, 1983; Brown, Collins, & Duguid, 1989).

질문은 학생이 중요한 것에 집중할 수 있게 하며 필요한 정보와 불필요한 정보를 구분할 수 있도록 도와준다. 또 학생의 배경지식을 활성화시키기도 하는데, 바로 이 부분이 새로운 정보와 이미 알고 있는 정보를 연결시키는 과정의 핵심이다(Dean, 2012). 문제를 해결하는 과정에서 알게 된 지식과 이해는 학생에게 남게 되어 미래에 또다시 활용될 수 있다.

'어려움'은 학습 결과물을 만들어내는 데 있어서 중요한 요소다(Hattie, 2012). 그러나 다양한 학생들이 자리한 교실에서 적절한 난이도를 결정하는 것은 쉽지 않다. 또 학생들에게 어떤 비계와 지원을 제공해야 할지에 대해서도 깊이 고려해야 한다. 지나치게 어렵거나 쉬울 경우 학생들은 흥미를 잃는다. 그래서 GSPBL은 난이도의 '골디락스(Goldilocks)', 다시 말해 너무 어렵지도 않고 너무 쉽지도 않은, 딱 맞는 수준을 추구한다. 물론 프로젝트에서 어떤 학습 결과물이 해당 그룹의 학생들에게 적합한지를 결정하는 것은 교사의 전문적인 판단에 달려 있다.

성공적인 프로젝트라고 해서 꼭 어렵고 복잡하며 길고 힘들어야 하는 것은 아니다. 문제 또는 질문의 '난이도'는 여러 요소들로 결정된다.

첫째, 학생들이 배워야 할 핵심 정보와 개념들에 대한 이해 및 적용의 수준이다. 경력 교사들은 알고 있겠지만, 어떤 아이디어나 개념, 절차는 이해하기도 어렵고, 사용하는 것은 더 어렵다. 프로젝트는 그런 어려운 개념을 다루기 위해 사용될 수도 있다. 하지만 이 경우 교사들은 학생의 이해도를 끊임없이 확인해야 한다. 필요하다면 교사 혹은 다른 학생이 명확한 설명을 해주어야 한다.

둘째는 문제의 구조화 정도다. 구조화 되지 않은 문제는 학생에게 자신만의 해결 방법을 만들어내기를 요구한다. 이 경우 익숙한 해결 과정을 따르는 것보다 더 도전적인 일이 될 것이다. 구조화 되지 않은 문제는 학생에게 어떻게 조사를 계획하고 실행할지, 어떤 활동을 수행할지, 어떤 도구를 사용할지, 어떤 질문을 할지, 어떤 순서를 따라야 할지 등을 배우는 기회를 제공한다. 이러한 문제는 학생 입장에서는 상당히 어려운 도전일 수 있다. 따라서 교사는 충분한 비계를 제공해 주어야 한다.

난이도에 기여하는 셋째 요소는 절차의 복잡성이다. 학생이 문제를 해결하기 위해 거쳐야 할 단계의 개수가 얼마나 많은지에 따라 난이도는 달라진다(Blumenfeld, Mergendoller, & Swarthout, 1987).

지속적인 탐구

탐구(Inquiry)의 라틴 어원은 '질문하다'라는 의미다. 존 듀이는 GSPBL에 많은 영향을 미쳤는데, 특히 탐구의 중요성을 강조한 부분이 가장 큰 영향을 주었다.

'어려운 문제 또는 질문'은 주어진 문제를 해결하거나 질문에 대답하는 과정인 '탐구'를 시작하게 한다. 일반적인 PBL 프로젝트는 "우리가 무엇을 알고 있나요?", "우리가 무엇을 알아야 하나요?"라는 질문과 함께 시작한다. 이런 질문들은 학생이 (일반적으로 교사의 안내와 도움을 받아) 실행해야 할 조사와 연구, 완성해야 할 과업을 확인하고 자신이 만들어낼 '공개할 결과물'을 계획하도록 이끈다.

탐구는 책이나 웹 사이트에서 정보를 찾는 가장 단순한 개념의 조사를 의미하는 것이 아니다. 질문에 답하기 위해서 학생은 전문가를 인터뷰하거나 현장 학습을 하고 실험을 해야 할 수도 있다. 학생은 제품이나 서비스 사용자들, 자신의 결과물을 공유할 청중의 요구를 조사해 봐야 할지도 모른다. 처음에 주어진 질문들에 대한 답을 찾으면서, 학생들은 새로운 질문들을 떠올릴 것이고, 더 많은 해답을 찾게 될 것이다. 학생들이 더 깊이 파고들수록 탐구는 순환을 이루고 나선형으로 발전한다.

교육계에서 탐구라는 용어는 상반된 반응을 불러일으킨다. 보수 교육자들은 탐구를 부정적인 것으로 매도한다(Kirschner, Sweller, & Clark, 2006). 이들은 탐구 학습이 비효율적이며 학생 인지 능력에 과부하가 걸리게 할 뿐 아니라 시간 낭비라고 주장한다. 반대로 진보 교육자들을 비롯해 '학습 과학'과 뜻을 같이 하는 사람들은 탐구를 모든 유의미한 학습의 핵심이라 여긴다(Bransford et al., 2000; Bruner, 1966; Hmelo-Silver, Duncun, & Chinn, 2007). 이들은 보수 교육자들이 탐구 학습(또는 PBL)의 실제를 잘 모른다고 주장한다.

GSPBL은 '학습 과학'을 지지하는 입장이다. 배울 것을 찾아보라고 아이들을 아무렇게나 풀어놓는 것과 진정한 탐구 활동은 분명히 다르다. PBL에서 프로젝트는 교사에 의해 신중하게 기획된 것이다. 프로젝트 그 자체의 구조가 학생이 탐구하게 만들고, 프로젝트의 목표를 향해 학습 활동을 이끈다. 프로젝트 속 어려운 문제 또는 질문은 배움의 목적을 확고하게 한다. 우리는 학생들이 왜 배우고 있는지를 이해할 때, 또 배움의 목적이 무엇인지 알고 있을 때 더 빠르고 효율적으로 배울 수 있으며, 더 깊이 배운다고 생각한다.

중요한 사실은 탐구가 지속적이어야 한다는 것이다. GSPBL의 목표 중 하나인 성공역량(비판적 사고력/문제해결력, 협업능력, 자기관리능력)을 기르려면 몇 번의 학급 회의로는 해결되지 않는 '어려운 문제 또는 질문'에 학생들이 직면하게 해야 한다. 어려운 질문을 해결하기 위해서는 충분히 생각하고 시간을 들여야 한다. 동료들과 함께 발전하기 위해서는 모둠원들과 상호작용을 해야 하며, 이때 필요한 기술을 발전시키는 것 또한 시간이 필요한 일이다. 또한 학생들이 대학, 직장, 실생활에서 유용한 자기관리능력을 개발하려면 하루보다는 주 단위로 스스로를 관리할 수 있어야 한다. 그런데 이런 역량은 단 몇 차례의 시도를 통해 얻어질 수 있는 것이 아니다. 성공역량을 기르기 위해서는 학생들이 한 학년 동안 여러 프로젝트를 경험할 수 있도록 해주어야 한다.

실제성

실제성은 프로젝트에서 학생 참여의 틀을 세우고 참여를 이끄는 중요한 요소로 잘 알려져 있다. PBL 교육자 대부분은 실제성의 중요성에 동의한다. 여러 연구에 따르면 실제성은 학생의 동기를 향상시킬 뿐만 아니라 성취도를 높여주는 요인이다(Blumenfeld, Kempler, & Krajcik, 2006;Brophy, 2013;Hickey, Moore, & Pellegrino, 2001).

실제성은 복잡한 개념이지만, 일반적으로 학습의 경험을 가능한 '현실적'으로 만든다는 의미와 같다. 이처럼 프로젝트를 실제적으로 만드는 데에는 여러 가지 방법과 수준이 있다(Strobel, Wang, Weber, & Dyehouse, 2013).

첫째, 프로젝트의 상황이 실제적일 수 있다. 초등학생들이 식당 메뉴판을 만들거나 고등학생들이 대통령 자문역을 맡아 경제 및 사회 정책을 대변할 때처럼 말이다. 학생들이 손님이 사용할 실제 메뉴를 만드는 것이 아니고, 진짜 대통령에게 조언을 해주는 것도 아니지만 이런 프로젝트는 현실 세계에서 일어나는 상황과 일치한다.

둘째, 학생들이 완성하는 과업과 사용하는 도구를 '실생활'과 똑같이 만듦으로써 프로젝트를 실제적으로 만들 수 있다. 특히 직업 중심의 많은 프로젝트들이 실생활에서의 과업과 수행 기준을 강조한다. 이런 프로젝트들은 사람들이 매일 마주치는 상황에 주목한다. 예를 들어, 웹 사이트 또는 학교와 생활공간 등을 디자인할 때, 전시회를 준비할 때, 다양한 대안들을 분석할 때, 예산을 준비할 때, 전화 설문 조사를 진행할 때, 언론사에 편지를 보낼 때 등 다양한 상황 속에서 사람들이 매일 마주치는 문제, 딜레마, 사고방식에 초점을 둔다.

셋째, 프로젝트는 세상에 실제적인 영향을 줄 수 있다. 학생들이 학교운영위원회에 참석해 학교 운동장 재설계를 제안하는 프레젠테이션을 할 때, 어린 독자들을 위해 책을 쓰거나 개인 교습 프로그램을 만들 때, 야생동물 보호 구역을 위한 자금을 모으기 위해 카드를 팔 때, 기후변화를 더 잘 이해하기 위해서 조사를 하고 데이터를 제출할 때 이런 일이 가능하다. 연구에 따르면, 실제적인 영향을 주는 프로젝트들이 특히 학생들의 동기를 강하게 유발시킨다고 한다. 이 경우 학생들은 수업 시간이 아닌 방과 후나 휴식 시간에도 프로젝트에 몰두하는 모습을 보여주기도 한다(Barron et al., 1998; Cognition and Technology Group at Vanderbilt, 1998; McCombs, 1996; Pintrich & Schunk, 1996).

마지막으로, 프로젝트는 개인적인 실제성을 가질 수 있다. 프로젝트를 통해 학생의 개인적인 관심사와 흥미, 인생 문제에 대해 이야기할 수 있다. 또한 프로젝트는 학생 공동체의 요구, 가치, 언어, 문화적 실천 등에 기여하기도 한다. 지역 건강 박람회, 구술시험, 지역 역사 프로젝트, 이웃과 함께하는 프로젝트 등은 신입생들이 학교 교육에 익숙해지는 데 도움이 된다(Moll, Amanti, Neff, & Gonzalez, 1992).

실제성은 GSPBL에서 반드시 필요한 설계 요소 중 하나다. 경험이 많은 PBL 교사들은 실제성이 프로젝트에 힘을 실어주고 생산성을 높여준다고 말한다(Laur, 2013).

학생의 의사와 선택권

어려운 문제 또는 질문을 마주한 학생은 어떻게 그것을 해결할지 스스로 판단하고 결정하는 연습을 해야 한다. 그렇지 않을 경우 그 프로젝트는 지시를 따라가기만 하면 되는 하나의 연습 문제가 되고 만다.

GSPBL은 학생이 프로젝트 전반에 걸쳐 자신의 아이디어를 표현하고 선택하도록 요구한다. 이런 요구는 학습과 동기 유발의 측면에서 중요하다. 학생에게 비판적 사고력과 문제해결력을 가르치고 싶다면 먼저 학생의 의사를 존중하고 선택권을 부여해야 한다. 학생들이 상황을 통해서 배울 수 있게 하려면, 행동의 자유를 준 뒤 그 행동에 대해 성찰하도록 해야 한다. 프로젝트에서 학생이 자신의 아이디어를 표현하고 선택할 수 있도록 하는 것은 자율성이란 기본적 욕구와 학생의 능력을 인정해 주는 것이다. 이는 학생의 내적 동기를 불러일으킨다(Brophy, 2013).

하지만 학생의 자기 결정권에 제한이 없어도 된다는 것은 아니다. 학생이 어느 정도의 선택권을 누릴지, 어떤 종류의 선택이 프로젝트 완성에 도움이 되는지를 결정하는 것은 교사의 몫이다. 예를 들어, 과학 프로젝트를 진행할 때 학생들에게 결정에 필요한 배경지식이 없는데도 스스로 프로젝트 방법을 결정하도록 한다면 그 프로젝트는 성공할 수 없을 것이다(Marx, Blumenfeld, Krajcik, & Soloway, 1997). 학생의 선택권을 어느 정도 허용해야 하는지를 결정할 때는 반드시 학생이 무엇을 할 수 있고 어떤 비계와 지도를 받을 수 있는지를 고려해야 한다. 일반적으로 GSPBL에서는 모둠 선택권을 전적으로 학생에게 주어서는 안 된다고 주장한다. 그 외에는 학생에게 더 많은 선택권이 주어질수록 더 좋다는 입장이다.

우리의 목표는 학생이 스스로 동기를 부여하며, 자신의 삶에서 논리적이고 현명한 선택을 내릴 수 있도록 돕는 것이다. PBL 속에서 학생들이 표현하는 의사와 선택권은 이들이 삶에서 직면하게 될 무게감 있는 선택을 위한 훈련이 되어줄 것이다.

성찰

성찰을 프로젝트 활동의 핵심으로 만든 것은 '인지적 사고행위'를 강조한 듀이의 영향이다. 100여 년 전, 듀이는 '우리는 경험에서 배우지 않는다. 우리는 경험에 대한 성찰로부터 배운다.'고 했다.

　학생과 교사는 프로젝트 내내 성찰해야 한다. 탐구와 프로젝트 활동이 효율적이었는지, 결과물의 수준은 어떤지, 장애물은 무엇이었으며, 어떻게 그 장애물을 극복할 수 있었는지 등에 대한 성찰이 필요하다. 이러한 성찰이 프로젝트의 순조로운 진행을 돕고 혼란을 줄일 수 있다.

　GSPBL의 목표는 학생을 준비시키는 데 있다. 따라서 어떤 문제에 직면했을 때 먼저 이전에 비슷한 종류의 문제를 본 적이 있는지, 해당 문제를 해결하기 위해 필요한 지식과 전략을 가지고 있는지 성찰하고 판단해 보게 해야 한다. 만약 그런 능력이 충분치 않은 상태라고 판단한다면 그 문제를 해결할 방법을 생각해야 한다.

　한 인간의 사고 과정에 성찰이라는 요소가 가미되었을 때 심리학자들은 그것을 메타인지라 부른다. 메타인지는 존 하티가 분석한 학업성적에 영향을 주는 요소 중 14위에 해당하며, 이는 학생의 사전 성취도(prior achievement)보다도 더 높은 것이다(Hattie, 2012).

　표면상으로 성찰은 학생이 프로젝트를 통해 발전하고 필요할 때 자신의 행동을 수정하도록 한다. 내면적으로는 자신이 사용하고 있는 문제해결 전략과 학습에 대한 인식을 제공한다. 이를 통해 학생은 문제해결 전략을 이해하고 더 좋은 방향으로 전략을 수정할 수 있다.

　문제해결과 메타인지 전략은 교과의 특성과 관련이 깊기 때문에 교과 간에 전이되지는 않는다. 예를 들어 독해 전략은 물리학 문제해결에 도움이 되지 않는다. 따라서 교과의 특성에 적합한 사고를 자극하도록 설계되어야 한다(Bransford et al., 2000).

비평과 개선

존 하티는 학습의 차이를 만드는 것이 무엇인지 이해하기 위해 교육에 영향을 주는 여러 요소를 분석해 왔다. 그는 150가지 요소들 중 네 번째로 중요한 것이 '형성평가를 제공하는 것'이라고 주장했는데, 이는 형성평가가 교사-학생 관계, 사전 성취도, 협력 학습보다도 더 영향력 있으며 강력하다는 것을 의미한다. 아울러 하티는 형성평가가 교사뿐만 아니라 학생에게도 똑같이 중요한 요소임을 강조한다.

> 학생의 역할은 단순히 교사가 결정한 과업을 수행하는 것이 아니다. 학생은 자신의 학습 성과를 이해하고 관리해야 한다. 여기에는 자신의 성장 정도를 평가하는 것, 학습에 대해 더 책임감을 가지는 것, 동료 학생들과 함께 학습을 통해 얻은 성과가 무엇인지 알아보는 활동에 참여하는 것 등이 포함된다(Hattie, 2012, p.88).

다른 연구자들 역시 하티와 비슷한 결론을 얻었고, 형성평가가 가진 강력함을 입증했다. 하지만 대부분의 교실에서 형성평가는 도구로써 충분히 활용되지 않았다(Black & Wiliam, 1998; Schroeder, Scott, Tolson, Huang, & Lee, 2007). 그럼에도 불구하고 형성평가는 비평과 개선의 수단이며 GSPBL에 반드시 포함되어야 하는 중요한 요소이다.

GSPBL은 비평과 개선을 통해 학생의 결과물을 향상시키는 것을 중시한다. 따라서 교사, 전문가, 멘토 등의 어른들과 동료 학생들로부터 학습에 대한 피드백을 받을 수 있게 한다. 이를 통해 학생들은 자기 자신의 공부 수준을 점검하고 개선할 기회를 얻는 한편, 서로의 작업을 면밀히 살피는 법을 배우고, 어떻게 하면 발전을 위한 제안을 할 수 있는지 배우게 된다.

피드백은 '구체적이고 도움이 되며 친절하다'는 것을 보여주기 위해서 약속된 절차나 여러 구조화된 과정들을 갖추고 있어야 한다(Berger, 2003). 이와 더불어 각 모둠이 수행하고 있는 전체 과정에도 주의를 기울여야 한다. 이를 통해 학생들은 중간 과정에서 걸림돌이 될 수 있는 실질적인 문제와 인간관계의 쟁점들을 표면화하고 성찰할 수 있게 된다.

공개할 결과물

대부분의 학교에서 학습 결과물은 교사의 책상 위, 컴퓨터 폴더 안이나 학생 노트 안에 쑤셔 박혀져 있다. 반면, GSPBL은 학생이 만들어낸 결과물을 교실 밖의 청중들과 공유할 기회를 제공한다. 이를 통해 몇 가지 긍정적인 효과를 얻을 수 있다.

먼저, 교사에 의해 점수가 매겨지고 노트에만 기록되는 학습 결과물과 비교해 프로젝트 결과물은 더욱 실질적이고 중대한 것으로 인식된다. 그래서 학생들이 결과물을 만드는 데 최선을 다하도록 이끄는 효과가 있다. 아무도 대중 앞에서 조잡한 결과물을 보여주거나 준비를 소홀히 했다는 인상을 주고 싶어 하지 않기 때문이다. 학습 결과물을 대중에게 공개하게 되면 교사와 학생 모두 학습에 더욱 심혈을 기울이게 된다.

또한 공개할 결과물은 학생 참여를 증가시킨다. 〈직업 만족감과 동기에 관한 연구〉에 따르면, 사람들은 자신이 영향을 줄 수 있다고 여기는 일을 할 때, 다양한 역량이 필요한 일을 할 때, 시작부터 완성까지 통제할 수 있는 일을 할 때 일에 더 헌신적으로 몰입하게 된다(Hackman & Oldham, 1980). 이것은 PBL의 정의와 다름없다. 여기서 첫 번째 결론, 즉 영향을 줄 수 있다고 여기는 일을 할 때 생겨나는 동기에 주목하자. 공개할 결과물을 통해 학생들은 그들의 결과물이 가치 있고, 교사뿐 아니라 다른 사람들에게도 진지하게 받아들여진다는 것을 알게 된다. 동료 학생, 교사, 외부 전문가 혹은 제품 사용자들로부터 자신의 결과물에 대한 피드백을 받을 때 학생은 이를 깨닫게 된다.

GSPBL은 프로젝트 마지막에 전시회나 지역 사회 모임, 온라인 등을 통해 공식적으로 학생들의 결과물을 전시하고 설명한다. 이런 과정은 계속해서 학생들이 그들의 결과물과 성취를 자랑스러워하게 만든다.

공개할 결과물은 학교의 사기를 높이고 지역 사회 내 인식을 제고하는 데 기여하기도 한다. 공공 전시회는 학생이 아는 것, 할 수 있는 것을 학교와 다른 학생들, 부모님과 지역 사회에 보여줌으로써 학교와 교육 프로그램에 대한 지지 기반을 구축한다.

GSPBL을 실현하기 위한 교사의 역할

● PBL에서 교사의 역할은 조력자, 코치, 지휘자 등으로 묘사된다. 이런 비유는 어느 정도 사실이며 기존의 교사 역할과도 차별화된다. 하지만 이런 설명은 자칫 "PBL에서 교사들은 가르치지 않는가?"라는 의문을 불러일으킨다. 이러한 질문을 던지는 이들에게 우리는 "확실하게 가르치고 있다."고 답할 것이다.

PBL 수업에서도 교사는 여전히 전문가이자 멘토이며 동기 유발자, 학습의 평가자이다. 교사는 학생이 새로운 아이디어를 이해하도록 어떻게 비계를 제공할 것인지 교육학적 지식에 기반해 결정을 내리는 한편, 학생들을 대화에 참여시키고 어떻게 프로젝트가 진행될지 관찰하며, 새로운 참고 자료들을 고안하고 지도한다. 교사는 PBL을 지지하는 교실 문화를 형성하고, 교육 설계자이자 프로젝트 운영자로서 활동한다.

  프로젝트가 시작되면 교사는 필요한 안내만 제공하고 학생들끼리 작업하도록 뒤로 물러서 있다는 것이 일반적인 고정관념이다. 물론 PBL에 익숙한 고학년들에게는 가능한 한 자율성을 많이 주어야 하는 것이 사실이다. 하지만 이는 어디까지나 이상적인 경우이고, 현실에서 대부분의 학생들은 교사의 도움을 필요로 한다. 따라서 적절한 수준의 자율성이 무엇인지는 경험을 통해 판단해야 한다.

  PBL을 처음 시도하는 교사가 할 수 있는 것과 베테랑 교사가 할 수 있는 것에는 차이가 있다. PBL에 능숙한 교사는 학생을 공동 설계자나 운영자, 평가자로 대하면서 학생에게 최대한 많은 선택권을 줄 수 있다. 하지만 교사가 PBL 경험이 없거나 학생들이 PBL에 익숙하지 않은 경우라면 교사가 더 많은 역할을 담당해야 한다. PBL에 능숙한 교사라 하더라도 학생, 주제, 결과물 및 다른 많은 요인에 따라 프로젝트마다 각기 다른 정도의 선택권을 학생들에게 부여해야 한다.

  이제부터 우리는 PBL 교사가 실천해야 하는 7가지 핵심 실천 방안을 개괄적으로 살펴볼 것이다. GSPBL은 학생이 어떻게 배우고 무엇을 배우는지를 강조하지만, 정작 그 배움을 가능하게 하는 데 가장 큰 역할을 하는 것은 교사다.

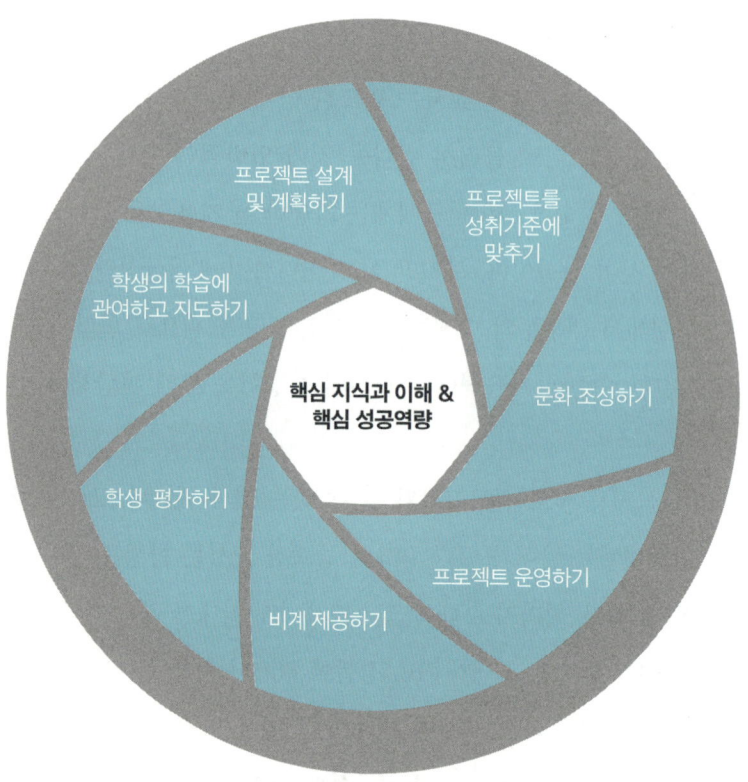

프로젝트 기반 교수(Project Based Teaching)

프로젝트 설계 및 계획하기

―

프로젝트는 교사의 눈에서 시작된다. 교사가 학생들의 관심과 흥미를 잘 파악하고 있다면 학생의 눈에서 시작되기도 한다. 프로젝트 계획의 첫 단계는 아이디어를 생각해 내거나 다른 사람의 아이디어를 응용해 보는 것이다. 어느 쪽이든 교사는 프로젝트의 기본 구조를 설계하고, 학생과 교수 환경에 적합하도록 아이디어를 구체화시켜야 한다. 이런 작업은 교육과정에 따라 주어진 자료만으로 학생을 가르쳐온 교사들에게, 어렵지만 즐거운 일이 될 것이다.

프로젝트의 기본 설계 과정에는 학습 목표 수립, 학습 결과물 선정, 학습 결과물 전시 방법 결정, 탐구질문 작성 등이 포함된다. 여기에 관해서는 PART3에서 더 자세하게 설명하겠다.

프로젝트를 성취기준에 맞추기

이 단계는 프로젝트 계획 과정의 일부지만, 독자적인 교수 활동으로 봐도 좋을 만큼 중요하다. 일부 교사들은 성취기준을 미리 계획하는 것이 아니라 나중에 추가하기도 한다. 프로젝트를 먼저 계획한 후 성취기준을 나중에 끼워 맞추는 것이다. 그러나 이런 식의 접근은 최선이 아니다. 프로젝트에 대한 아이디어를 발전시키면서 동시에 성취기준을 세우는 방향을 권한다.

실제로 성취기준은 그 자체로 중점을 두어야 할 주제이자 역량이며 프로젝트의 방향을 제시해 준다. 처음부터 프로젝트의 목표를 성취기준에 맞추면 배워야 할 내용과 이해를 정확하게 목표로 삼을 수 있고 학생들도 시간을 알차게 사용할 수 있다. 이 경우 학생이 결과물을 만들어내기 위해서는 성취기준에서 제시한 지식과 역량이 반드시 필요하도록 설계하는 것이 가능할 것이다.

프로젝트의 뼈대가 되는 어려운 문제 또는 질문을 결정할 때에도 마찬가지다. 교사는 '문제를 풀고 답하기 위해서 학생은 성취기준에 해당하는 어떤 것을 배워야 하는가? 비평과 개선의 과정에서는 어떻게 성취기준에 주안점을 둘 것인가? 프로젝트의 평가, 비계, 지도 등에 있어서 어떻게 성취기준을 만족시킬 것인가?' 등의 질문을 고려해야 한다.

문화 조성하기

바람직한 PBL 수업 문화를 조성하는 데에는 명시적 방식과 암묵적인 방식이 모두 활용될 수 있다. PBL 문화에 관한 내용을 벽에 붙여두거나 탐구 과정을 구조화해 학생들에게 명확히 알리는 방법이 있는가 하면, 교사가 학생 질문에 반응하거나 학생들 사이의 대화를 지도하며 은연 중에 문화를 형성할 수도 있다.

PBL 수업에서는 탐구 과정에 관한 학생 질문이 장려되고 존중되어야 한다. 학생들은 PBL 수업 속에서 다양한 경로를 탐구할 수 있고, 아이디어를 제시할 수 있다는 걸 알고 있어야 한다. 또 나중에 수정되거나 심지어는 완전히 폐기될 수도 있는 시제품을 만드는 일, 소위 '전진을 위한 실패'라고 표현되는 일들도 허용된다는 것을 인지해야 한다. 교사는 학생들이 의견과 아이디어를 내도록 격려하며 프로젝트에 제약이 없다는 것을 알려주어야 한다. 학생들이 주제를 탐색하고, 결과물을 만들고, 알고 있는 것을 표현하고, 탐구질문에 답하는 것에는 여러 가지 방법이 있음을 이해하게 해야 한다.

PBL 수업 문화에서 중요한 것은 '성장 마인드(growth mindset, 지능이나 재능은 노력 여하에 따라 얼마든지 좋아질 수 있다는 신념 체계를 의미한다. – 역자 주)'이다. 학생들의 능력은 유전적 요인이나 배경이 아니라, 개인의 노력과 성실함을 통해 결정된다는 믿음을 공유해야 한다(Dweck, 2006). 이런 믿음이 있을 때 학생들은 더 많이 배우고 끊임없이 새로운 도전에 나서게 된다.

PBL 수업은 비평과 개선의 과정을 통해 성장 마인드를 길러준다. 학생들은 자신의 결과물을 개선할 기회를 통해 배움에 깊이를 더하게 된다. 따라서 교사는 학생들이 만들어내는 최종 결과물에 관심을 두기보다는 학생들의 노력, 인내, 어려움을 극복해낸 전략, 발전을 위한 모든 과정 등을 칭찬하고 인정해 주는 것에 집중해야 한다. 또한 일부가 아닌 모든 학생에게 사고와 노력을 요하는 과제가 주어져야 한다.

프로젝트 운영하기

비즈니스 세계에서 프로젝트 운영자는 여러 과업들을 조정해 프로젝트의 성공을 이끈다. 스케줄 세우기, 점검 시점과 마감 정하기, 집중력과 생산성 유지하기, 품질 관리하기 등 여러 세부 사항들을 주관한다.

교사에게 요구되는 역할도 이와 비슷하다. PBL이 어린이와 청소년을 대상으로 한다는 점, 학생들에게 적절한 통제와 자율성을 제공한다는 점을 제외한다면 말이다. 실제로 프로젝트에 익숙한 학생과 교사들은 교사를 운영자가 아닌 조력자로 생각하기도 한다. 이 경우 '프로젝트 운영'을 담당하는 것은 학생의 몫으로 넘기고 교사는 그저 필요한 도움만을 제공하기도 한다.

반면 PBL 경험이 없는 교사들은 프로젝트 운영을 특히 어려워한다. 기존의 교수 방식과 전혀 다른 역할이 교사에게 요구되기 때문이다. 교사들은 수업을 하고, 자료를 제공하고, 비계를 제공하는 것에 익숙하다. 또한 적어도 내용 지식 측면에서 학생의 학습을 어떻게 평가하는지 알고 있다. 그러나 프로젝트를 운영하는 것은 전혀 다른 문제다. 몇 주에 걸친 프로젝트를 이끌고, 학생 모둠이 결과물을 만들어내도록 안내하고, 프로젝트 과정에 있어 다른 어른들의 참여를 조정하고, 공공 전시회를 계획하는 것 등은 교사에게 낯선 영역이다.

프로젝트 운영은 PBL을 준비하고, 자료를 정리하고, 프로젝트 시작에 앞서 프로젝트 달력을 만들고, 시작에서부터 끝날 때까지 프로젝트를 조정하는 것을 모두 포함한다. 여기에 관한 내용은 PART4에서 더 자세히 안내할 것이다.

비계 제공하기

교사가 학생의 배움에 비계(scaffolding)를 제공하는 것은 기존 교수법과 PBL이 일치하는 부분이다. 비계는 구조화된 수업과 강의에서부터 학생 유인물과 읽기 자료 등을 모두 포함한다. 학생들이 프로젝트 목표에 도달할 수 있도록 뒷받침하는 모든 과정과 도구들이 포함되는 것이다. 비계란 용어는 학생의 자율성을 강조한다는 면에서 PBL에 특히 적합하다. 온라인 교육개혁 용어사전[2]이 정의한 비계의 의미를 살펴보자.

> 비계는 다양한 교수 기술을 의미한다. 학생을 점진적인 이해의 방향으로 이끌고, 나아가 궁극적으로 스스로 학습할 수 있도록 만드는 기술들이 여기에 해당된다. 실제의 비계(높은 곳에서 공사를 할 수 있도록 임시로 설치한 가설물)와 마찬가지로 학생들을 대상으로 한 지원 전략들은 그것들이 더 이상 필요하지 않을 때 제거된다. 그리고 교사는 점진적으로 학습 과정에 대한 더 많은 책임을 학생에게 부여한다.

비계의 큰 부분을 차지하는 것은 다양한 학습자의 특성에 따라 그에 맞는 도움을 주는 것이다. 이는 '개별화(differentiation)'라는 용어로 많이 알려져 있다.

교사는 프로젝트를 구조화하고 학생을 지원하고 그룹 토의를 관찰하는 데 있어서도 중요한 역할을 한다. 학생에게 깊이 사고하고 협력해 보라고 요구하는 것만으로는 충분하지 않다. 학생들에게는 분명한 과제와 대화의 목적을 제시해야 한다. 그래야 학생들의 이해력과 비판적 사고력이 향상될 수 있다(Murphy, Wilkinson, Soter, Hennessey, & Alexander, 2009).

학생 평가하기

PBL에서의 평가는 기존 교육에서 발견된 많은 실천들을 포함한다. 그러면서도 과제, 퀴즈, 시험 등의 익숙한 방법들을 넘어서기를 요구한다.

PBL에서는 형성평가(학습 목표를 향한 발전 정도를 교사와 학습자에게 제공하는 데 사용되는 평가)와 총괄평가(이제까지 배운 것에 대한 평가)의 필요성이 강조된다(Burke, 2010; Stiggins, 2005). 기존에는 대단원이 끝나면 교사가 의도한 것을 학생들이 배웠는지를 알아내기 위해 시험을 보거나 글을 쓰게 했다. 프로젝트에서도 그런 도구들은 유용하며, 특히 내용과 개념 이해를 평가하기 위해 쓰인다. 이와 더불어 PBL에서는 최종 평가도 이루어진다. 최종 평가에서는 모둠이 만든 결과물, 비판적 사고력/문제해결력, 협업능력, 자기관리능력 등이 평가된다. 이를 위해서 교사와 학생에게는 적절한 평가 기준표가 필요하다(기준표에 관한 자세한 내용은 PART4에서 소개된다).

GSPBL에서는 학생 스스로가 자신의 발전과 성취를 평가하는 자기 평가가 이루어지며, 고학년 학생들의 경우 동료 평가를 시행하기도 한다. 동료 평가는 결과물의 수준을 평가하고, 모둠원으로서 개인의 참여도를 평가하는 역할을 한다. 교사는 개별 학습뿐만 아니라, 모둠 활동에 대해서도 평가해야 한다.

프로젝트는 학생이 지식을 얻는 것에서 더 나아가 적용하는 것을 요구한다. 따라서 지식 측정과 함께 수행평가가 균형을 이루어야 한다. 이외에도 개념 이해와 더불어 비판적 사고력/문제해결력, 협업능력, 자기관리능력 등과 같은 성공역량도 평가되어야 한다.

학생의 학습에 관여하고 지도하기

많은 교육자들은 어려운 문제 또는 질문으로 만들어진 의미 있는 프로젝트가 학생들이 열심히 참여하고 배우도록 이끈다는 것을 안다. 그러나 프로젝트 자체만으로 학생의 참여를 보장할 수는 없다. 교사 또한 중요한 역할을 한다. 프로젝트가 전개되면서 교사는 개별 학생에 대해 잘 알게 될 것이다. 교사는 학생 개개인을 존중하는 모습을 보여주는 한편, 학생 각각의 성향을 파악해야 한다. 교사는 학생과 함께 성취와 좌절을 공유하며 정서적 교류와 이해를 통해 모둠의 한 구성원이자 노련한 보조자로 행동해야 한다.

학생에 대한 교사의 관심은 학생이 보다 학습에 관심을 기울이도록 이끈다. 교사와 학생의 관계는 학생들의 사고, 활동, 학습을 돕는다.

'노동자로서의 학생' '코치로서의 교사'라는 메타포는 테드 시저 Ted Sizer(미국의 공립학교 연합 CES[Coalition of Essential Schools]의 설립자)의 표현이다(1984). 이는 프로젝트에 참여 중인 교사와 학생들을 떠올려보기에 좋은 방법이다. 이 비유 속에 그려진 교실은 학생들이 줄을 맞춰 조용히 앉아 있는 전통적인 교실보다는 현대적인 작업장처럼 느껴진다.

프로젝트 기반 교수에서 교사는 여러 면에서 스포츠팀의 코치 역할을 한다. 코치들은 해당 종목의 전문가이며, 선수들의 기량을 향상시키려고 노력한다. 또 선수들에게 영감을 주고 동기를 유발시키며, 하나의 '팀'을 만들기 위해 노력한다. 이러한 코치의 모습은 교사의 역할과 비슷하다(Tomlinson, 2011).

교사들은 그 과목의 전문가이고, 학생들이 어떻게 배우는지에 대해서도 잘 파악하고 있다. 프로젝트 속 교사는 어떻게 경기를 진행해야 하는지 잘 알고 있다. 교사들은 제시된 과목에 대해 잘 이해하고 있으며, 해당 프로젝트를 성공적으로 마치기 위해 필요한 능력이 무엇인지 안다.

코치로서 교사는 학생들의 역량을 체계적으로 발전시킨다. 모든 학생들이 지금보다 더 발전할 수 있다는 믿음을 바탕으로 프로젝트를 작은 단계들로 나누어 학생들을 연습시키고, 많은 피드백을 제공한다. 학생들의 동기를 유발하기 위해 교사는 프로젝트의 가치, 주제의 경이로움과 신비에 대해 이야기하며 학생들에게 영감을 준다. 교사는 학생들에게 프로젝트의 목표를 떠올리게 하고, 어떻게 활동과 과업이 연결되어 있는지를 생각하게 한다. 프로젝트 도중에 격려가 필요한 모둠이 생기거나, 개별 학생이 상담을 필요로 할 경우, 교사는 그 필요를 알아차리고 도움을 준다. 끝으로 교사는 연대의식의 중요성을 알고 장기간에 걸쳐 이를 만들고 유지시키기 위해 노력한다. 그리고 작업을 끝냈을 때 성찰하고 축하하도록 이끈다.

PBL 수업 엿보기 01

농민의 수고에 감사하기

- **프로젝트 유형** _ 디자인 챌린지
- **탐구질문** _ 지역 농민의 수고에 감사하는 마음을 어떻게 전달할 수 있을까?
- **대상 학년 및 관련 교과** _ 초등 저학년 / 문해 · 사회

● 리아 오바크Leah Obach는 캐나다의 농업 지역 매니토바에 있는 해미오타 초등학교에서 1학년을 가르치고 있다. 오바크는 1학년 학생들의 생각에서 힌트를 얻어 〈농민의 수고에 감사하기〉라는 프로젝트를 기획했다.

오바크는 초등학교와 중등학교 근무 경험을 동시에 가지고 있다. 그녀는 스스로 PBL이라는 이름이 생기기도 전부터 PBL을 해왔으며 프로젝트는 언제나 자신의 교수법의 일부였다고 말한다. 오바크는 프로젝트 협력에 있어서도 베테랑이다. 해미오타 초등학교와 가까이 있는 유치원에서 아이들을 가르치는 드봉 콜드웰Devon Caldwell과 고정 파트너로 함께하고 있다. 두 교사의 인연은 오바크가 콜드웰의 교실에서 교생 실습을 하게 되면서 시작됐고, 그때부

터 두 사람의 협업이 이어지고 있다.

두 사람이 가르치는 학생들은 서로 스카이프 화상 회의를 통해 자주 만난다. 학생들은 이러한 교류를 통해 프로젝트 아이디어를 떠올리기도 하며, 말하기와 듣기 능력을 잘 활용해야 한다는 필요성을 깨닫기도 한다. 오바크는 "우리는 아이들이 스스로 파악한 문제나 쟁점에 대해 이야기해 보게 합니다. 아이들이 무엇에 관심을 갖고 있는지 알고 싶기 때문입니다."라고 말한다.

학년 초에 두 교사는 선배 학생들을 초대해 이야기를 듣는 시간을 만들었다. 초청된 선배 학생들은 〈북극곰 입양하기〉, 〈점심 잔반 없애기 캠페인〉 등 생활에 변화를 가져왔던 프로젝트를 소개했다. 이런 자리를 통해 선배 학생들은 자신들의 학습을 돌아보았고, 후배들은 '어떻게 변화를 일으킬 것인가'에 대해 생각해 볼 수 있었다. 게스트를 초청해 이야기를 듣는 시간은 흥미진진한 도입활동이며 학생들이 PBL에 대한 감을 잡을 수 있게 해주었다.

교사들은 학생들이 날씨에 대한 이야기를 자주 하며, 날씨가 농가에 미치는 영향에 대해 관심이 있다는 것을 알게 됐다. 학생들은 농작물 수확으로 인한 가족들의 스트레스를 느끼고 있었다. 작황이 좋았음에도 비 때문에 수확에 차질을 빚는 상황이었다. 지역 농부들은 힘든 시기를 보내고 있었다. 그래서 두 교사는 '지역 농민의 수고에 감사하는 마음을 어떻게 전달할 수 있을까?'를 주제로 학생들이 직접 아이디어를 내보도록 독려했다.

학생들은 다양한 방법을 생각해 냈다. 어떤 학생들은 수확을 직접 도와주자고 제안했고, 농가를 도울 기금 마련 행사를 열자는 학생도 있었다. 다양한 아이디어를 투표에 부쳤고, 두 학급은 '농민의 수고에 감사하는 날' 행사를 열기로 결정했다.

오바크는 "학생들에게 지역 사회에 영향을 주는 일을 생각해 보는 기회를 주었고, 무엇을 하고 싶은지 물었습니다. 아이들이 발휘한 통찰력은 정말 놀라웠습니다. 이런 것이 바로 훌륭한 시민의 자질이 아닐까요." 하고 말했다.

프로젝트를 처음 생각해 냈던 9월부터 실제 행사가 열렸던 11월까지, 학생들은 프로젝트의 틀 속에서 다양한 학습에 참여했다. 프로젝트 안에 학습 목표를 배치하는 일은 어렵지 않았다. 사회 과목에 속하는 '우리 지역 이해하기'라는 주제를 통해 여러 교과 간 연계가 가능했다. 국어 과목의 학습 목표 중 하나인 절차를 기술한 자료 읽기(요리 레시피와 같은), 받는 사람이 실제로 존재하는 초대장 작성하기 등의 활동이 이뤄졌다. 수학적 문제해결 전략 또한 다양한 측면에서 활용되었다. 오바크는 "학생들이 배움의 필요성을 느낄 수 있도록 의미 있는 방식으로 학습 목표를 제시할 자신이 있었습니다."라고 말했다.

'농민의 수고에 감사하는 날' 행사를 계획하면서 교사들은 팀워크를 강조했다. 여기에는 직접적인 시범이 필요했다. 교사들은 "다른 사람 옆에 앉아서 함께 뭔가를 하는 것은 이렇게 하는 것이란다.", "일의 분담은 이런 식으로 하는 거야." 등 직접 시범을 보이며 학생들을 안내했다. 교사들은 일이 잘 풀리지 않을 때 벌어질 수 있는 상황에 대해서도 미리 일러두었다. 프로젝트에 참여한 학생들은 아직 어렸지만 팀워크에 나쁜 영향을 주는 행동이 무엇인지 알게 되었다. 오바크는 "학생들은 다음에는 다르게 행동하겠다고 반성할 수 있었습니다. 협업능력과 팀워크 기술은 교과 지식만큼이나 중요합니다."라고 설명한다.

학생들이 함께 협력하며 행사를 준비하는 모습을 지켜보며 오바크는 PBL과 주제 중심 교수와의 차이에 대해 고찰해 보았다. 오바크는 프로젝트를 통해 매일매일의 개별 학습 활동이 자연스럽게 하나로 연결된다는 사실을 발견했다. 또 학생들은 학습의 상당 부분을 스스로 관리하게 되었고, 교사는 실제적인 방식으로 교과 지식과 역량을 종합해 가르칠 수 있었다. 교사는 프로젝트를 진행하는 내내 적극적으로 학생들을 가르치고 평가했지만 학생들은 프로젝트를 시켜서 하는 일이 아니라 자신의 일이라고 여기며 주인 의식을 가졌다.

오바크는 프로젝트의 일환으로 글쓰기 과정을 평가했다. 학생들은 각자 주제를 고른 뒤 도식 조직자(텍스트와 그림을 결합해 개념, 지식, 정보 등을 시각적으로 구조화하는 것으로, 글의 내용과 구조를 파악하는 데 유용하다. 수형도, 벤다이어그램, 의미지도, 마인드맵 등으로 구분된다. - 역자 주)를 이용해 계획을 세웠고, 초고를 작성한 뒤 교사와 함께 수정하는 과정을 거쳐 글의 수준을 높였다. 그리고 마지막으로 삽화를 곁들인 최종 결과물을 완성했다.

오바크는 "'이번 달 주제는 농업입니다.'라고 소개한 뒤, 학생들이 그 주제에 관심을 갖도록 애쓰는 식이 아니라는 겁니다. 프로젝트의 발단이 됐던 '지역 농민의 수고에 감사하는 마음을 어떻게 전할 수 있을까?'라는 질문은 학생들에게서 나왔습니다. 그것이 더 깊은 관심으로 이어졌고요. 모든 것이 서로 딱 맞아 떨어져서 하루 수업이 정말 매끄럽게 흘러갔습니다."라고 설명한다.

마침내 11월, 행사일이 다가왔다. 학생들은 손님을 맞기 위해 포스터와 미술작품으로 교실을 꾸미고 호박 쿠키를 준비했다. 호박 쿠키는 학생들이 행사를 위해 기증받은 호박을 손질하여 처음부터 끝까지 직접 만든 것이었다. 학생들은 동영상을 만들고 음악회도 준비했다. 손님 수는 학생 수의 2배에 달했다.

오바크는 "농민들이 얼마나 많이 왔는지, 정말 놀라웠어요. 그분들에게도 정말 의미 있는 시간이었습니다. 그분들의 일이 우리 지역에 얼마나 중요한지 생각하는 시간을 가진 것이니까요." 하고 말했다. 학생들도 어른들이 보여준 반응에 똑같이 기뻐했다. 오바크는 이 모습을 지켜보며 왜 PBL에 실제 청중이 필요한지 다시 한번 확인할 수 있었다. "누군가가 내가 하고 있는 좋은 활동을 지켜보고 있다는 것은 대단한 영향력을 지닙니다. 선생님이 쓰라고 하니까 이야기를 쓰고 초대장을 쓰는 것과는 차원이 다르죠. 아이들은 내가 쓴 이야기나 초대장을 보고 즐길 누군가가 있다는 생각을 하면서 그 일을 하는 겁니다."

● ● ● **프로젝트 응용해 보기**

 고학년 학생들의 경우 문해력을 확장하는 측면에서, 지역 현안에 대한 인식을 높이는 책을 쓰거나 다큐멘터리를 제작하게 할 수 있다. 지역 봉사 활동과 결합할 수 있는 기회를 찾아보는 것도 좋은 방법이다. 학생들이 직접 지역 사회 속에 들어가 체험 활동을 하며 배움을 성찰할 기회를 제공할 수 있을 것이다.

PBL 수업 엿보기 02

건강한 공동체

- **프로젝트 유형** _ 실생활 문제해결
- **탐구질문** _ 평화로운 공동체를 어떻게 만들 것인가?
- **대상 학년 및 관련 교과** _ 초등 저학년 / 국어 · 사회

● 인도 뭄바이에 위치한 미국인 학교에서는 운동장에서 시작된 사소한 갈등이 교실에서까지 지속되는 일이 생겨났다. 이를 지켜본 1학년 교사들은 아예 이 문제를 탐구의 기회로 만들기로 결심했다. 베스 로페즈Beth Lopez, 글렌다 포기Glenda Forgie, 프레니 다스트루Freny Dastur는 〈건강한 공동체〉라는 프로젝트를 설계했다. 교사들은 이 프로젝트를 통해 학생들의 문제해결력을 발전시켰고, '공동체의 역할'이라는 1학년 사회 과목의 학습 목표도 달성할 수 있었다.

학생들의 탐구 활동이 원활하게 진행될 수 있도록 교사들은 학생들에게 디자인 씽킹(Design Thinking, 디자이너가 디자인을 개발할 때 발휘하는 감수성과 사고방식을 의미한다. 관찰을 통해 사람들이 겪는 불편함

이나 요구에 '공감'하여 문제를 정의하고, 이에 대한 대안을 찾는 확산적 사고와 최적의 방법을 찾으려는 수렴적 사고를 반복하여 혁신적 제품이나 서비스, 프로그램을 개발하는 것이다. - 역자 주)을 소개했다. 디자인 씽킹은 현재 교육을 비롯한 다양한 산업 분야에서 활용되고 있다. 보통의 디자인 씽킹은 어떤 문제와 그 문제에 영향을 받는 이들과 접촉하면서 문제를 이해하는 '공감(empathy)' 단계에서부터 시작된다. 이런 이유로 학생들도 먼저 공동체의 축소판이라고 할 수 있는 학교와 그 주변을 관찰했다. 학생들은 다양한 갈등을 관찰했고, 수집한 자료를 분석해 패턴을 찾아냈다. 학생들은 갈등이 발생하기 쉬운 장소를 짚어냈고, 결과를 그래프로 그려보았다. 또한 갈등을 유형별로 분류해 '스스로 해결할 수 있는 사소한 문제' '어른의 개입이 필요한 큰 문제' 등으로 나누었다.

학생들은 프로젝트의 틀 속에서 문해력을 기를 수 있는 기회를 얻었다. 어린이 문학 속에 나타난 갈등에 대해 이야기하면서 등장인물들이 갈등 상황에 어떻게 대처하는지 살펴보는 활동을 했다. 또 말하기·듣기 능력을 활용하는 기회도 가졌다. 학생들은 교장 선생님과 다른 전문가들을 만나 평화로운 학습 환경의 중요성에 대해 인터뷰를 했다.

이러한 활동을 거치면서 학생들은 나름의 '해결 방안'을 내놓을 준비가 되었다. 학생들은 다음의 세 개의 문장을 통해 각자 떠오른 생각들을 살펴보았다. 공통된 형식을 바탕으로 학생들은 각자의 아이디어를 글이나 그림을 통해 표현했다.

- 우리의 문제는 …이다.
- 이것이 왜 문제인가?
- 이 문제를 해결하기 위한 아이디어는 ….

'싸움 없는 남자 화장실'을 촉구하는 포스터, 학생들의 서명이 포함된 '평화로운 운동장을 위한 행동 수칙 동의서', '다른 학생을 놀리는 문제에 대한 해결책' 등 다양한 아이디어가 나왔다. 학생들은 함께 해결 방안을 살펴보며 가장 실효성 있다고 생각되는 방안을 선택했다. 프로젝트를 성찰해 보며 교사들은 학생과 교사 모두 프로젝트에 적극적으로 참여했다는 사실을 알 수 있었다(Lopez, Forgie, Dastur, & Hoffman, 2014). 프로젝트의 성과는 놀라웠다. 프로젝트가 끝난 후에도 개선된 교실 문화가 오랫동안 지속됐으며, 많은 학부모들은 가정에서도 자녀들이 문제해결력이 향상된 모습을 보인다고 이야기했다.

••• 프로젝트 응용해 보기

디자인 씽킹을 이용하여 학교에 영향을 주는 문제의 해결 과정에 학생을 참여시킬 수 있다. 예를 들면, 학교 주변 교통량 줄이기, 학교의 재활용 노력 확대하기, 학부모의 참여율 높이기, 학교의 탄소 사용량 줄이기 등이 주제가 될 수 있다. 조사 단계에서 자료 수집과 통계 분석 활동을 포함시키면 수학 교과를 적용할 수 있고, 학생들의 정보 활용 능력도 발전시킬 수 있다.

PBL 수업 엿보기 03

포근한 우리 집

- **프로젝트 유형** _ 디자인 챌린지
- **탐구질문** _ 디트로이트 동물원 내에 동물 서식지를 어떻게 설계할 것인가?
- **대상 학년 및 관련 교과** _ 초등 고학년 / 국어 · 과학

● 디트로이트 동물원이 2,100만 달러의 예산을 들여 펭귄 전용관을 건설하겠다는 계획을 발표했다. 물 속에서 헤엄치는 펭귄의 모습을 지켜볼 수 있는 실내 관람 구역이 포함된 계획이었다. 이 소식을 전해 들은 미시간주 노바이 지역의 빌리지 오크스 초등학교와 디어필드 초등학교 교사들은 4학년 학생들이 직접 동물 서식지 연구에 나설 기회를 가질 수 있겠다는 생각을 했다.

교사들은 〈포근한 우리 집〉을 설계했다. 과학 교과는 물론 문해력과 관련된 구체적인 학습 목표를 세웠고, 테크놀로지를 활용할 수 있는 활동도 포함시켰다. 교사들은 학생들이 아이패드를 이용하여 자료를 조사하고 사진 및 동영상과 함께 기록하게 했다.

프로젝트의 실제성을 높이기 위해 교사들은 디트로이트 동물원

직원 아담 듀이Adam Dewey에게 먼저 연락을 취했다. 듀이에게 학생들을 위한 장문의 편지를 써달라고 부탁했고, 이 편지가 프로젝트의 도입 자료가 됐다. 편지에서 듀이는 학생들에게 동물 서식지 모형 디자인에 동참해 줄 것을 제안했다. 특히 동물의 복지, 관람객의 긍정적인 경험, 사육사의 안전 등 특별한 디자인 기준을 강조했다. 학생들은 모둠별로 관심 있는 동물을 선정해 동물원에서 제시한 모든 기준에 부합하는 서식지 모형을 설계하기로 했다.

노바이 지역교육청에서 PBL 지원을 맡고 있는 밀라 리Myla Lee는 학생들의 탐구와 비판적 사고력에 깊은 인상을 받았다. 리는 "아이들은 이 작업을 더 높은 차원으로 끌어올렸습니다. 포식자/먹이 관계, 생애 주기, 생존과 같은 문제뿐 아니라 동물 전시장을 어떻게 건축해야 하는가에 대해서도 생각했습니다."라고 말했다. 학생들은 외부인은 알 수 없는 동물원의 특징에 대해서도 배웠다. 동물들을 서로 떼어놓아야 하며 사육사의 안전을 보장하는 장치를 마련해야 한다는 사실 등이다. 가령, 동물 전시장에는 동물들이 건널 수 없는 도랑과 장애물이 필요하지만 관람객은 그런 것들을 볼 수 없도록 세심하게 설계되어야 한다. 학생들은 이러한 요소들을 고려해 디자인에 나섰다.

리는 학생들이 서식지에 대한 계획을 다듬어가면서 비판적 사고력과 창의성을 발휘하는 것을 목격했다. 학생들은 '동물이 뛰어오를 수 있는 높이에 따라 울타리나 장애물의 높이를 어떻게 결정해야 할까'와 같은 질문을 던지기 시작했다. 어떤 학생들은 장애인의 접근성을 강조한 전시장을 설계했다. 한 여학생은 자신이 설계한 전시장에 폭포 요소를 추가했다. 폭포 장치는 동물에게 도움이 되는 정수 장치이기도 했지만 동시에 관람객이 미적인 매력을 느낄 수 있도록 한 것이었다. 리는 "전시장이 멋져야 사람들의 눈길을 끌 수 있다는 걸 깨달은 것이지요."라고 설명한다.

교사와 외부 전문가들은 학생들이 도면을 개선할 수 있도록 피드백을 제공했다. 마침 한 학생의 고모가 해당 동물원에서 근무한 경험이 있었고, 학생들에게 건설적인 피드백을 제공하기로 약속했다. 교사들은 동물의 실제 서식지가 갖추어야 할 요소에 충실하면서도 동시에 관람객의 주목을 끌 수 있는 요소를 가미하도록 학생들을 자극했다. 그 덕분에 학생들은 색상 및 미술품 등 다른 요소의 활용에 대해서도 생각해 보게 됐다. 학생들은 마치 건축가가 된 것처럼, 또는 인테리어 디자이너가 된 것처럼 생각하기 시작했다.

한편 학생들은 서식지 설계에 관해 정보를 제공하는 글을 작성했으며, 설계를 위한 과학적 기반을 설명하는 활동을 했다. 학생들은 생태계에 대해서도 심층적 이해를 갖게 되었다.

프로젝트 결과물을 발표하는 자리에는 동물원의 직원이 청중으로 초청됐다. 그는 학생들의 설계에 대해 상세한 추가 질문들을 던졌다. 교사들은 프레젠테이션을 생중계해 현장에 오지 못하는 학부모도 참관할 수 있게 했다. 몇몇 모둠은 학부모-교사 모임에서 자신들의 결과물을 발표하기도 했다. 학부모들은 아이들이 이토록 창의적인 줄 몰랐다는 반응을 보였다. 프로젝트는 학부모들에게 아이들의 독창성을 볼 수 있는 기회를 제공해 주었다.

●●● 프로젝트 응용해 보기

고학년의 경우 전문가 인터뷰를 통해 학생들의 진로 탐색 기회로 확장할 수 있다. 건축가나 동물학자 등에게 그들의 직업에 관한 인터뷰를 요청해 보는 것이다. 혹은 제안서에 맞춰 구체적인 예산을 세워보게 해 수학적 내용을 더 많이 포함할 수도 있다. 또 멸종 위기에 처한 동물의 원산지에서 벌어지고 있는 서식지 파괴를 분석해 보게 하는 등 지리 교과와의 융합도 가능하다.

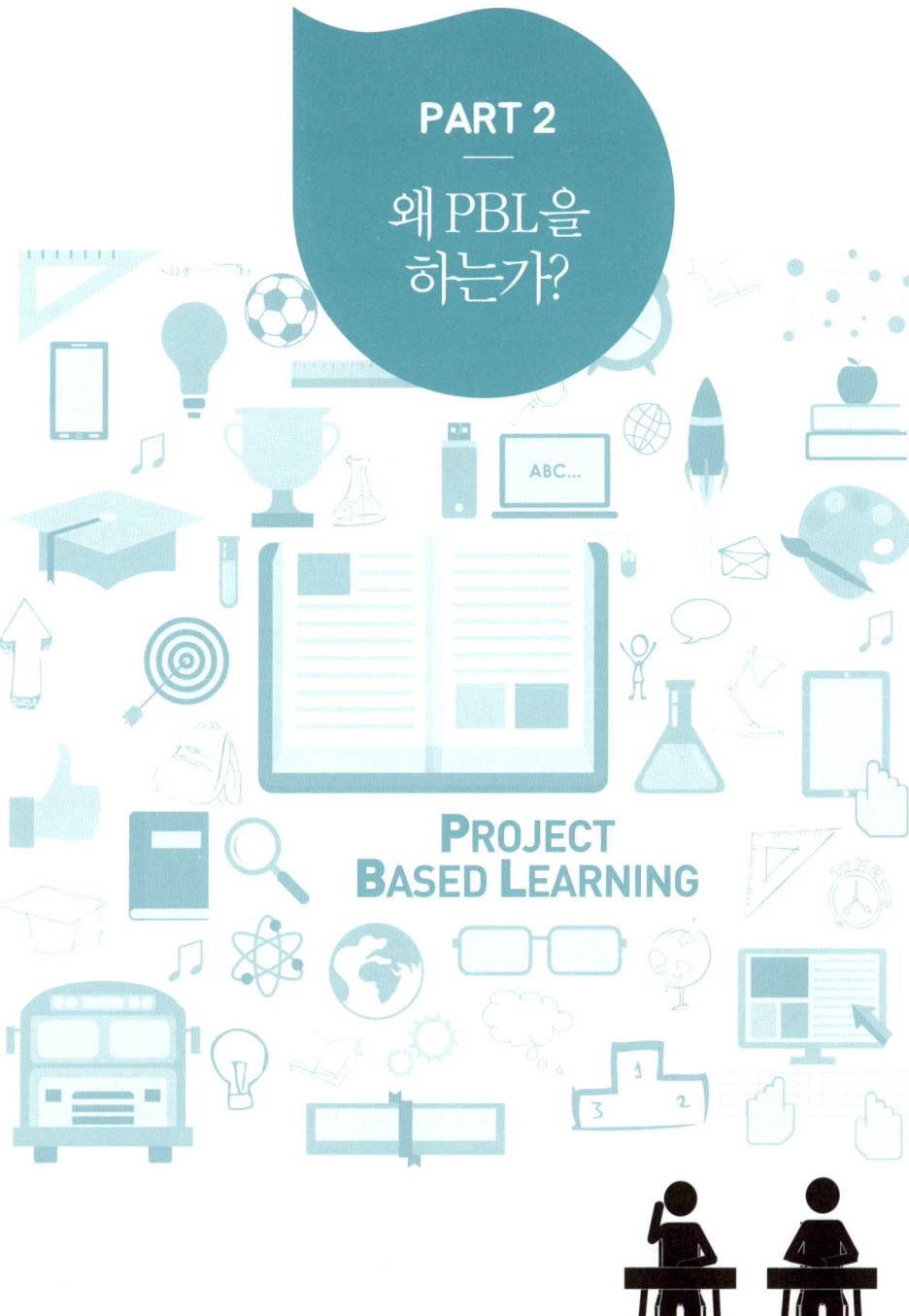

● 벅 교육협회는 해마다 미국 전역을 비롯한 세계 각지에서 수백 번의 PBL 워크숍을 개최한다. 이 워크숍에 참석한 교사와 행정가들에게는 "고등학교 교육을 마친 '바람직한' 졸업생이란 어떤 사람인가"라는 질문이 주어진다. 또한 협회와 협력 관계에 있는 학교나 지역교육청도 가끔 해당 지역에서 학부모와 지역 기업 및 시민 단체, 그리고 기타 관계자들에게 같은 질문을 던지곤 한다. 그럴 때마다 때와 장소를 불문하고 나오는 대답의 특징들은 놀랍도록 비슷한데, 그 항목을 정리하면 다음과 같다.

- 문제해결력
- 책임감
- 타인과의 협업능력

- 독립성

- 비판적 사고력

- 자신감

- 효과적인 시간 및 업무 관리 능력

- 다양한 사람들과의 원활한 의사소통 능력

그렇다면 학생들은 위와 같은 '바람직한 자질'을 어떻게 습득할 수 있을까? 교사와 행정가들은 전통적인 수업 환경에서도 이러한 학생들이 더러 나오기는 하지만 그것이 항상 가능한 일은 아니라고 말한다.

워크숍을 진행해 보면 많은 참석자들이 PBL이야말로 학생들이 이런 능력을 갖추는 데 도움을 주는 교수법임을 깨닫게 된다. 나아가 PBL을 통해 학습 내용을 더 심층적으로 배우고, 이를 실생활에 적용하는 법까지 익힐 수 있음을 알게 된다. 물론 PBL에 대한 지나친 과장을 경계할 필요는 있다. 일부 PBL 지지자들은 마치 학교를 둘러싼 여러 문제들이 PBL을 통해 모두 해결될 것처럼 말하기도 한다. 수동적인 학생에게 동기를 부여하고, 배움의 기쁨을 되살리며, 무너진 학습 공동체를 다시 일으키고, 현실의 문제를 해결하는 데 도움을 줄 것이라고 말이다. 그리고 심지어는 엄청난 성적 향상을 가져올 것이라고 믿는다.

하지만 PBL은 만병통치약이 아니다. 다만 그럼에도 불구하고 학생, 교사, 학교 및 지역 사회에 도움을 주는 강력한 교수법임에는 분명하다. PBL은 학습 동기를 높이고, 학생들이 대학과 사회생활에 대비하고 시민의 자질을 기르는 데 도움을 준다. 심층 지식과 사고력을 요하는 평가에서 경쟁력을 갖추는 것에도 일조한다. 교사들은 PBL을 통해 가르침의 기쁨을 맛볼 수 있으며, 학교와 지역교육청은 학부모와 지역 사회, 그리고 더 넓은 세계와 소통할 수 있는 새로운 창구를 얻기도 한다.

그렇다면 이제 PBL이 학생, 교사, 학교에 어떠한 도움을 줄 수 있는지 구체적으로 살펴보자.

배움의 동기를 부여하다

● 일반적으로 초등학생들은 학교 공부에 대한 의욕이 높다. 세상에 대해 알고 싶은 자연스러운 욕구를 갖고 학교에 오며, 읽기와 쓰기, 수학을 배우고 싶어 한다. 선생님께 인정받고 칭찬받고 싶어 하며, 재미와 놀이를 접목한 수업 요소도 많다. 하지만 학습에 대한 동기 부여 요소가 아무리 많아도, 수업이 단순한 반복 연습과 전통적인 교수법에만 지나치게 치우친다면 아이들은 싫증을 내기 마련이다.

이 아이들이 중·고등학교에 올라가면 학교 공부에 더 이상 흥미를 느끼지 못하게 되는 경우가 많다. 물론 일부 학생들은 여전히 좋은 성적으로 교사와 부모를 기쁘게 하겠다는 동기를 가진다. 그러나 이 학생들 역시 단지 수업을 듣고, 과제를 완성하고, 시험공부를 하는 행위를 이어갈 뿐이다. 소위 성적이 좋은 모범생들 중에서도 상당수는 점수를 잘 받는 방법은 알고 있지만 공부 자체가 재미있거나 의미 있지는 않다고 말한다. 학생들은 '진정 알고자 하는 욕구'가 아니라 외적 동기에 의해 공부하도록 내몰리고 있다.

한 연구(Yazzie-Mintz, 2010)에서 〈고등학생들의 수업 참여에 관한 설문 조사(The High School Survey of Student Engagement)〉를 진행한 적이 있다. 2006년부터 2009년까지 미국 학생 275,925명을 대상으로 한 이 조사에서는 9학년부터 12학년(우리나라의 중학교 3학년 ~ 고등학교 3학년) 중 49%가 최소한 매일 한 과목 이상에서 따분함을 느끼며, 17%는 매일 모든 수업이 지겹다고 답했다. 그 이유에 대해 학생들은 여러 가지 답을 했는데, 그중 가장 많은 세 가지는 다음과 같다.

- 수업 내용이 재미없어서(81%)
- 수업 내용이 자신과 상관없어서(42%)
- 선생님과 교류가 없어서(35%)

그렇다면 이 학생들이 가장 흥미를 느끼는 수업 방식은 무엇이었을까? 이 질문에 대한 대답은 다음과 같았다.

- 토의와 토론(61%)
- 모둠별 프로젝트(60%)

- 테크놀로지를 활용한 프로젝트와 수업(55%)
- 학생 프레젠테이션(46%)

그렌트 위긴스Grant Wiggins('Understanding by Design'이라는 교육 사이트의 집필진이자 공동 창립자) 역시 미국 중서부 교외 지역의 고등학교에서 실시한 연구에서 비슷한 결과를 얻은 바 있다. 이 연구에서도 대부분의 학생들은 많은 수업 시간 동안 지루함을 느낀다고 답했다. 학생들은 교사들이 수업을 능동적이고 재미있게 만들어야 하며, 학생들이 직접 해보는 활동과 더불어 다른 사람과 생각을 나눌 기회를 더 많이 제공해야 한다고 제안했다(Wiggins, 2014).

TIP

동기가 높으면 태도도 좋아진다

경력 교사들은 학생들이 수업 주제나 과제에 깊은 관심과 흥미를 가질 때 수업 태도를 둘러싼 많은 문제들도 자연스럽게 해결된다는 것을 잘 알고 있습니다. 수업을 방해하던 학생들도 자신이 관심 있는 프로젝트에 적극적으로 임할 때면 태도가 달라지는 것을 볼 수 있지요(Lambros, 2002). 과제를 아예 하지 않거나 불성실한 과제를 제출하던 학생들도 프로젝트에 관심을 갖게 되면 한층 책임감을 보이고 과제의 수준도 높아집니다.

이러한 설문 조사들의 결과는 수업이 좀 더 재미있어야 한다는 점을 시사한다. 그 요구를 충족시킬 수 있는 것이 바로 PBL이다. 잘 기획된 양질의 프로젝트는 재미있고 유의미한 주제와 쟁점, 과제를 중심으로 이루어지기 때문이다. 프로젝트 수업은 전 과정에 교사와 학생 간의 교류가 녹아들어 있고, 학급 전체나 소그룹 토의와 토론이 빈번히 일어나며, 테크놀로지도 어느 정도 활용된다. 특히 학생 프레젠테이션은 프로젝트의 핵심 요소이다.

영재 고등학교 학생들을 대상으로 한 연구에서도 학생들이 수업에 흥미를 느끼지 못한다는 결과가 나온 적이 있다(Kanevsky & Keighley, 2003). 이 연구는 학습을 흥미진진하게 만드는 다섯 가지 차별화된 요소를 꼽았는데, 통제권, 선택권, 적당한 난이도, 복합성, 헌신적인 교사가 바로 그것이다. 그리고 이 해당 조건들을 완벽하게 갖추고 있는 것이 바로 PBL이다.

TIP

학교 부적응 학생을 돕는 PBL

학생들이 학교를 그만두는 이유에는 여러 가지가 있습니다. 그 중 하나가 바로 수업이 지루해 공부에 마음을 붙이지 못한다는 것입니다. 〈2006년 고등학교 중퇴 보고서(Bridgeland, Dilulio, & Morison)〉에 따르면 가장 많은 학생들(47%)이 '수업이 재미없어서' 학교를 그만둔다고 답했습니다. 반대로 학교에 다녀야 하는 이유로는 81%의 학생들이 현실 사회와 관련 있는 공부가 필요하기 때문이라고 했습니다. 이 보고서는 "수업과 교육과정을 개선하여 학교를 더욱 유의미하고 재미있게 만드는 한편 학교와 직업 간의 연계성을 더욱 공고히 해야 한다"고 제안합니다. 이는 양질의 PBL을 통해 할 수 있는 일입니다.

학교 중퇴 문제를 다룬 또 다른 연구(Balfanz, 2007)에서는 부적응 학생에게 도움이 되는 프로젝트의 부수적 효과를 다음과 같이 설명하고 있습니다.

"학생들이 프로젝트와 수행 과제를 통해 짧은 시간 내에 성취감을 맛볼 수 있다는 것, 그리고 그 과정에 경험학습이 자리 잡고 있다는 점이 가장 중요하다. 학습 능력이 매우 부족한 상태로 고등학교에 입학한 학생들이 수준 높은 학습 결과를 내기까지는 엄청난 노력과 상당한 시간이 필요하다. 그 시간을 지나는 동안 학생들이 성공을 경험할 수 있게 해주는 것이 필요하다."

미래의 성장을 위한 대비

● 학생들을 대학과 사회생활에 대비시키기 위해서는 어떻게 해야 할까? 이에 관해서는 제대로 된 수업을 통해 수학, 과학, 국어, 역사 및 기타 과목을 충분히 가르쳐야 한다는 논의가 주를 이루지만, 고등학교 졸업 이후의 삶에는 이러한 지식 이외에도 기존의 교과과정에서 다루지 못하는 태도와 습관, 역량이 필요하다.

한 연구(Conley, 2005)는 대학 신입생 교양 강좌를 성공적으로 이수하는 데 필요한 자질을 분석했다. 이 연구는 특정 교과 지식 및 기능과 더불어 다음과 같은 '사고 습관'을 제시했다.

- 비판적 사고력

- 분석적 사고력
- 문제해결력
- 비판 수용 및 활용 능력
- 실패에 유연하게 대처하는 능력
- 분명하고 설득력 있는 말과 글의 사용 능력
- 자료의 중요성과 신뢰성을 비교·평가하는 능력
- 추론을 통해 스스로 결론을 도출하는 능력
- 시간 관리 능력

고용주들에게 성공적인 직장 생활을 위해 해당 분야의 지식과 기능 이외에 필요한 자질이 무엇인지를 물었을 때에도 역시 비슷한 결과가 나왔다(Hart Research Associates, 2013, p.8). 그중 몇 가지를 살펴보면 다음과 같다.

- 비판적 사고력 및 분석적 추리력
- 복잡한 문제를 분석하고 해결하는 능력
- 말을 통한 효과적인 의사소통 능력
- 글쓰기를 통한 효과적인 의사소통 능력
- 지식과 기술을 실생활에 적용하는 능력
- 다양한 자료에서 정보를 찾아 정리하고 평가하는 능력
- 혁신의 능력과 창의성
- 크고 작은 다양한 조직 내에서 팀워크를 발휘하고 협동하는 능력

뚜렷이 나타나는 공통점은 바로 학생들에게 기본 교과 지식 이상의 무언가가 필요하다는 점이다. 이러한 능력과 개인의 자질은 그동안 다양한 이름으로 불려왔다. 21세기 역량, 범교과 기능, 대인관계 기술, 다학문 지식, 사고 및 업무 습관, 심층 학습, 대학 및 직장 생활 대비 능력 등의 이름으로 불리는 이 자질들을 이 책에서는 '성공역량(Success Skills)'이라고 부른다. 성공역량 중에는 소크라테스 시대로 거슬러 올라갈 만큼 오래된 것도 있고 현대 사회의 산물인 것도 있다. 문제는 과연 기존의 학교 교육으로 이러한 자질을 가르칠 수 있느냐는 것이다.

앞서 언급한대로 전통적인 교과와 교수법에서는 교육자, 부모, 대학, 고용주가 고등학교를 마친 사람에게 기대하는 역량들이 간과되기 일쑤이다. 특정 교과와 연관시켜 비판적 사고를 가르치는 교사들도 있겠지만 아예 가르치지 않는 교사도 많다. 그리고 설령 그런 기회가 주어진다 하더라도 직접적인 가르침이 아니라 과제나 활동에 묻혀서 간접적으로 제시될 뿐이다.

그러나 좋은 프로젝트를 통하면 이 모든 일을 해낼 수 있다. 제대로 된 PBL 안에서 학생들은 대학과 직장에서 필요한 다양한 역량을 준비해야 한다고 스스로 인식할 뿐 아니라 그러한 역량들을 분명하게 배우고 평가받는다. 학생은 자신의 능력이 얼마나 성장했는지 스스로 평가해 보라는 요구를 받기도 한다. 학교의 체계적인 지원 속에서 여러 개의 프로젝트를 진행해 본 경험을 가진 학생들은 그렇지 못했던 학생들에 비해 이러한 역량을 개발할 기회를 훨씬 많이 누리게 된다.

물론 대학과 직장을 대비하는 능력을 강조한다고 해서 독해, 쓰기, 산수, 역사, 문학 등 기존의 교과 지식을 소홀히 해도 된다는 것은 아니다. 우리는 어떤 정보라도 즉시 얻을 수 있는 정보화 시대에 살고 있다. 하지만 그 정보를 이해하며 문화적 소양을 갖춘 균형 잡힌 사회 구성원이 되기 위해서는 여전히 어느 정도의 배경지식이 필요하다. 그렇기 때문에 핵심 지식과 이해는 핵심 성공역량의 개발과 함께 항상 프로젝트의 양대 목표가 된다.

성공적인 대학 생활을 준비하다

일부 교육자와 학부모들은 PBL에 대해 처음 들었을 때 다음과 같은 질문을 할 수도 있다.

"그건 대학에서 이루어지는 교육 방식이 아니네요. 그렇다면 학생들에게 피해가 되지 않을까요? 대학의 교육 방식대로 강의를 듣고 필기를 하며 시험을 치르는 연습을 해야 하지 않을까요?"

여기에 대한 답은 두 가지이다.

첫째, 고등학교 때 습득해야 할 중요한 기능인 경청과 필기의 기회 역시 프로젝트 안에 포함될 수 있다. 일반적인 고정관념과 달리 PBL에도 강의식 수업이 들어 있다. 프로젝트를 진행하며 학생들이 어떤 것을 '진정 알고자 하는 욕구'를 갖게 됐을 때 그것을 배우기 위한 최고의 방법은 교사의 강의일 것이다. 아니면 그 분야의 전문가를 인터뷰하고 내용을 기록해 오라는 과제를 낼 수도 있다. 마찬가지로 교과 내용에 대한 시험 또한 프로젝트에 있어서 효과적이고 필수적인 평가 도구가 된다.

둘째, 대학에서 학년이 올라갈수록 학생들은 강의 중심이 아닌 수업을 점점 더 많이 접하게 된다. 상당히 보수적인 대학에서도 학부생들은 모둠별 활동을 해야 하고, 실생활에 적용된 지식을 사용하며, 문제를 분석하고 연구의 결과를 청중에게 발표하라는 요구를 받는다. 점점 더 많은 고등 교육 기관이 프로젝트 기반의 교육 방법을 공개적으로 사용하고 있다.

특히 이러한 경향은 공학, 건축, 경영 분야에서 두드러진다. 올린 공과대학에서는 교육과정 전반에 걸쳐 공동 프로젝트에 역점을 두고 있고, 하버드 대학의 학부 수업인 '응용물리 50(Applied Physics 50)' 과정의 경우 완전히 프로젝트 수업으로 진행된다(Perry, 2013). 스탠퍼드 대학의 인기 강좌인 '빈곤층을 위한 저가 디자인(Design for Extreme Affordability)'과 MIT의 'D-Lab' 수업은 여러 분야의 학문을 종합적으로 아우르는 프로젝트 중심 수업으로, 학생들은 이 수업에서 세계 각지의 빈곤층을 위한 물품과 서비스를 개발한다.

아울러 PBL을 통해 자기주도적인 태도를 기른 학생들은 성공적인 대학 생활을 위해 필요한 자기주장과 주도권을 갖출 수 있다. 그런 점에서 대학 생활에 더 잘 적응할 수 있을 것이다. 실제로 PBL 중심으로 운영되는 뉴텍 네트워크(New Tech Network, PBL 수업에 기반한 교육 시스템 정착을 위해 노력하며, PBL 수업을 원하는 학교를 다각도로 지원하는 미국의 교육 단체. - 역자 주) 소속 고등학교 출신 학생들은 대학에서 높은 2학년 진급률을 보이고 있고, 인비전 학교 연합(Envision education schools, 샌프란시스코 지역에서 3개의 차터 스쿨을 운영하는 기관으로 PBL 수업을 활용하고 있다. - 역자 주) 소속 학교의 졸업생 역시 비슷한 결과를 내고 있다[1].

또한 '학생 중심 수업'이 실시되는 고등학교 출신 학생들은 대학에서도 높은 성취도를 보인다고 한다(Friedlaender, Burns, Lewis-Charp, Cook-Harvey, & Darling-Hammond, 2014). 여기서 말하는 학생 중심 수업이란 프로젝트 기반의 교수, 협력 학습, 학생 친화적 교과과정(배우는 내용이 학생의 삶과 관련이 있는 수업. - 역자 주), 수행 중심 평가 등을 포함한다. 실례로 샌프란시스코의 시립 예술과학 고등학교 출신 중 4년제 대학 진학자의 97%가 4학년 진급에 성공했다. 마찬가지로 오클랜드의 라이프 학습 아카데미 졸업생 69%가 4학년 진급에 성공했다. 두 학교 모두 학생 중 소수 인종 비율이 전국 평균을 크게 웃도는 학교로, 학생 중 상당수가 가족 중 최초로 대학에 진학한 경우였다.

성공적인 직장 생활의 기초를 다지다

학교 시스템은 약 100년 전 당시 산업화 시대에 적합한 노동자

양성을 위해 설계됐다. 따라서 학교 교육은 3Rs(reading, writing and arithmetic[읽기, 쓰기, 산수]. - 역자 주)와 함께 역사와 시민에 대한 기초적인 지식만을 강조했다. 공장 노동을 위해서는 이외에 별다른 지식이 필요하지 않았고, 주로 정해진 일을 반복하면 됐기 때문이다. 지금도 이러한 직업이 여전히 존재하지만 과거에 비하면 그 수가 많이 줄었다. 더구나 이런 일을 하기 위해서도 과거보다는 더욱 복잡한 능력이 요구된다.

오늘날의 '지식 경제' 하에서 직업적으로 성공하려면 앞서 언급한 다양한 역량을 갖추어야 한다. 〈로봇과 함께 춤을 : 전산 업무를 위한 인간의 역량(Dancing with Robots: Human Skills for Computerized Work)〉이란 제목의 보고서는 기술의 발전으로 인해 "중산층의 일의 미래는 인간의 두뇌만이 할 수 있는 고유한 역량에 달려 있다"고 주장한다. 여기서 말하는 인간의 고유한 역량이란 유연성, 표준에서 벗어난 문제를 해결하는 능력, 새로운 정보를 조작하여 이를 전달하는 일 등이다(Levy & Murnane, 2013).

리더십은 직장 생활에 큰 도움이 된다. 팀을 구성하는 능력, 팀원들의 능력을 최대한 발휘할 수 있게 하는 능력, 마감에 맞춰 장기간의 복잡한 업무를 처리하는 능력 등이 리더십에 해당한다. 학생들은 프로젝트를 수행하면서 이러한 능력을 개발할 다양한 기회를 자주 갖게 된다. 특히 평소 교실에서 리더의 역할을 하지 못하는 학생들도 프로젝트 안에서는 이러한 기회를 누릴 수 있다.

리더십 못지않게 중요한 것이 자기관리 능력이다. 일과 시간의 체계적인 관리, 독립적 업무 수행, 스트레스 관리, 솔선수범하는 태도 등이 자기관리 능력에 해당한다. 제대로 된 프로젝트에서는 이 모든 능력이 반드시 요구된다.

마지막으로, 오늘날의 경제 환경에서는 대부분의 사람들이 여러 번의 이직을 경험한다. 따라서 유연한 태도를 갖춰야 하며 새로운 기능을 배울 줄 알아야 한다. 학생들은 새롭고 다양한 역할을 요구하는 프로젝트를 통해 이러한 능력을 개발할 수 있다. 급변하는 경제 환경 하에서는 흔히 '투지(grit)'라고도 말하는 집요함과 회복력이 필요하다. 이러한 역량을 키우는 데 프로젝트 기반의 학교 교육은 큰 도움이 된다. 학생들이 프로젝트를 통해 쟁점을 다루고 문제를 해결하는 일은 결코 쉽지 않기 때문이다. 또한 모든 프로젝트에서는 예기치 못한 변수와 방향 전환이 일어나기 마련이다. 프로젝트 진행 도중에 어떠한 차질로 인해 기존 계획을 재고하는 과정을 겪으며 학생들은 새로운 배움의 필요성을 깨닫게 될 것이다.

바람직한 시민으로 성장하기 위한 기본을 갖추다

대학과 직장에서 필요한 기능 중 많은 부분은 상식을 갖춘 능동적인 시민이 되기 위해서도 필요하다. 이웃과 어떤 쟁점에 대해 논하는 일, 정부나 기업에 문제를 제기하고 당국과 협상하는 일, 혹은 단순히 선거에서 투표하는 일에도 비판적 사고와 정보 평가, 적절한 의사소통 및 타당한 결정 등의 능력이 요구된다. 또한 직장에서와 마찬가지로 다양성의 사회에 사는 시민들은 협력을 통해 문제를 확인하고 해결할 줄 알아야 한다.

마지막으로 강조하고 싶은 것은 PBL과 성공적인 일상생활과의 관계이다. 실제로 어른이 되면 결혼식 계획부터 창고 짓기, 장거리 자동차 여행 등에 이르는 다양한 '프로젝트'와 씨름하게 된다. 따라서 목표를 정하고, 그에 따라 복잡한 실행 계획을 세운 뒤, 필요한 자원을 동원해 '수행 기반 평가'를 성공적으로 마치는 일을 잘 배워 두는 것은 누구에게나 도움이 된다.

03
새로운 성취기준과 평가를 위한 대비

● 최근 들어 미국 대부분의 주는 언어와 수리 영역의 성취기준을 개정하거나 주 단위 공통 핵심 성취기준(CCSS, the Common Core State Standards)을 채택했다. 이제 학생들은 새로운 기준의 학습 목표에 도달해야 한다(CCSS는 미국 모든 주의 초·중·고등학교의 일관성 있는 교육을 위한 교육 표준 가이드다. CCSS는 학생들이 각 학년을 마칠 때까지 성취해야 할 교과 내용과 기능을 구체적으로 명시하고 있다. 우리나라의 '교육과정 내용 성취기준' 혹은 '핵심성취기준'과 흡사한 개념이라고 생각하면 된다. 교사들은 이 기준에 근거하여 각자의 학교 환경에 알맞게 교수 활동을 진행한다. - 역자 주).

정보를 손쉽게 얻을 수 있는 현대 사회에서 필요한 것은 적절한 질문을 통해 최적의 정보를 얻어내고, 이를 실생활에 적용하는 능력이다. 따라서 교사들은 소위 '진도를 나가기'보다는 학생들이 개념을 더 깊이 이해하고 지식을 적용하는 방법을 익힐 수 있도록 가르칠 것을 요구받게 됐다.

특히 최근의 성취기준들은 다양한 학문 영역을 아우르는 21세기 역량을 강조하고 있다. 이는 CCSS를 채택한 몇몇 주의 사례를 통해 확인할 수 있다.

- **[텍사스주] 언어 및 독해 영역 성취기준** : 생산적 모둠 활동을 한다.
- **[인디애나주] 언어 영역 성취기준** : 멀티미디어 요소를 포함하여 재미있는 발표를 구성한다.
- **[버지니아주] 국어 학습 성취기준** : 다양한 출처의 정보를 분석, 평가, 종합, 정리하여 연구 결과를 산출한다.

새로운 성취기준을 달성하는 최고의 방법

요즘 여러 지역의 교육과정위원회와 교재 출판사, 교구 및 교육 프로그램 조달업자들 사이에 가장 유행하는 말은 "CCSS에 부합한다."이다. 그러나 PBL을 'CCSS에 부합한다' 정도로 평가하는 것은 PBL을 평가절하하는 일이다. PBL이 CCSS를 달성하기 위한 유일한 길이라고는 할 수 없지만, 이를 위한 최고의 방법 중 하나임은 분명하기 때문이다.

미국에서는 새로운 성취기준에 부합하도록 교수법이 바뀌어야 한다는 것이 중론이다. 그리고 우리는 바로 PBL이 모든 교사의 핵심 교수법이 되어야 한다고 믿는다. 그 이유는 다음과 같다.

첫째, PBL은 성취기준의 바탕에 깔린 원칙과 철학을 반영한다.

• **언어 및 수리 영역 : 성취기준의 수는 줄었지만 깊이를 요구한다**

제대로 된 프로젝트는 항상 깊이 있는 개념적 이해와 비판적 사고력을 강조해 왔다. 이 역량들은 문제를 해결할 때, 핵심 질문을 발전시키고 답할 때, 또 수준 높은 결과물을 만들어낼 때 활용된다.

• **언어 영역 : 다양한 교과 영역의 정보를 담은 글 읽기를 강조한다**

많은 프로젝트가 다양한 학문 영역을 아우르기 때문에, 다양한 글을 읽어야만 하는 상황을 만들어낸다. 학생들은 프로젝트 수행에 필요한 정보를 얻기 위해 참고서, 각종 디지털 자료, 전문가 인터뷰, 인터넷 자료에 이르기까지 다양한 자료를 읽게 된다.

• **언어 영역 : 탐구와 근거를 바탕으로 한 논증을 강조한다**

글을 꼼꼼히 읽으며 의미를 파악하는 것은 일종의 탐구 활동이다. 이 중요한 역량을 쌓을 기회 또한 여러 프로젝트 속에 포함되어 있다. 언어 영역 성취기준은 학생들에게 질문하기, 연구하기, 자료를 평가하기, 근거를 갖춘 좋은 해답을 만들기 등을 요구하기도 하는데, 이 모든 과정이 바로 PBL의 기본이다.

- **수리 영역 : 실생활 적용을 위한 수학을 중시한다**
수리 영역 성취기준은 수학을 활용하여 '일상생활, 사회 및 직장에서 비롯된 문제'를 해결하는 능력을 강조하는데, 이 역시 양질의 프로젝트를 통해 개발할 수 있다.

둘째, 교사는 하나의 프로젝트 안에서 여러 개의 성취기준을 동시에 다룰 수 있다. 예를 들어, 기존의 교수법을 통해 '멀티미디어를 활용한 프레젠테이션' '대화를 독점하지 않으면서 친구들과 동등한 대화 나누기' '스스로 연구 과제를 설정하여 연구 진행하기' 등 새로운 언어 영역 성취기준을 달성하려면 학생들은 1년 내내 서로 관련 없는 과제와 활동을 하며 이 기능들을 따로따로 배워야 할 것이다. 하지만 프로젝트를 일상적으로 진행한다면 학생들은 이 모든 기능들을 집중적으로 익힐 기회를 훨씬 자주 가질 수 있다.

언어 영역의 독해 및 언어 성취기준 대부분은 수리 영역의 성취기준과 마찬가지로 프로젝트 환경 속에서 가르칠 수 있는 것들이다. 하지만 그중에서도 몇몇 성취기준은 PBL에 특히 적합하다는 것을 알 수 있는데, 그 일부를 표를 통해 소개한다.

언어 영역 CCSS	PBL 적용
쓰기 6 인터넷 등 테크놀로지를 이용하여 글을 작성해 발표하며 다른 사람과 소통하고 협력한다.	문서 작성 프로그램을 통해 작성된 결과물이나 학생이 스스로 결과물을 발표하는 웹사이트는 프로젝트에서 흔히 볼 수 있는 특징이다. 학생들은 모둠별로 활동하며 다양한 온라인 도구를 통해 서로의 자료를 공유하고 회의를 진행하며 과제와 마감을 기록할 수 있다.
쓰기 7 핵심 질문을 바탕으로 단기 및 장기 연구 프로젝트를 실시하고, 해당 주제를 이해하고 있음을 보여준다.	대부분의 프로젝트에는 어떤 식으로든 조사 연구가 수반되기 마련이다. 탐구질문에 답하고 그 근거를 마련하기 위해서는 다양한 자료를 읽어야 한다. 과학 연구가 필요할 때도 있으며, 전문가나 지역 주민을 인터뷰하기도 한다. 혹은 최종 사용자에게 학생들이 만든 결과물에 대해 알리기도 한다. 학생 스스로 질문을 만들며 연구 과정을 이끌어가는 것은 PBL의 전형적인 특징이다.
말하기·듣기 1 다양한 사람들과 대화하고 협력해야 하는 일에 참여한다. 다른 사람의 아이디어를 받아들이고, 자신의 생각을 분명하고 설득력 있게 표현한다.	프로젝트에서 학생들은 모둠 활동을 하면서 여러 번의 정기적인 기회를 통해 계획, 아이디어, 결과물 등에 대해 협의한다. 또 전문가, 멘토, 가족 및 지역 주민 등의 외부 인사들과 교류하는 기회도 가진다.
말하기·듣기 4 청중에게 정보, 연구 결과 및 근거를 제시한다. 이때 청중이 잘 이해할 수 있는 구성과 전개를 사용해야 한다. 표현 방식은 과제, 목적, 청중에 적합해야 한다.	프로젝트는 프레젠테이션을 통해 막을 내린다. 학생들은 프로젝트의 성격에 따라 선정된 청중을 대상으로 그간의 연구 결과를 발표한다. 프레젠테이션에서는 최종 결과물을 제시하거나 핵심 질문에 대한 답변을 설명하는 일뿐만 아니라 자신의 추론 과정을 정당화하고 연구 과정을 설명하는 일도 함께 이루어진다.
말하기·듣기 5 정보를 제시할 때 전략적으로 디지털 미디어와 시각적 자료를 활용하여 프레젠테이션의 이해도를 높인다.	청중에게 프로젝트 결과물을 발표할 때에는 분명함과 설득력이 요구된다. 이를 위해 학생들은 가장 적절한 디지털 미디어를 선택하고 효과적인 시각적 전시물을 만들어낸다.

> **말하기 · 듣기 6**
> 다양한 의사 전달 상황에 맞게 발화를 조정하여 필요에 따라 격식을 갖춘 언어를 구사할 수 있음을 보여준다.
>
> 프로젝트를 통해 학생들은 격식을 갖춘 언어를 사용할 기회를 많이 갖게 된다. 프로젝트 수행 시 학생들은 교사 이외의 다른 어른들과 교류해야 하며 학급과 교사 이외의 청중 집단을 대상으로 프레젠테이션을 하는 일도 허다하기 때문이다.

새로운 평가 유형에 적합한 PBL

'스마터 밸런스드 평가 협회(SBAC, Smarter Balanced Assessment Consortium)'나 '대학 · 직장준비 평가 조합(PARCC, Partnership for Assessment of Readiness for College and Careers)'에 가입되어 있는 미국의 여러 주에서 PBL은 최고의 '시험 대비' 교수법으로 인정된다(물론 대부분의 PBL 실천가들은 이런 식의 표현을 좋아하지 않을 것이다).

이 두 단체가 개발 중인 평가의 일부는 수행 과제로 진행된다. 해당 시험에서 학생들은 단순한 선다형 문제를 푸는 것이 아니라, 실제로 무엇인가를 수행해야 한다. 예를 들어, SBAC는 조사 능력을 측정하기 위한 과제를 제시한다. 학생들은 어떤 쟁점에 관한 다양한 관점을 읽고 비교한 뒤 실제 상황에 사용할 수 있는 주장을 근거와 함께 작성해야 한다. PBL에 익숙한 학생들이라면 이런 종류의 과제를 받았을 때 편안한 마음으로 시험을 치를 수 있을 것이다. PARCC 역시 조사 시뮬레이션 문제를 개발 중이다. 두 단체 모두 수학 수행 문제로 실제 상황이나 가상 상황에서 시범과 적용을 요하는 과제를 제작 중인데, 이는 PBL로 학습한 학생들에게 매우 익숙한 상황이다.

차세대 과학 성취기준(NGSS, Next Generation Science Standards)에도 PBL은 안성맞춤이다. 이 성취기준은 어취브 협회(Achieve, Inc.)가 구성한 필진과 함께 26개 주가 공동으로 개발한 것으로, CCSS와 마찬가지로 '맥락에서 유리된 단순 사실의 암기가 아닌 이해와 적용의 강조'라는 변화를 특징으로 한다[2].

한편 NGSS는 기존의 주 단위 과학 성취기준에 비해 공학을 훨씬 더 중시한다. 프로젝트가 모형, 장치, 구조물을 비롯한 여타 결과물을 설계하고 만드는 일이라는 점을 고려할 때 공학과 프로젝트의 긴밀한 관계는 당연한 것이라 할 수 있다. 다음에 소개하는 NGSS의 '과학 및 공학 실습'은 PBL에서 흔히 볼 수 있는 실습과 매우 흡사하다.

- 과학적 의문 제기 / 공학적 문제 규정
- 모형 개발 및 사용
- 조사 계획 수립 및 실행
- 데이터 분석 및 해석
- 수학 및 계산적 사고의 활용
- (과학) 해석 구성 / (공학) 해결책 설계
- 근거를 통한 주장 도출
- 정보의 습득, 평가 및 전달

NGSS 중 일부는 CCSS와 마찬가지로 활용 가능한 프로젝트를 직접 언급하고 있다.

- **초등학교 3~5학년 자연과학** : 힘의 평형과 비평형이 물체의 운동에 미치는 효과를 증명할 근거를 찾기 위한 조사를 설계하고 실시한다.
- **중학교 자연과학** : 화학 작용에 의한 열에너지를 내보내거나 흡수하는 장치를 만들고 테스트를 통해 개선하는 설계 프로젝트를 실시한다.
- **고등학교 생명과학** : 인간의 활동이 환경과 생물 다양성에 미치는 영향을 줄이기 위한 방안을 구상하고 평가하여 개선한다.

대입 시험 준비에 유리한 PBL

2014년, CCSS 작성에 관여했던 미국 대학입시위원회의 회장 데이비드 콜먼David Coleman은 2016학년도 SAT에 여러 가지 변화가 있을 것이라고 발표했다. 이 변화 중 상당 부분은 최근 CCSS를 비롯한 주 단위 성취기준에서 나타나는 'PBL 친화적인' 추세를 반영한다. 언어 영역에서는 사고력이 강조되고, 수리 영역에서는 다루는 내용이 줄었으며, '실제 상황에 기반한 문제'를 내세우는 것 등이 그 예다[3].

대학입시위원회에 따르면, 독해 및 작문 영역의 특징은 대학과 사회생활에 잘 대비하고 성공하는 데 있어 가장 중요하게 여겨지는 지식, 기능, 해석에 초점을 두고, 지속적으로 논증을 강조하는 것이다[4]. 또한 수리 영역에서는 과학, 사회과학, 가상의 직업 상황, 기타 실생활의 상황 등에서 문제를 해결하기 위한 여러 단계의 적용이 중요해질 것이다. 학생들은 어떤 시나리오와 함께 그에 관한 몇 가지 질문을 받게 되고 그 상황을 깊이 파고들어 생각한 뒤 수학적 모형을 세우게 된다[5].

AP 수업과 평가 역시 PBL을 더욱 많이 활용해야 한다는 쪽으로 변화하고 있다. 대학입시위원회에 따르면, AP는 '교과 지식의 폭과 이해의 깊이 사이의 균형'과 함께 '탐구, 논증, 의사소통 능력 등을 특별히 강조'하는 방향으로 변화하고 있다[6]. 이러한 변화를 반영하여 우선 AP 물리, AP 생물, AP 미국사의 시험과 교육과정이 바뀌었다.

또한 AP는 캡스톤 디플로마 프로그램(Capstone Diploma, AP가 개발한 2년 과정의 시범 프로그램으로, 기존의 AP 수업에 AP 세미나와 AP 조사 연구 수업이 추가됐다. - 역자 주)을 새로 만들어내기도 했다. 이 프로그램은 학생들이 독자적인 연구 능력

> | AP |
> (Advanced Placement)
>
> 미국 및 캐나다에서 11학년과 12학년 (우리나라의 고2 및 고3에 해당) 때 수강할 수 있는 대학 수준의 고급 교과과정으로 현재 37개 과목이 운영되고 있다. 이 과정을 수강한 후 AP 시험에 응시할 수 있는데 1점~5점으로 성적이 매겨진다. 이 시험에서 3점 이상의 높은 성적을 받게 되면 명문대 입학에 유리해지며 입학 후 학점으로 인정되기도 한다.

과 협업능력, 의사소통 능력을 배울 수 있도록 설계됐는데, 대학에서 이러한 능력들의 중요성은 점점 더 커지고 있다[7]. 캡스톤 디플로마 프로그램은 다음과 같은 사항을 요구한다.

- 복잡한 쟁점과 주제에 대한 여러 견해를 고려하여 평가한 뒤 자신만의 관점을 형성한다.
- 비판적 사고 능력과 창의력을 연마한다.
- 어떤 문제에 대해 의문을 갖고 탐구와 조사를 실시한다.
- 모둠 활동을 한다.
- 청중을 대상으로 프레젠테이션, 공연을 하거나 전시회를 연다.

또 다른 공신력 있는 시험인 국가학업성취도평가(NAEP, National Assessment of Educational Progress) 역시 PBL 방향으로 선회를 고려 중이다. NAEP의 보고서 〈미래지향적 평가 안내(Leading Assessment into the Future)〉에서 한 전문가는 "비판적 사고력, 문제해결력, 협업능력과 같은 새로운 요소들을 평가하기 위해 새로운 기술을 사용하라."고 권고하고 있다(NCES, 2012, p.9).

PBL의 목표를 이미 반영하고 있는 국제적 평가로는 국제학업성취도평가(PISA, Programme for International Student Assessment)가 있다. 이 시험은 OECD에서 운영하는 국제 학습 네트워크에 가입한 학교의 15세 학생들을 대상으로 하며, 65개 이상의 국가에서 3년마다 한 번씩 치러진다. 이 시험의 목적은 더 많은 학생들이 국제적인 경쟁력을 갖출 수 있도록 돕는 데 있다(America Achieves, n.d.). PISA는 학생들이 읽기, 수학, 과학 지식을 실제 상황에 얼마나 잘 적용할 수 있는지를 측정한다. 최근에는 일반적이지 않은 독특한 상황에 대처하는 능력을 측정하는 '창의적 문제해결 평가'가 추가됐다. 좋은 프로젝트 자체가 바로 이런 '독특한 상황'이 되기 때문에, 이 시험 역시 PBL로 대비할 수 있을 것이다(OECD, 2014).

가르침의 기쁨을 더하다

● 오늘날과 같은 성취기준, 시험, 책무성(교육자에게 시험 결과의 책임을 묻고, 시험 결과로 교육 활동의 가치를 평가하는 흐름. - 역자 주)의 시대에 많은 교사들은 교육과정과 교수법에 있어서 제약을 받는다고 느낀다. 실제로 교사들은 특정 방식으로 학생을 가르치도록 강요받기도 한다. 시험 점수 향상만을 목표로 하는 학교에서는 '시험 대비' 수업 방식이 지배적이다. 이런 환경에서는 미리 정해진 수업 각본에 충실히 따르고, 검증된 수업 자료만을 사용해야 할지도 모른다. 이러한 상황에 보조를 맞추려면 모든 교사가 같은 날 같은 양의 진도를 나가야 한다.

우리는 PBL 워크숍을 진행하며 많은 교사들이, 특히 초등학교 수업 안에서 대단원 하나를 계획할 권한조차 갖지 못한다는 사실을 알게 됐다. 모든 것이 계획되어 교사에게 주어지고 있는 것이다.

시험 성적 향상에만 목숨을 거는 학교들은 인문학을 비롯해 시험에 포함되지 않는 기타 과목들을 가르칠 여력이 없다고 주장한다. 지역 사회와 연계하는 활동, 참신한 테크놀로지 활용이나 모둠별 활동과 프레젠테이션을 잘 하는 방법 등을 가르칠 시간이 없다는 것이다. 또한 학생들이 자부심을 가질 만한 수준 높은 결과물을 만들어내는 데 시간을 보내는 것은 사실상 불가능하다고 말한다. 이런 학교들은 PBL과 같은 교육 방법에 대해서는 부정적인 반응을 보이거나, 심지어 드러내놓고 금지하기도 하는데, 그 이유는 PBL이 성취기준을 만족시키기에 지나치게 느슨하고 비효율적이라고 여기기 때문이다.

이러한 상황 속에서도 여전히 많은 교사들이 수업에 자기 색깔을 불어넣고 최대한 창의적이고 생기 있는 수업을 만들기 위해 애쓰고 있다. 다른 한편에는 프로그램에 충실하면서도 각종 제약에 지치고, 매일 똑같은 교과서, 학습지, 단순 반복 연습으로 인해 학생들이 배움에 흥미를 잃는 모습을 지켜보며 괴로워하는 교사들도 있다. 심지어 어떤 교사들은 교직을 떠나거나, 비교적 가르침의 자유가 보장되는 차터 스쿨(Charter School, 대안학교의 성격을 가진 공립학교. - 역자 주)이나 사립학교로 이직하기도 한다.

교사들 대부분이 원하는 것은 기성품처럼 제공되는 자료나 교과서 진도에 따라 단순히 '내용을 전달'하는 행위가 아니라 자신의 수업과 단원을 계획하는 일이다. 교사들은 자신과 학생들이 흥미를 느끼는 주제와 쟁점에 관해 가르치기를 원한다. 수업에 적극적으로 참여하는 학생들의 모습을 보고 싶어 하며, 교사 자신도 새로운 것을 배우고 싶어 한다. 교실 앞에 서서 학급 전체를 대상으로 지시나 내리는 일만 계속하기보다는 자라나는 새싹들 옆에 가까이 서서 관계를 맺기를 원한다. 그리고 PBL 환경에서는 이 모든 것이 가능하다.

우리는 PBL 워크숍에서 "항상 이렇게 가르치고 싶었습니다!"라고 말하는 교사를 흔히 볼 수 있다. 어떤 경력 교사들은 "예전에는 이렇게 가르쳤습니다." 하고 말하기도 한다. 물론 과거 수업에서 사용했던 프로젝트가 현재의 PBL만큼 완벽하지는 못하겠지만 말이다. 어느 쪽이든 간에 일단 성취기준이 판치는 세상에서도 PBL이 유효하다는 것을 알게 되는 순간 교사들은 해방감을 느낀다.

교사들 사이에서 PBL의 매력은 2010년에 실시된 〈프로젝트 중심 고등학교 경제 교육과정(a project-based high school economics curriculum)〉에 관한 연구에서 확인된 바 있다. 이 연구에서 PBL 방식을 사용했던 교사들은 그렇지 않은 교사들에 비해 자신의 교수법에 더 만족하는 모습을 보여주었다(Finkelstein, Hanson, Huang, Hirschman, & Huang, 2010).

TIP

PBL이 자신과 맞지 않다고 생각된다면?

PBL을 좋아하지 않는 교사도 있을 수 있습니다. 어떤 교사들에겐 교실을 통제하고 수업의 매 순간을 계획하는 것이 중요하기 때문에 학생의 의사와 선택권을 보장하는 프로젝트를 실시하는 것이 '무질서'하고 불안한 일처럼 느껴질 수 있습니다. 또한 어떤 교사들은 학생들과 밀착된 활동보다는 자신의 교과에 더욱 주안점을 두기 때문에 PBL보다는 기존의 교수법을 선호합니다. 특히 고등학교에서 이러한 현상이 두드러집니다. 이런 교사들은 교실 안에서 '강단의 현인(sage on the stage)'이기를 바라기 때문에 '객석의 안내자(guide on the side)'에 불과한 역할이 낯설고 불편할 수 있습니다('강단의 현인'과 '객석의 안내자'는 웨슬리 베이커Wesley Baker가 2000년 논문에서 처음 사용한 표현으로, 현대의 학습자 중심 교육 철학에서 강조하는 교사의 역할 변화를 잘 보여주는 말이다. - 역자 주). 이처럼 PBL이 맞지 않다고 생각하는 교사들에게 다음 두 가지 이야기를 들려드리고 싶습니다.

첫째, 프로젝트 기반 교수법 안에서도 여전히 체계를 갖춘 수업이 가능하며 기존의 교수법을 사용해도 무방합니다. 특히 처음 시도하는 몇 번은 사전에 주요 구성 요소를 설계하고 프로젝트 일정을 상세히 짜보는 것이 좋습니다. 학생 참여 정도를 일반적인 PBL 수업보다 제한하는 것도 도움이 됩니다. 교사에게 PBL

경험이 쌓이게 되면, 어느 정도까지 프로젝트를 느슨하게 운영해도 될지 판단할 수 있게 될 것입니다. 그리고 필요하다면 언제든지 강의와 구조화된 수업 등 기존의 교수법을 사용해도 전혀 문제될 것이 없답니다.

둘째, 일단 한번 시도해 보세요. 마음에 들 수도 있습니다! PBL 안에서도 교과에 대한 교사의 전문 지식은 중요하답니다.

처음 한두 개의 프로젝트를 실시해 본 고등학교 선생님들은 새로운 방식으로 학생들과 공부하는 것이 힘든 게 사실이지만 더 보람되고 재미도 있었다고 말합니다. 교사들은 PBL 과정 속에서도 '남북전쟁 속 전투'나 '진화론을 뒷받침하는 DNA 증거'와 같은 주제로 멋진 강의를 할 수 있었습니다. 다만 차이가 있다면, 학생들 스스로가 강의 내용이 프로젝트에 필요하다는 점을 분명히 인지하고 있었기 때문에 강의에 더욱 집중했다는 것입니다.

지역 사회와 소통하는 배움

● 지금까지는 PBL이 학생과 교사에 미치는 긍정적인 영향에 대해 살펴보았다. 그렇다면 학교나 지역 교육에는 어떤 영향을 가져올까? 두 가지 사례를 통해 PBL이 학교와 지역 사회에 가져올 수 있는 변화를 살펴보자.

다양한 교육 주체와 소통하기

캐서린 스미스 초등학교는 캘리포니아주의 산호세 지역에 있는 공립 초등학교로, 에버그린 학군 소속이다. 이 학교 학생 상당수에게 영어는 모국어가 아니며, 대부분은 저소득층 가정 출신이다.

2012년 이 학교는 학생들의 학업 성취도를 향상시키고, 학생과 학부모의 무기력한 문화에 활기를 불어넣기 위해 교육 혁신에 나섰다.

새로 부임한 아론 브랜가드Aaron Brengard 교장을 비롯한 교사들은 CCSS의 요구에 따라 심층 학습을 위해 노력했다. 학생들에게 비판적 사고력, 협업능력, 의사소통 능력, 창의력과 혁신 능력을 가르치는 데 전념했다. 이들은 'college bound, no excuses(모든 학생들을 대학 입시생인 것처럼 최선을 다해 가르치자는 교육 운동. - 역자 주)'라는 마음가짐으로 테크놀로지를 도입하고 교정을 단장했다. 전교생을 대상으로 PBL을 주요 교수법으로 도입하는 한편, 교사들에게는 전문성 개발과 연수의 기회를 충분히 제공했다. 학교의 새로운 움직임을 알게 된 학부모들의 지원도 밀려들었다. 혁신을 위한 학교의 노력은 빛을 보았다. 학교는 이전과 매우 다른 모습으로 변했다.

2013년과 2014년 봄에 이 학교는 전시회를 열어 학생들의 프로젝트 결과물을 지역 사회와 공유했다. 학생들은 청중과 소통하는 대화식 프레젠테이션을 열기도 하고, 손님들을 프로젝트 결과물이 전시된 곳으로 안내하며 프로젝트의 과정과 배운 점을 설명했다. 이 학생들 중 다수는 학년 초에 공인중개사협회와 시의회 등의 청중을 대상으로 프레젠테이션을 실시하기도 했다[8].

두 번째 사례는 각각 테네시주 내슈빌과 버지니아주 리치몬드 남부에 위치한 두 학군에 관한 이야기이다. 두 학군 모두 벅 교육협회와 협력하며 교사들에게 전문성 개발의 기회를 제공하고 제도적 지원 체계를 만들어내는 등 학군 내 모든 학교에 PBL을 전파하기 위해 여러 해 동안 노력해 왔다. 2014년에 두 학군은 학생 프로젝트 작품을 대중에 공개하는 전시회를 열겠다는 결정을 내렸다.

버지니아주의 요크 카운티 학군의 경우 19개의 소속 학교들이 4월이나 5월 중 학교별 행사를 개최하도록 했다. 그 결과 학교별로 다양한 형식의 전시회가 이루어졌다. 어떤 학교는 전시회를 낮에 열었고, 어떤 학교는 밤에 열었다. 특별한 프로젝트나 교과 분야 위주로, 또는 학년별로 전시를 하는 곳이 있는가 하면, 어떤 전시회는 학생이 주관하는 박람회에 가까워서 다양한 프로젝트 결과물을 탁자 위에 전시했다. 전시회에는 교사, 학생, 학부모, 지역 주민, 지역 기업가 등이 참여했다.

한편 테네시주의 내슈빌 공립학교 연합은 4월에 지역의 한 전문대학의 전시장을 빌려 아침 8시부터 저녁 8시까지 단일 합동 전시회를 열기로 결정했다. 300개 이상의 프로젝트가 학생 주관으로 전시됐는데 중·고등학생, 학부모, 교사, 행정가, 지역의 기업인 등 900명이 넘는 사람들이 전시회를 보러 왔다.

시험 점수가 전부는 아니다

위의 두 사례 모두에서 보이는 것은 바로 학교와 지역교육청이 다양한 교육 주체와 새로운 방식으로 소통했다는 점이다. 과거에 지역 주민들은 학교나 해당 학군의 소식을 주로 지역 언론이나 입소문을 통해 들었다. 학부모들은 자녀와 교사들로부터 전해 듣거나 학교 행사, 소식지, 학교 홈페이지를 통해 학교 소식을 접했다. 따라서 이들이 학교나 지역의 교육 수준을 평가할 때 사용할 수 있는 가장 중요한 정보는 다름 아닌 시험 점수였다.

그러나 교사라면 누구나 알고 있듯이, 시험 점수는 교실에서 일어나는 일의 한 단면만을 보여줄 뿐이다. 표준화된 시험으로 학생들이 배우는 모든 것을 측정할 수는 없다. 반면 학생 프로젝트 결과물을 공개하는 전시회를 열게 되면 학교와 지역교육청은 훨씬 더 구체적으로 학교의 교육 활동을 학부모에게 보여줄 수 있다.

이런 관점에서 볼 때 앞서 소개한 학교와 학군은 전시회를 통해 단순히 학생의 성취를 축하하는 일을 넘어서서 새로운 교육 방식에 대한 공감대를 형성했다고 할 수 있다. 학생들이 학습 결과물을 누군가에게 보여주는 기회를 갖는 것이 PBL의 핵심 요소 중 하나이긴 하지만 이것이 PBL 전시회가 지니는 유일한 의미는 아니다. 학교와 지역교육청은 이러한 전시회를 통해 '시험 점수만으로 우리를 규정할 수는 없다.'라는 강력한 메시지를 지역 사회에 전달하고 있는 것이다.

학력 수준이 낮은 학교와 학군이 성적 향상의 한 방편으로 PBL을 채택하고 있는 것도 사실이다. PBL이 전통적인 의미에서의 학업 성취도를 높여줄 것이라고 믿기 때문이다. 하지만 이것이 PBL을 받아들인 이유의 전부는 아니다. 전시회는 아이들이 중요한 교과 지식을 배우고 있을 뿐만 아니라 비판적 사고력, 문제해결력, 협업능력과 자기관리 능력 등 다른 역량도 함께 키우고 있음을, 그리고 무엇보다 공부에 열의를 갖고 있다는 것을 보여주는 자리로 활용될 수 있다. 즉, 프로젝트 결과물을 전시하는 자리를 통해, 비록 지금의 점수는 이렇지만 '지금 이곳에서 엄청난 일들이 벌어지고 있다'는 메시지를 전달할 수 있는 것이다.

내슈빌 공립학교 연합 소속의 교육지도사 소냐 맨스필드Sonya Mansfield는 "지역의 많은 주민들이 공립학교와 학생들의 능력에 대해 불신하고 있습니다. 하지만 지역의 기업인들과 학부모들이 일단 PBL 전시회에 와서 보게 되면, 아이들에 대한 생각, 또 그 아이들이 학교에서 배우는 것에 대한 생각을 달리 하게 됩니다."라고 말한다.

학력이 우수한 학교와 학군의 경우에는 학생 프로젝트 결과물 전시회를 통해 시험 성적과 별도로 차별화된 강점을 보여줄 수도 있다. 교사와 학교 운영진은 학부모와 지역 사회에 "우리는 높은 시험 성적에만 안주하지 않습니다. 우리 아이들이 더욱 깊이 있게 배우면서 21세기가 요구하는 역량을 기르고 현실 세계를 경험해 보도록 하고 싶습니다. 시험 성적에만 연연하는 아이들이 아니라 학교에서 하는 활동을 중요하게 여기는 아이들을 길러내고 싶습니다. PBL이야말로 이를 위한 최적의 방법이고, 지금 여러분은 우리의 실천을 보고 계십니다."라는 메시지를 던지고 있는 셈이다.

요크 카운티 지역교육청의 장학관이었던 에릭 윌리엄스Eric

Williams는 PBL 전시회에 대해 이렇게 말한 바 있다. "전시회는 우리가 시험 지상주의에만 빠져 있지 않다는 것을 보여줍니다. 또한 시험 성적을 신경 쓰는 상위권 학생의 부모에게는 전시회를 통해 배움의 깊이를 보여줄 수 있습니다."

학교와 지역, 학교와 세계를 연결하는 수업

오늘날 많은 학교들이 외딴 섬으로 남아 있기보다는 학부모, 지역 기업, 지역 사회단체를 비롯한 바깥세상의 사람들과 더욱 긴밀한 관계를 맺고자 한다. PBL은 학교에게 이러한 기회를 제공한다.

교사는 지역의 기업체나 단체를 통해 프로젝트 아이템을 구하거나 프로젝트 수행 시 학생들이 활용할 자원을 확보할 수 있다. 때로는 이들에게 고객, 멘토, 청중의 역할을 요청할 수도 있다. 예를 들어, 〈농민의 수고에 감사하기〉(70쪽)에서는 초등학교 1학년 학생들이 행사를 열어 그 지역 농부 수십 명을 초대했다. 〈포근한 우리집〉(79쪽)의 경우, 프로젝트 시작에 앞서 교사들이 디트로이트 동물원의 교육 담당자와 접촉해 학생들에게 동물들의 새로운 서식지 설계를 요청하는 편지를 써줄 것을 부탁했다. 이후 한 학생의 고모가 동물원 근무 경험을 바탕으로 학생들이 세운 계획을 검토하고 조언을 해주었다. 편지를 써주었던 동물원 교육 담당자는 최종 프레젠테이션을 참관했다. 오클라호마시의 텔라니아 노파 고등학교에서는 수학 시간에 학생들이 지역 기업체의 서비스와 판매 실적 향상을 위한 자문단의 역할을 수행했다.

여기에서 한 걸음 더 나아가 실제의 문제를 다루는 학교도 있다. 이들은 학생을 가상이 아닌 현실의 문제, 사람들에게 큰 영향을 미치는 문제를 해결하는 일에 참여시킨다. 내슈빌에 있는 메이플우드 고등학교의 교사 다넷 맥밀란Danette McMillian이 진행한 경제 과목 프로젝트가 그 예다. 이 프로젝트에서 학생들은 지역의 부동산 중개인, 은행가들과 함께 그 지역 주택 보유율을 높이는 데 주력했다(〈내 집 마련하기〉, 142쪽). 한편, 같은 지역의 듀퐁 헤일리 중학교 교사 파멜라 뉴먼Pamela Newman은 암을 이겨낸 반 친구에 대한 아이들의 관심을 프로젝트로 승화시켰다. 이 학급은 저녁 식사 제공과 함께 암과 그 치료법에 대해 직접 조사한 내용을 전시하는 행사를 열어 지역 어린이 병원을 지원하는 기금을 마련했다(〈암을 이겨내요〉, 139쪽). 뉴욕 주 렌셀러 지역에 있는 테크벨리 고등학교의 교사 리아 페니먼Leah Penniman이 가르치는 학생들은 아이티를 지원하는 비영리 단체를 위해 저렴한 간이 태양열 오븐을 만들기도 했다.

PBL의 가치를 입증하는 연구들

● 이 책을 준비하며 우리는 PBL(Project Based Learning)과 문제기반학습(Problem Based Learning)에 관한 다양한 선행 연구를 조사했다. 우리는 PBL이 학교 현장에 왜 필요한지, PBL의 어떤 요인이 수업과 학습에 긍정적인 효과를 가져 오는지 알고 싶었다.

많은 연구 결과 초·중·고등학교의 지필 평가와 수행평가 모두에서 PBL 방식으로 학습한 학생들이 동일한 내용을 기존 방식으로 학습한 학생들과 비교해 높은 점수를 받았다. 이 결과는 수천 명의 학생을 포괄하는 수십 개의 연구를 바탕으로 얻은 결론이다. 해당 연구들은 다양한 학년의 학생들을 대상으로 했으며 여러 교과목을 포괄했다. 물론 PBL 방식으로 학습한 학생들의 점수가 기존 방식으로 학습한 학생들과 동일했던 경우도 있었지만, PBL로 학습한 학생들이 더 낮은 점수를 받았다는 연구 결과는 찾아볼 수 없었다.

과학 수업 속 PBL 효과

과학 교과는 PBL을 연구하기에 좋은 교과이다. 일반적으로 과학 교육에서는 데이터를 수집하고 실험을 수행하기 위해 학생들의 탐구 활동과 협력을 중시한다. 이러한 요소들은 PBL에서 학생들이 어려운 문제 또는 질문을 해결하기 위해 필요한 활동들과 유사하다.

디트로이트 지역 18개 공립중학교에서 수행된 연구는 PBL 과학 수업의 효과를 가장 잘 보여주는 예다. 2년간 진행된 이 연구에는 약 5천 명의 학생과 37명의 교사가 참여했다. 참여 학생의 대다수는 아프리카계 미국인이었고, 급식 지원을 받는 저소득층이었다. 실험군에 속하는 PBL 참여 학생들은 〈자전거를 탈 때 왜 헬멧을 착용해야 할까?〉를 통해 물리 과학을, 〈우리 동네 강물은 어떤 상태일까?〉를 통해 생물 과학을, 〈우리 동네 공기 질은 어떨까?〉를 통해 지구 과학을 공부했다. 그리고 대조군 학생들은 기존 방식으로 공부했다.

모든 학생들은 연말에 미시간주에서 주관하는 학업성취도평가에 참여했다. 2년의 연구 기간 동안 PBL 수업을 받은 학생들은 똑같은 교재로 일반적인 방식의 수업을 받은 학생들과 비교해 학업성취도

평가에서 훨씬 우수한 성과를 거두었다. 과학 탐구 기능에 관한 평가에서도 PBL 참여 학생들이 대조군의 학생들과 비교해 더 높은 점수를 얻었다(Geier et al., 2008).

수학 수업 속 PBL 효과

대다수 수학 교육자들과 수학 영역의 CCSS는 추론 능력, 문제 해결력, 응용력 그리고 수학적 이해를 바탕으로 한 소통 능력을 강조한다(Common Core State Standards Initiative, n.d.; Fennema & Romberg, 1999). 이러한 요소들은 PBL을 통해 배울 수 있는 핵심적인 요소들임에도 불구하고, 수학 수업을 대상으로 PBL과 기존 교수법을 비교한 연구는 그리 많지 않다.

PBL 수학 수업의 효과를 입증한 가장 철저한 연구는 조 볼러Jo Boaler의 연구다(1998). 볼러는 영국 노동자 계층의 자녀들이 다니는 2개의 중학교를 대상으로 연구를 진행했다. 앰버힐 중학교에서는 주로 교과서와 문제 풀이 중심인 기존의 방식으로 수학을 가르쳤고, 피닉스 파크 중학교에서는 서로 다른 수학 실력을 지닌 학생들이 함께 어우러져 수학 프로젝트를 진행했다. 연구는 3년간 진행되었고, 두 학교의 모든 학생들은 중등교육수료자격시험(The British General Certificate of Secondary Education exam, 영국에서 중학교를 졸업할 때 보는 시험으로 약자인 GCSE로 부른다. GCSE에서 일정 성적을 얻어야 고등학교에서 대학 진학 준비 과정을 이수할 수 있다. - 역자 주)을 치렀다. 시험 결과 전반적으로 피닉스파크 중학교 학생들은 앰버힐 중학교 학생들보다 높은 성적을 얻은 것으로 나타났다.

볼러는 다음과 같은 설명을 덧붙였다.

> GCSE와 같은 공식적인 시험에서 앰버힐 학생들이 상대적으로 더 낮은 점수를 얻었다는 사실이 아마도 놀라울 것이다. 앰버힐 학생들은 수학 시간에 열심히 공부했고, 학교에서도 전적으로 시험 성적에 초점을 맞추고 수학 수업을 진행했기 때문이다 (…) [그러나] 앰버힐 학생들이 개발한 것은 무기력한 (…) 지식일 뿐이다. 학생들은 자신들이 가진 수학 지식을 교과서 속 문제 이외의 다른 곳에 적용하는 데 어려움을 느꼈다. 시험에서 학생들은 곤경에 빠졌다. 시험 문제는 단순한 규칙과 공식의 반복을 요구하는 문제가 아니었다. 학생들은 문제의 의도가 무엇인지 파악해야 했고, 그에 적합한 해결 방식을 찾아내야 했다. 더 나아가 문제는 학생들이 배운 방법을 새로운 상황, 다른 상황에 적용해 볼 것을 요구했다(p.56).

볼러의 연구는 뛰어난 설득력을 지니고 있으며 PBL이 성취할 수 있는 것이 무엇인지, 그 핵심을 잘 보여준다. 바로 배운 것을 새로운 상황과 다른 상황에서 적용하고 사용할 수 있는 능력이다.

피닉스 파크 학생들이 앰버힐 학생들보다 더 많은 수학 지식을 알고 있는 것은 결코 아니었다. 피닉스 파크 학생들은 [자신들이 알고 있는] 수학을 활용할 줄 알았을 뿐이다(p.59).

사회 수업 속 PBL 효과

학생의 빈부 격차에 따른 학업 성취도 차이는 잘 알려진 문제다. 교육자로서 우리가 직면하고 있는 가장 안타까운 문제 중 하나이기도 하다. 이와 관련해 초등학교 2학년 4개 학급의 학생들을 대상으로 한 흥미로운 연구가 하나 있다. 이 연구는 PBL을 통해 사회 경제적 지위가 낮은 학생들의 배움의 수준을 끌어올려 학생들의 사회, 읽기, 쓰기 시험 성적을 인근 학교의 부유한 학생들과 비슷한 수준으로 만들 수 있을지에 관해 분석했다. 그리고 연구자는 "이 연구는 빈곤층에 대한 PBL 수업의 잠재력을 확인시켜 주었다."고 평했다(Halvorsen et al., 2014, p.30).

또 다른 연구는 6주간의 8학년(우리나라의 중학교 2학년) 지역사(local history) 수업에 참여한 학생들을 대상으로 진행됐다. 한 그룹의 학생들은 지역의 역사적 사건에 대한 자신들의 해석을 담은 미니 다큐멘터리를 제작해 발표했다. 또 다른 그룹의 학생들은 기존의 수업 방식으로 지역사를 배웠다. 연구 결과에 따르면, 다큐멘터리를 제작한 학생들(PBL 수업에 참여한 학생들)은 다른 그룹과 비교해 19세기 지역사에 대해 더 많이 배웠을 뿐 아니라 뛰어난 역사적 사고력을 보여주었다(Hernandez-Ramos & De La Paz, 2009). 미국 연구 수업에 참여한 영재 고등학교 학생들을 대상으로 한 연구 또한 비슷한 결과를 보여주었다(Gallagher & Stepien, 1996).

미국 50개 주와 컬럼비아 특별구(수도 워싱턴)에서는 경제학을 교육과정에 포함시키고 있으며 22개 주에서는 고등학교 필수 과목으로 지정하고 있다. 하지만 대부분의 학생들에게 경제학은 이해하기 어려운 개념과 낯선 용어들이 가득한 '암울한 과목'이다. 이러한 문제를 해결하기 위해 벅 교육협회에서는 PBL 경제 수업을 개발했다. 미국 교육부의 연계 기관인 웨스트에드(WestEd)에서는 한 학기 과정의 이 수업을 평가했는데(Finkelstein et al., 2010), PBL 경제학 수업을 받은 학생들은 대조군의 학생들과 비교해 우수한 모습을 보여주었다. 경제학 지식을 묻는 선다형 평가에서 높은 점수를 받았으며, 경제학 개념에 대한 추론과 비판적 사고력에 있어서도 더 뛰어났다.

지금까지 제시한 다양한 연구들은 교수법으로서 PBL의 효과를 입증하는 중요한 증거들이다. 하지만 PBL이 매시간 모든 교실에서 효과를 발휘하는 묘책은 아니란 점을 기억하자.

PBL은 학교에 따라, 또 교사에 따라 달라질 수 있다(Maxwell et al., 2005). 어떤 프로젝트는 며칠이면 끝나지만 어떤 프로젝트에는 한 학기의 시간이 필요하다. 여러 교과목이 통합된 프로젝트가 있는가 하면 하나의 과목을 깊이 파고드는 프로젝트도 있다. 이러한 다양성은 우리에게 시사점을 준다. 단지 몇몇 연구에서 PBL의 효과가 입증됐다고 해서 모든 상황에서 PBL이 효과를 발휘하는 것은 아니란 점이다. 결국 PBL의 성공 여부는 프로젝트를 진행하는 교사, 프로젝트 설계와 실행에 달려 있다.

교사가 말하는 PBL

PBL은 학습 범위, 지역교육청이 정한 성취기준과 기대치 사이의 조정, 일정 관리 및 시간 사용, 평가, 모둠 관리 등의 측면에서 도전적인 일이다(Marx et al., 1994; Marx et al., 1997; Thomas, 2000). 그만큼 처음 PBL을 진행하는 교사는 아마도 많은 어려움을 경험하게 될 것이다. 하지만 동료, 학교 관리자, 그리고 여타의 다른 도움을 통해 어려움을 해결하고 나면 PBL 지지자로 바뀌게 될 것이다. 일단 PBL에 익숙해지고 나면 대부분의 교사들은 그 가치를 발견하고, 계속해서 PBL을 실천하기를 원하게 된다. 다음은 한 과학교사의 이야기다.

> PBL 과학 수업은 학생들의 학업 성취도 측면에 있어서 새로운 면모를 볼 수 있게 해주었다. 나는 더 이상 올바른 정답과 깔끔하게 운영되는 실험실에 만족하지 않는다(…)나의 마법 같은 실험 시연에 대해 학생들이 내뱉은 '우와~'하는 감탄사는 더 이상 자랑스러운 일이 아니

다(…) [PBL 과학 수업]은 학생들에게 보다 지속적인 가치를 가르쳐주었다. 시시각각 변하는 상황에도 적용할 수 있는 인지 능력과 사회적 역량을 발전시키는 일을 가능하게 해주었다. 나에게 있어서 PBL 과학 수업은 일방 통행로이다. 일단 한번 들어서면 다른 길은 전혀 상상할 수 없게 된다(Scott, 1994, pp.92 – 93).

물론 이러한 변화는 하루아침에 이뤄진 것이 아니다. 이 선생님에게도 PBL에 대한 자신감을 표현하기까지는 2년의 시간이 필요했다.

1년간의 교육과정 중 2~3개의 단원이 바뀌었다는 것보다 더 주목해야 할 것이 따로 있다. 매일매일의 목표에 다가서는 과정에서 나 자신의 태도가 바뀌었다는 사실이다. 이제는 편안하게 PBL이란 틀의 도움을 받고 있다. 나는 학생들이 PBL 과학 수업의 역동적인 과정을 통해 자신들의 목표를 성취할 수 있도록 책임을 부여하고 있다. 나는 앞으로도 PBL 과학 수업을 계속할 것이다(p.93).

교사가 PBL에 대한 관점을 세우고, PBL을 성공적으로 운영하기 위한 역량(계획하기, 운영하기, 평가하기)을 발전시키려면 상당한 시간이 필요하다. PBL은 단순히 한나절 워크숍에 참여했다고 완전히 익힐 수 있는 것이 아니다. 자꾸 시도해 보고, 동료 및 멘토와 함께 문제를 해결하며 무엇이 잘 됐고 무엇이 안 됐는지를 돌아보고 수정해서 다시 시도해 보는 과정이 있어야 비로소 PBL에 익숙해질 수 있다.

대부분의 교사들은 이러한 PBL의 과정들이 노력할 가치가 있다는 사실을 발견하게 될 것이다. 앞서 PBL 경제 수업 실험에 참여했던 77명의 고등학교 교사들에게 교수법과 수업 자료에 대한 만족도를 조사했다. 그 결과 PBL로 경제를 가르쳤던 교사들이 기존의 도구와 방법을 사용했던 교사들에 비해 더 높은 만족도를 보여주었다(Finkelstein et al., 2010).

학생의 역량을 키우는 PBL

PBL이 학생들의 참여도를 높이기는 하지만 학생들에게는 여전히 도움과 안내가 필요하다. 특히 PBL 경험이 없는 학생들이라면 더 그렇다.

대부분의 학생들은 PBL을 즐거워한다. 교사들은 PBL을 할 때 학생들의 참여도가 얼마나 높은지에 대해 자주 이야기한다. 참여가 학습의 동력이 될 수 있다는 점에서 이는 좋은 일이다. 하지만 참여와 배움은 분명히 다르다.

PBL에 관한 연구들을 살펴보면 프로젝트를 계획할 때에는 학생들의 배경지식과 인지 능력을 유념해야 한다는 것을 분명하게 밝히고 있다. 또 필요할 때 학생의 사고와 수행을 잘 지도하고 비계를 제공할 준비가 된 교사가 프로젝트를 이끌어야 한다고 조언한다.

앞서 소개했던 디트로이트 지역의 PBL 과학 수업 연구를 보면, 학생들이 연구 계획을 잘 세우고 사전에 명시된 절차를 잘 따른다고 하더라도 어려움을 겪을 수 있음을 알 수 있다.

> 의미 있는 과학적 질문을 만들어내는 것, 복잡성과 시간을 관리하는 것, 데이터를 변형시키는 것, 주장을 뒷받침하기 위해 논리를 발전시키는 것에 학생들은 어려움을 겪었다. 또한 학생들은 질문을 만들 때 프로젝트의 과학적 내용에 부합하는 질문이 아니라 자신의 취향에 따라 질문을 만드는 경향을 보였다. 학생들은 통제 환경이라는 개념을 잘 이해하지 못했고, 주어진 연구 질문의 수준을 만족시키지 못했다. 데이터 수집에 있어서도 불완전한 계획을 세웠고, 체계적으로 계획을 이행해 나가지 못했다. 학생들은 데이터와 결론을 제시하면서도 둘 간의 상관관계를 제대로 설명하지 못했고, 결론을 도출하면서 자신들이 가진 모든 데이터를 활용하지 못하는 경우도 있었다(Thomas, 2000, p.24).

이는 중학생들만의 문제는 아니었다. 연구자들은 지구과학 수업에 참여한 고등학생들 또한 자신들의 동기를 유지하며 체계적인 탐구 활동을 계획하고 지속하는 것에 어려움을 느끼는 모습을 발견했다. 이러한 어려움의 원인 중 일부는 탐구 활동을 수행하는 데 필요한 배경지식의 부족에 있었다(Edelson, Gordon, & Pea, 1999).

이 두 연구는 PBL에 앞서 학생들을 준비시키는 일의 중요성을 보여준다. 프로젝트를 설계할 때에는 학생들의 배경지식에 기반해야 하며 프로젝트가 진행될수록 부족한 지식의 간극을 채울 수 있도록 구성해야 한다. 이를 위해 교사와의 상호작용과 비계 이외에도 다른 학생이 참여하는 또래 지도와 토의, 테크놀로지 등이 학생의 탐구 활동을 지원하는 데 이용될 수 있다(Kim, Hannafin, & Bryan, 2007). 특별한 과정을 요구하는 프로젝트(실험 설계, 인터뷰하기 등) 혹은 정교한 인지 능력이 필요한 프로젝트(우선순위 정하기, 근거와 결론 연결 짓기 등)의 경우라면 강의, 시범, 연습 등을 통해 학생들이 그러한 역량을 배울 수 있는 기회를 반드시 제공해야 한다.

사용 가능한 지식을 배우는 PBL

PBL이 추구하는 것은 흔히 인지과학자들이 말하는 '사용 가능한 지식(usable knowledge)'을 발달시키는 것이다. 이러한 지식은 단지 시험을 위해서만 쓰이는 것이 아니라 일상생활과 문제해결을 위해 활용된다(Bransford et al., 2000). 이는 '상황 학습(situated learning)'이란 개념에도 잘 부합한다. 상황 학습은 익숙한 실생활의 과제를 수행했을 때 배우게 되는 지식이 가장 큰 효과를 발휘한다는 개념이다(Lave & Wenger, 1991). 그러한 지식은 더욱 잘 체계화되고 이전에 알고 있던 지식과도 잘 통합된다. 또한 학습자에게도 더 의미 있는 것으로 받아들여져 오래 기억되고 새로운 상황에서도 더 쉽게 해당 지식을 적용할 수 있다(Hung et al., 2007).

PBL은 문제 분석과 관련 배경지식 조사(무엇을 알고 있나? 무엇을 알아야 하는가?)에 있어서 학생들의 인지적 참여를 강조하는 한편, 지식을 유지하고 재구성하는 것에 관심을 둔다. 표면적인 지식(혹은 기계적인 암기)은 새로운 맥락과 상황에 전이(transfer)되지 않기 때문이다(Bransford et al., 2000). 이는 PBL을 통해 얻을 수 있는 지식의 유용성에 대한 설명이 될 수 있다. 앞서 언급했던 조 볼러의 수학 교과에 대한 연구와 의학전문대학에서 문제기반학습을 활용하여 실시한 광범위한 연구는 이를 잘 보여준다. 이 사례들은 학생들이 단순히 지식을 기억하는 것이 아니라 목적에 맞게 지식을 사용해야 하는 상황에서 PBL이 가진 우수성을 보여준다(Dochy, Segers, Van den Bossche, & Gijbels, 2003; Strobel & van Barneveld, 2009; Walker & Leary, 2009). 또한 PBL 수업을 통해 배운 학생들은 기존의 방식으로 학습한 학생들보다 배운 내용을 더 오래 기억한다는 사실을 보여준다(Capon & Kuhn, 2004; Dochy et al., 2003; Martenson, Eiksson, & Ingelman-Sundberg, 1985; Wirkala & Kuhn, 2011). PBL로 학습한 학생들의 장기 기억 비율은 동일한 내용을 기존의 방법으로 배운 학생들보다 60% 더 높았다(Tans, Schmidt, Schade-Hoogeveen, & Gijselaers, 1986).

학생의 동기를 유발하고 참여를 이끄는 PBL

교사들이 PBL에 대해 이야기할 때, 일반적으로 가장 중점을 두는 것은 학생들의 높은 참여도이다. 이는 전혀 놀랍지 않은 일이다. PBL에는 동기를 유발하는 많은 요소들이 담겨 있기 때문이다.

첫째, PBL에는 협력적인 모둠 활동이 포함된다. 다른 학생들과 협력하는 것 자체가 동기를 유발한다(Blumenfeld et al., 1991).

둘째, PBL은 학생들의 의사를 존중하고 선택권을 준다. 자기표현과 의사 결정의 기회를 갖는 것은 학생과 성인 모두에게 있어서 강력한 동기 유발 요소로 작용한다(Brophy, 2013).

셋째, PBL은 실제성을 강조한다. 프로젝트를 통해 완성된 과업과 공개할 결과물이 지니는 실제성은 학생들의 참여도를 더욱 높여준다(Brophy, 2013; Seidel, 2011).

마지막으로 PBL은 새로움을 제공한다. 제시된 질문의 본질, 완성된 학문적 과업, 프로젝트 진행 과정 등에 새로움이 동반된다.

이처럼 PBL은 학생들의 동기를 유발하고 참여를 높이는 강력한 촉매제 역할을 한다(Blumenfeld et al., 1991; Thomas, 2000). 이는 성인들에게도 동일하게 적용되는데, 직업 만족도에 영향을 주는 요인에 대해 분석한 여러 연구에 따르면, 일에 의미를 부여하고 동기를 높이는 데 중요한 세 가지 요소는 다음과 같다.

① 업무에 있어서 한 가지 기술만을 반복해서 사용하는 것이 아니

라, 다양한 역량을 발휘하는 것이 요구될 때
② 진행 중인 일의 과정에서 소외되어 제한된 분야의 한 가지 일만 할당받는 것이 아니라, 프로젝트의 처음부터 끝까지 참여하며 이를 완성하고 성취할 수 있을 때
③ 일터 안과 밖 모두에서 다른 사람들에게 영향을 줄 수 있을 때
(Hackman & Oldham, 1980)

좋은 직업과 마찬가지로 좋은 PBL은 학생들이 실제성을 지닌 과업에 처음부터 끝까지 참여하는 것이며, 동료와 함께 협력하며 세상에 의미 있는 결과물을 만들어내는 것이다.

PBL 수업 엿보기 04

암을 이겨내요

- **프로젝트 유형** _ 조사 연구 & 디자인 챌린지
- **탐구질문** _ 암 연구를 어떻게 도울 수 있을까?
- **대상 학년 및 관련 교과** _ 초등 고학년 · 중학생 / 과학 · 국어

● 〈암을 이겨내요〉는 테네시주 내슈빌 지역의 듀퐁 헤일리 중학교에서 진행된 프로젝트다. 학생들이 과학 교과 속 '세포 연구'를 자신과 관련된 일로 느끼게 된 것은 암 투병 생활을 경험한 씨씨 콜린스CiCi Collins의 이야기를 듣게 되면서부터였다. 씨씨는 3살 때 처음으로 뇌종양 진단을 받았다. 씨씨는 수술을 비롯해 6차에 걸친 항암화학치료, 12주의 방사선 치료를 견뎌냈고 중학교에 입학할 무렵이 되어서야 비로소 암에서 해방됐다.

씨씨의 용기 있는 고백 덕분에 같은 반 친구들은 생물학과 의학에 큰 매력과 친근감을 느끼게 됐다. 교사 파멜라 뉴먼Pamela Newman은 학생들의 관심을 활용해 과학, 국어, 기술 과목의 성취기준에 부합하는 프로젝트를 설계했다. 이 프로젝트를 통해 뉴먼은

학생들이 실제 문제를 연구하여 가능한 해결 방안을 찾아내고 그 결과를 학부모를 비롯한 지역 주민과 공유하게 하고 싶었다. 한편 씨씨와 부모님은 프로젝트의 일환으로 자신들의 경험을 공유하겠다고 약속해 주었다.

프로젝트 과정 속에서 학생들은 동식물 세포에 관해 심층적인 연구를 실시했다. 암세포와 정상 세포의 차이점에 관해 더 깊이 알아보기 위해 학생들은 밴더빌트 대학교에서 운영하는 프로그램을 통해 과학자들과 접촉했다. 밴더빌트 과학지원센터(Vanderbilt Center for Science Outreach) 소속 전문가들은 학생들이 광학현미경 등의 장비를 사용할 수 있게 도와주었다.

프로젝트의 최종 활동으로는 학생 모두가 함께 지역 어린이 병원을 위한 모금 행사를 계획했다. 학생들은 실제적인 목표를 가지고 수학과 문해력, 협업능력을 발휘했다. 스파게티를 주 메뉴로 하는 대규모 저녁 식사에 필요한 재료를 계산했고, 학교 구성원들을 행사에 초대했다. 참석자들은 학생들이 준비한 전시회와 프레젠테이션을 통해 암 연구와 치료법에 대해 배울 수 있었다. 씨씨 역시 자신의 경험담을 들려주었다.

프로젝트의 결과 어린이 병원에 1,300달러를 기부할 수 있었다. 더불어 학생과 행사 참석자 모두가 과학에 대한 지속적인 이해를 얻게 되었으며 암 환자들에게는 연민의 감정을 느끼게 되었다.

●●● **프로젝트 응용해 보기**

  학생들이 다양한 분야의 건강 문제를 연구하고, 대중에게 알릴 기회를 찾아보자. 예를 들어 건강 박람회를 개최하거나 체력 단련 이벤트를 홍보할 수도 있고, 공익 광고를 제작하거나 의료계 종사자와 함께 영양 상담을 제공하는 행사 등을 진행해 볼 수도 있다.

PBL 수업 엿보기 05

내 집 마련하기

- **프로젝트 유형** _ 조사 연구
- **탐구질문** _ 내 집을 마련하는 과정은 무엇이며, 집을 구매하는 것을 어렵게 만드는 사회·경제적 장벽은 무엇인가?
- **대상 학년 및 관련 교과** _ 고등학생 / 경제 · 개인 재정

● 테네시주 내슈빌 지역의 메이플우드 고등학교 인근에 살고 있는 대부분의 주민들에게 내 집 마련은 불가능한 꿈처럼 여겨진다. 교사 다넷 맥밀란 Danette McMillian은 그러한 인식을 바꾸고 싶었다. 맥밀란은 학교에서 '비즈니스와 고객 서비스'에 대해 가르치고 있으며, 개인적으로도 부동산을 통한 부의 증대에 관심이 많았다. 맥밀란이 보기에 지역 주민들은 집을 임대하는 것과 빈곤 사이의 상관관계에 대해 잘 모르는 것 같았다. '집을 소유하는 것'이 정확히 어떤 의미를 갖는지 알리고 싶다는 마음으로 맥밀란은 경제 수업을 듣는 12학년(우리나라의 고등학교 3학년) 학생들을 위해 〈내 집 마련하기〉를 설계했다.

맥밀란은 일주일 동안 5번가 은행에서 학외연수를 받으며 프로

젝트를 구상했다. 교사들의 학외연수는 내슈빌 지역 공립학교들이 학교와 지역 사회 간의 협력 관계를 구축하기 위해 활용하는 전략 중 하나다. 맥밀란은 사람들에게 내 집 마련이 실제로 가능하다는 사실을 보여주고 싶었고, '학생들이 주민들에게 집을 소유하기 위해 필요한 게 무엇인지 알려주면 어떨까?'라는 아이디어를 냈다.

프로젝트의 도입활동으로 학생들은 해비타트(Habitat, 무주택 서민들의 주거 문제해결을 위해 노력하는 기독교 운동 단체)의 공사 현장을 찾았다. 그 집의 주인은 젊은 여성으로 이제 막 고등학교를 졸업한 상황이었다. 그녀는 가족 중 처음으로 집을 소유하게 됐다. 집 주인의 성공 스토리는 학생들의 흥미를 끌었다. 그녀는 기꺼이 학교에 방문해 학생들에게 자신의 이야기와 개인 자산 관리에 대해 깨달은 바를 공유해 주기로 했다.

도입활동 이후 맥밀란은 학생들에게 다음의 탐구질문을 소개했다. '내 집을 마련하는 과정은 무엇이며, 주택 구입을 어렵게 만드는 사회·경제적 장벽은 무엇인가?' 탐구질문은 학생들의 질문을 유도했다. 학생들은 '우리 이웃들에게 주택 소유를 권장하고 이러한 인식을 확산시키기 위해 우리는 무엇을 할 수 있을까?' 등이 포함된 학생질문목록을 만들었다. 그리고 학생들의 이 질문은 주택 담보 대출의 이자율 등과 관련된 경제 동향 분석과 연구를 위한 계기를 마련했다.

학생들은 지역에서 집을 소유한 가정과 임대하는 가정의 비율에 관한 데이터를 모으기 위해 학급 친구들을 대상으로 설문 조사를 진행했다. 이 활동은 다분히 사적은 성격을 띤다. 몇몇 학생들은 집에 가서 가족들에게 어려운 질문을 꺼냈다. "왜 우리는 집을 사지 않나요?" 그 결과 학생들은 가족들이 정보 부족으로 인해 낮은 신용 등급과 씨름해야 한다는 사실을 알게 됐다. 이러한 깨달음은 자신들이 배운 내용을 가족들과 공유해야겠다는 동기를 갖게 했다. 맥밀란은 학생들을 가르치고 있었지만, 학생들은 자신의 부모를 가르치고 있었다.

프로젝트의 다음 단계로 학생들은 지역 사회를 위한 교육 행사를 마련했다. 5번가 은행의 직원들과 해비타트의 고객이었던 젊은 여성 또한 행사에 참여해 주었다.

학생들은 가상으로 집을 구입하는 활동을 진행했다. 학생들은 장래에 희망하는 직업에서 벌어들일 수 있는 예상 수입에 기초해 대출 신청서를 작성한 뒤 5번가 은행의 대출 담당 직원을 직접 만나 전체적인 대출 승인 절차를 경험했다.

학생들은 사전 대출 승인을 받아 집을 보러 갈 준비를 마쳤다. 다음 활동으로 맥밀란은 부동산 중개업자들에게 학생들이 예산 내에서 집을 선택하도록 도와달라고 요청했다. 이를 통해 학생들은 집을 팔고 구입하는 전반적인 과정을 경험했다. 더불어 부동산 매매 수수료, 할부 상환, 보험 등에 대해서도 배웠다. 프로젝트는 수학 교과 내용과도 자연스레 연결됐다. 한편, 학생들은 3주 동안의 프로젝트를 통해 배운 것을 기록하기 위해 영상을 제작했다.

"저는 학생들의 삶을 변화시킬 수 있는 잠재력이 있는 프로젝트를 좋아합니다. 학생들이 졸업하고 학창 시절을 돌아봤을 때, '고등학교 때 했던 그 프로젝트 덕분에 지금 내가 구체적으로 무엇을 해야 하는지 확실히 알겠어.'라고 말했으면 좋겠습니다. 특히, 가난한 지역에서 성장한 아이들에게 PBL은 아이들을 전문가와 연결시켜 주고, 아이들이 알지 못했을 배움의 경험을 제공합니다. 저는 '삶을 변화시키는 PBL'이란 개념을 좋아합니다." 맥밀란의 말이다.

●●● 프로젝트 응용해 보기

경제학과 개인 재정을 함께 공부하며 지역 사회와 연계할 수 있는 기회를 찾아보자. 대학 학자금 대출, 건강 보험 선택, 카드 빚 피하기 등이 또 다른 주제가 될 수 있다. 맥밀란처럼 전문가와 연결해 학생들이 배운 내용을 실생활에 적용해 보도록 하자. 저학년의 경우 일상생활과 수학을 연결해 보자.

PBL 수업 엿보기 06

세상에 단 하나뿐인 아이반

- **프로젝트 유형** _ 쟁점에 대한 입장 취하기
- **탐구질문** _ 인간에게 동물을 포획하여 가둘 권리가 있는가?
- **대상 학년 및 관련 교과** _ 초등 고학년·중학생 / 국어·사회

● 볼티모어 지역 프렌즈 스쿨의 5학년 교사 하이디 허치슨Heidi Hutchison은 교육 콘퍼런스에 참가하던 중 협력 프로젝트 아이디어 하나를 떠올렸다. '각기 다른 지역의 학생들이 같은 소설을 읽고 소감을 나누면서 함께 책을 만들어보면 어떨까?' 허치슨은 글로벌 역량을 높이고, 언어 영역의 학습 목표도 달성하는 디지털 글쓰기 프로젝트를 구상했다.

허치슨이 프로젝트의 기본 교재로 고른 책은 캐서린 애플게이트Katherine Applegate의 《세상에 단 하나뿐인 아이반(The One and Only Ivan)》이라는 소설이다. 포획된 고릴라에 관한 실화를 바탕으로 한 이 소설은 독자에게 강렬한 감동을 안겨주면서 복잡한 동물 권리 문제에 대해 비판적으로 생각해 보게 하는 작품이다.

허치슨은 프로젝트를 크게 키우고 싶었다. 우선, 프로젝트를 설명하는 위키(WiKi, 인터넷 사용자들이 내용을 수정·편집할 수 있는 웹사이트)를 구축했다(https://goo.gl/5dThvm). 글로벌 교실 프로젝트(Global Classroom Project)라는 사이트에 이 아이디어를 올리고 위키의 링크를 공유했다. 얼마 지나지 않아 5개 지역의 교사들이 프로젝트에 참여하겠다고 나섰다. 물론 관심을 표하는 교사는 훨씬 많았다.

참여 교사들은 학생들에게 동일한 탐구질문으로 '인간에게 동물을 포획하여 가둘 권리가 있는가?'를 제시했다. 학생들에게 같은 책을 읽히고 조사를 바탕으로 글을 쓰게 한 뒤 이를 대중에 공개하기로 합의했다. 교사들은 한 걸음 더 나아가 공동 디지털 출판물의 수익금을 기부할 계획을 세웠다. 이를 통해 학생들이 직접 동물 권리 단체 지원에 대해 생각해 볼 수 있는 기회를 제공했다.

허치슨은 GSPBL의 기준에 맞추어 프로젝트를 계획했고, 학생들이 배경지식을 쌓을 수 있도록 도움이 될 만한 영상물과 읽을 거리도 준비했다. 책의 저자인 캐서린 애플게이트 인터뷰 영상, 멸종 위기에 처한 동물에 관한 〈내셔널 지오그래픽〉 자료 등을 학생들에게 제공했다. 또 프로젝트에 참여한 다른 학급에 참고할 만한 사례를 제공하기 위해 자신의 반 학생들이 만든 학생질문목록을 공유하기도 했다.

프로젝트를 진행하면서 허치슨은 과거의 경험들에서 힌트를 얻었다. 허치슨은 "경험상 이런 프로젝트에는 글쓰기 지도가 들어간다는 걸 알고 있었어요. 하지만 단순히 글쓰기에 그치는 것이 아니라 디지털 시민 의식과 세계 시민 의식, 서로 다른 배경을 지닌 사람들 사이의 공감 같은 것을 담아내고 싶었습니다."라고 말했다.

동물의 권리에 대한 질문에는 정해진 답이 없었다. 이 사실을 깨달은 학생들은 자신만의 답을 얻기 위해 조사에 더 몰두했고, 애완동물 소유에서 서식지 파괴에 이르기까지 모든 문제를 비판적으로 들여다보았다.

한편, 프로젝트 속에는 개별화 수업을 위한 여지가 굉장히 많았다. 허치슨은 "간단한 조사만을 할 수 있는 학생은 한 가지 종에 대해서만 글을 쓸 수 있습니다. 하지만 깊이 파고들 준비가 된 학생들은 더욱 복합적인 문제를 다룰 수 있겠지요. PBL은 개별화 수업과 절묘하게 잘 어울립니다. 그렇기 때문에 PBL에서는 모든 학생들이 성공을 경험할 수 있습니다."라고 말했다.

봄이 될 때까지 참가 학급 전체가 초고를 완성하고 내용을 다듬었다. 그 결과 250쪽짜리 디지털 책이 되기에 충분한 분량이 됐다. 교수용 테크놀로지 전문가인 허치슨의 남편이 아이북 어서(iBook Author, 애플에서 제공하는 전자책 제작 프로그램)를 사용할 수 있도록 기술적 지원을 제공했다.

허치슨은 이 공동 글쓰기 과정이 엉망으로 진행될 때도 있었다고 고백했다. 하지만 학생들은 끊임없이 글을 고쳤고, 최선을 다하겠다는 의지를 보여주었다. 디지털 책을 읽게 될 실제 독자를 염두에 두고 있었기 때문이다. 허치슨은 "학생들은 자기 책이 어떤 중요한 문제를 대중에게 알리는 데 도움이 될 것이라고 생각했습니다. 이 점은 엄청난 동력이 됐습니다."라고 말했다.

아이튠즈 스토어(iTunes Store)를 통한 전자책의 출판을 앞두고 프로젝트 참가 학급들은 스카이프를 통해 협의하는 시간을 가졌다. 학생들은 책의 수익금이 어느 단체로 가야 하는지를 두고 토론을 벌였다. 학생들이 선정한 단체는 세계 야생동물 기금(World Wildlife Fund)이었다. 유타 지역의 교사 로빈 판즈워스Robin Farnsworth는 학생들의 이러한 공동 작업을 홍보하고자 페이스북 페이지를 만들었다. 그러자 로빈의 학생들은 책을 홍보하는 노래를 만들겠다고 나섰다. 프로젝트가 자체적인 생명력을 갖게 된 것이다. 허치슨은 말한다. "학생들이 주인이 되면 프로젝트는 정말 다채로워집니다."

●●● 프로젝트 응용해 보기

연령이 더 높은 학생들과 함께하고 싶다면 다른 문학 작품을 선정해 보자. 학생들이 글로벌 역량을 발전시킬 수 있도록 서로 다른 지역에 살고 있는 학생들이 같은 프로젝트 모둠 안에서 협업하게 하는 방법도 고려할 만하다. 구글 행아웃이나 스카이프 등의 플랫폼을 이용하면 서로 다른 지역의 학습자들도 함께 작업할 수 있다.

PART 3

프로젝트 설계하기

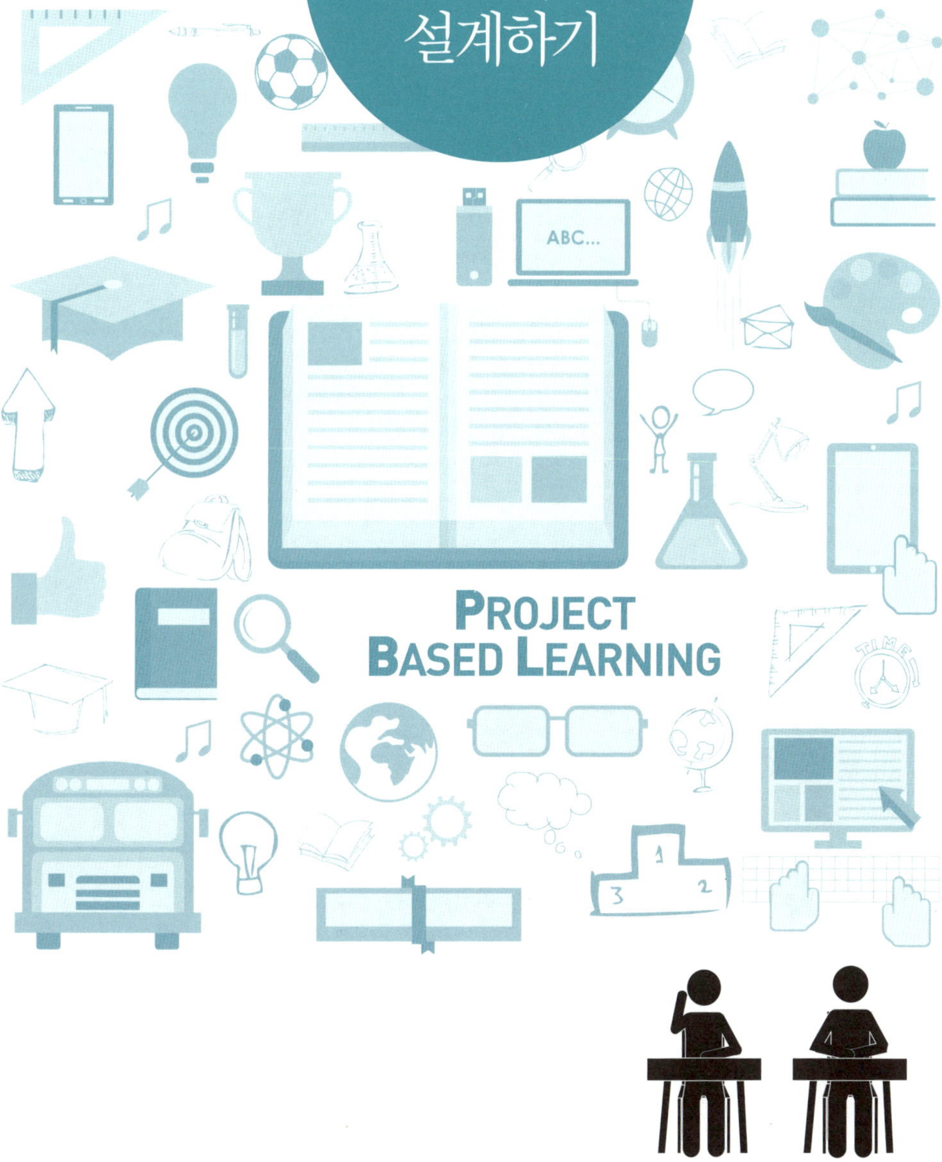
ABC...
PROJECT
BASED LEARNING

● 지금까지 PBL이 무엇인지, 왜 PBL이 오늘날의 학생들에게 좋은 학습 방법인지 설명했다. PBL을 통해 학생들은 배움에 몰입하고, 교과 내용을 깊이 이해하며, 대학과 직장을 대비할 수 있다. 나아가 지역 사회에 긍정적인 영향을 미치게 된다. 앞서 좋은 프로젝트가 지닌 장점에 대해 배우며 여러분도 상당히 고무됐을 것이다. 어쩌면 '우리 학생들과 내가 과연 이런 프로젝트를 할 수 있을까?' 하는 의문을 가질 수도 있겠다. 하지만 걱정하지 않아도 된다. 여러분은 분명 잘할 수 있다.

이제 우리는 교사들이 프로젝트를 세심하게 설계하고 성공적으로 진행할 수 있도록 그 방법과 과정을 안내하고자 한다. 우선, 본격적인 프로젝트 설계에 앞서 알아두어야 할 배경지식을 몇 가지 소개한다.

프로젝트 설계, 관건은 '적절함'

● 프로젝트를 설계한다는 것은 단순히 한 차시가 아니라 한 단원 혹은 그 이상을 설계하는 것을 의미한다. 어떤 사람들은 프로젝트를 21세기형 교육과정의 단위로 보기도 한다.

일반적으로 프로젝트는 하루나 이틀 만에 끝나는 것이 아니라 적어도 한두 주 이상 지속되는 수업 활동을 말한다. 한 차시 수업이 한두 개의 학습 목표를 지니고 있는 것과 달리 프로젝트 수업은 그 속에 여러 개의 학습 목표를 지니고 있으며 여러 개의 차시와 활동, 과제와 숙제를 내포하고 있다. 또 이러한 활동들을 수행하기 위해서는 많은 자료들이 필요하다.

일반적인 한 차시 수업은 도입-전개-정리와 같은 순서로 전개되지만 프로젝트는 전혀 다른 형식으로 진행된다. 프로젝트는 일련의 단계를 거쳐 학생들을 최종적인 활동으로 이끈다. 최종적인 활동은 보통 프레젠테이션 등을 통해 학생이 배운 것을 설명하는 일이 된다. 한편, 교사들이 수업을 진행하는 과정 중에는 일반적으로 작은 수정만 이루어지는 것과 달리 프로젝트 수업은 진행 과정에서도 많은 것이 더해지고 상당한 변화가 이뤄질 수 있다.

프로젝트를 계획할 때에는 프로젝트 속 모든 부분이 유기적으로 연결되게 해야 한다. 관건은 '적절함'이다. 너무 거창한 프로젝트를 기획하다 보면 자칫 GSPBL의 필수 요소 중 하나인 '학생 의사와 선택권'이 배제될 수 있다. 반대로 너무 느슨한 프로젝트는 시간 낭비로 이어질 수 있으며 학생들이 엉뚱한 곳에 에너지를 낭비하여 학습 목표를 달성하지 못하게 될 수도 있다.

프로젝트의 구조화 정도는 교사가 PBL 수업 환경에서 얼마나 편안하게 가르칠 수 있느냐에 달려 있다. PBL을 처음 진행하는 교사들은 처음부터 너무 무리한 계획을 세우는 경우가 많다. 반면에 경험이 많은 PBL 교사는 학생들에게 더 많은 선택권을 준다. 학생들이 직접 프로젝트 목표를 설정하고, 학습 결과물과 결과물의 전시 방법을 결정하게 하는 등 자신들의 프로젝트를 운영하는 일에 참여시키기도 한다.

다음으로 기억해야 할 것은 프로젝트를 설계하는 게 그리 간단한 일이 아니라는 사실이다. 프로젝트를 설계할 때는 우선 몇 가지 아이디어로 출발하게 된다. 그리고 다시 이 아이디어들이 올바른지 돌아보는 과정이 필요하다. 가능하다면 동료나 전문가의 의견을 들을 수도 있는데, 온라인에 프로젝트 아이디어를 포스팅 해 피드백을 받는 방법도 있다(벅 교육협회 PBL 구글 플러스 커뮤니티[1], 에드모도 PBL 커뮤니티[2] 등에서도 피드백을 받을 수 있다). 이러한 일련의 과정을 통해 피드백을 충분히 수용한 후 프로젝트 아이디어를 수정해야 한다. 그다음에는 프로젝트의 기본 구조와 틀을 설계해야 한다. 그러고 나서 다시 수정·보완 과정을 거친다. 이렇게 구상 중인 프로젝트의 아이디어와 기본 틀이 만들어지면, 그에 따른 원칙을 정한 후, 좀 더 구체적이고 세부적인 내용들을 준비해야 한다. 세부적인 차시를 설계하고 학습지 등 학생들이 활용할 자료를 준비하는 것이다.

PBL이라고 보기 어려운 활동들

● 프로젝트를 설계할 때, 그저 프로젝트를 행하는 것과 PBL은 전혀 다르다는 것을 명심해야 한다. 통상적으로 프로젝트라고 불리며 어느 정도 의미도 있는 활동이지만 진정한 PBL 수업으로 보기 어려운 과제와 활동이 있다.

디저트 프로젝트(Dessert Project)

한 단원을 가르친 후 힘든 학습에 대한 보상처럼 디저트 프로젝트를 학생들에게 제공하는 것은 전통적인 방식이다. 이러한 프로젝트는 대개 무언가를 만드는 활동이다. 이집트 피라미드 모형 만들기, 소설 읽고 예고편 영상 만들기, 모자이크 포스터 만들기, 인디언 마을 입체 모형 만들기, 인체생리학과 건강을 주제로 보드 게임 만들기, 설명서를 따라 로봇 조립하기 등이 여기에 해당한다. 디저트 프로젝트는 재미있는 활동일 뿐, 어떤 내용을 가르치거나 학생의 배움을 평가할 목적은 전혀 없다. 단순히 손으로 직접 무언가를 해 보는 경험을 제공하는 정도이다.

사이드 디쉬 프로젝트(Side dish Project)

디저트 프로젝트와 유사하지만, 단원 내에서뿐만 아니라 단원과 관계없이 별도로도 이루어진다는 점에서 차이가 있다. 학생들은 가정에서 과제로 사이드 디쉬 프로젝트를 수행하기도 한다. 과학 실험 설계하고 수행하기, 족보 만들기, 달을 관찰하고 내용 기록하기, 가상으로 주식 투자하기 등이 사이드 디쉬 프로젝트에 해당한다. 교사는 수업 시간에 배운 교과 내용을 연장하는 활동으로 학생들에게 직접 주제를 선정하여 연구하고 이를 교실에서 발표하도록 한다. 학생들은 유명한 발명가에 대한 연구 조사, 셰익스피어가 살았던 시대의 영국의 생활상, 멸종 위기에 처한 동물, 남아메리카에 속한 국가 등에 관해 조사한 내용을 발표하게 된다. 사이드 디쉬 프로젝트의 목표는 대체로 디저트 프로젝트와 유사하지만 학생들이 주제를 좀 더 깊이 있게 연구할 수 있도록 한다는 차이가 있다.

뷔페 프로젝트(Buffet Project)

어떤 교사들은 교육적 효과를 얻을 뿐만 아니라 학생들이 다양한 활동들을 경험하며 재미를 느낄 수 있도록 단원을 설계한다. 이러한 활동은 동일한 주제와 시간, 장소 아래에서 이루어진다. 이러한 활동들 가운데 일부는 PBL 프로젝트라고 부를 만하기도 하다. 학생들은 마치 뷔페에서 먹을 음식을 선택하는 것처럼 어떤 주제를 선택할지 그리고 어떤 활동을 할지 스스로 선택한다. 뷔페 프로젝트는 그 복잡성과 학생 참여의 수준이 매우 인상적이다.

가령, 중국에 대해 배우는 역사 수업을 떠올려 보자. 학생들은 기본적으로 강의나 교과서, 활동지, 그리고 영상 등을 통해 중국의 역사에 관해 배운다. 그리고 마르코 폴로의 여행이나 칭기즈칸의 대제국에 관한 지도를 만들어볼 수 있고, 중국 역사에 관한 연대표를 그려볼 수도 있다. 중국 문화에 관한 상황극 대본을 작성하여 연극으로 표현할 수도 있다. 한자 쓰는 법 배우기, 중국 전통 놀이 해보기, 중국 요리 배우기 등의 활동도 가능하다.

초등학교 저학년 수업에서는 '곤충, 문화 그리고 우리 지역'과 같은 주제의 뷔페 프로젝트 수업을 쉽게 찾아볼 수 있다. 뷔페 프로젝트 수업의 목적 또한 디저트 프로젝트 및 사이드 디쉬 프로젝트의 목적과 유사하다. 학생들의 참여도를 높이고 단원에서 배울 기본적인 내용을 풍부하게 만들어주는 것이다.

단원 수행평가와 응용 학습 과제

교사들은 단원 활동을 끝내며 학생들에게 그동안 배운 것을 과제로 보여주길 요구하며 이를 프로젝트라고 부르기도 한다. 이러한 과제는 개별적으로 주어질 수도 있고, 모둠 과제일 수도 있다. 그

외에 다양한 형태로도 나타날 수 있다. 학생들은 문제를 해결하고, 손으로 쓴 보고서나 프레젠테이션 등으로 답을 제시할 수 있다. 손으로 만든 결과물이나 공연을 기획할 수도 있고, 과학적인 연구를 진행할 수도 있다. 이러한 프로젝트의 목적은 주로 학생이 무엇을 배웠는지를 평가하는 데 있으며, 가끔은 학생들에게 즐거운 경험이 되기도 한다.

그렇다면 위에서 언급한 활동들을 왜 PBL이라고 부를 수 없는 걸까?

이러한 활동들은 단원이나 수업의 중심에 있는 활동이 아니기 때문이다. 이 활동들은 정규 학교 프로그램이나 정규 수업이 아니라 그저 추가로 더해지는 활동이다. 따라서 해당 교과의 주요한 성취 기준을 가르치는 수단이 되지 못하며 기존의 단원이나 주요 활동을 대체할 수 없는 보충 활동에 불과하다.

심지어 어떤 활동들은 정규 교육과정이나 수업에서 완전히 벗어난 경우도 있다. 이런 이유로 인해 이 프로젝트들은 단순한 프로젝트일 뿐 PBL이라 부르기 어렵다. 다음의 표는 일반 프로젝트와 PBL 수업의 차이를 설명한 것이다.

일반 프로젝트와 PBL 수업의 차이

일반 프로젝트	PBL 수업
단원의 보조 활동이다.	프로젝트 자체가 단원이며 단원 내의 내용 성취기준을 가르치는 핵심 수단이 된다.
교사의 지시에 따르는 것을 기본으로 하며 매년 동일하게 실시한다.	활동 과제는 개방형이고 학생들의 의사와 선택권이 보장된다. 매년 달라질 수 있다.
보통 개별 활동으로 수행한다.	모둠으로 협력하며 활동한다.
가정에서 독립적으로 수행한다.	교사의 지도에 의해서 이루어지며 대부분 정규 수업 시간 중에 진행된다.
결과물에 중점을 두며 심지어 결과물 자체가 프로젝트인 경우도 있다.	결과물뿐만 아니라 지속적인 탐구 과정도 중요시 한다.
학생의 삶이나 실생활과 연관성이 없다.	학생의 삶이나 실생활과 연관성이 있다.

TIP

시니어 프로젝트(Senior Project)와 캡스톤 프로젝트(Capstone Project)를 PBL로 볼 수 있을까요?

시니어 프로젝트(Senior Project, 미국에서 고등학교 졸업을 앞둔 학생들이 수행하는 일종의 졸업 과제. - 역자 주)를 수행하는 학생들은 개인의 흥미에 따라 주제를 선정하고 연구를 수행하며 논문을 쓰고 발표를 합니다. 학생들은 현장 연구를 수행하거나 인턴십 프로그램에 참가하고 지역 사회에서 봉사 활동을 하거나 무언가 가시적인 결과물을 만들어내기도 합니다. 그런 후 보고서나 포트폴리오를 통해 그 경험에 대해 고찰하고 발표를 합니다. 캡스톤 프로젝트(Capstone Project)는 대개 대학 교육 수준에서 많이 진행됩니다. 학사학위나 석사학위 마지막 단계에서 주로 진행하며 학위 논문을 대체하거나 학위 논문과 병행해 이뤄집니다. 최근 대학입시위원회는 고등학생들을 위한 AP 캡스톤 프로그램을 마련했습니다. AP 캡스톤 프로그램을 통해 학생들은 현실의 문제를 해결합니다. 다양한 시각으로 주제를 분석하고 연구를 계획하고 실행합니다. 그 결과물을 보고서나 토론의 형태로 공유하며 협력해 문제를 해결합니다. 최근 몇몇 고등학교에서는 학년 말에 학생들이 여러 교과를 아우르는 종합적인 프로젝트를 실시하도록 하고 있는데, 그 프로젝트들이 캡스톤 프로젝트와 유사합니다.

정규 수업 시간에 PBL을 경험한 학생들은 당연히 시니어 프로젝트나 캡스톤 프로젝트를 더 잘 준비할 것입니다. 이 두 가지 프로젝트 모두에서 프로젝트 수행 과정 자체가 배움이 됩니다. 이는 PBL의 기본적인 요소입니다. 또한 디저트 프로젝트나 사이드 디쉬 프로젝트와 달리 학생들은 이 두 프로젝트에서 어느 정도 중요한 무언가를 배우고 있는 것도 사실입니다. 하지만 이들 프로젝트에서 찾아볼 수 없는 중요한 PBL의 한 가지 요소는 바로 '협력'입니다. 시니어 프로젝트와 캡스톤 프로젝트는 주로 개별 활동을 통해 이루어집니다. 물론 프로젝트를 수행하는 과정에서 학생들은 전문가를 만나 약간의 도움을 얻을 수도 있지만 학생들끼리 모둠을 이루어 협력적으로 프로젝트를 수행하는 것이 아니기 때문에 이를 협력이라고 보기는 어렵습니다.

시니어 프로젝트와 캡스톤 프로젝트는 확실히 GSPBL이 가지고 있는 특징들을 많이 지니고 있습니다. 또한 가치 있는 학습 경험인 것은 분명합니다. 그러나 어느 한 학교에서 시니어 프로젝트를 한다고 하면 그것을 '좋은 시도'라고 말할 수는 있겠지만 "PBL을 한다."라고 말할 수는 없습니다. 그러려면 프로젝트가 정규 교육과정에서 일상적인 교육 방법으로 사용되고 있다고 말할 수 있어야 하기 때문입니다.

프로젝트의 다섯 가지 유형

● 프로젝트에는 여러 유형이 있다. 어떤 교사들은 자신의 관심사, 수업 스타일, 교과목에 대한 관점에 따라 특정 유형의 프로젝트를 선호하기도 한다. 특정 주제나 교과의 경우 특정 유형의 프로젝트와 잘 어울리기도 한다. 학생들의 나이, 관심사 등도 PBL 유형을 결정하는 요인이다. 그러나 모든 유형의 프로젝트는 동일한 경로를 따라 진행되며 동일한 필수 요소를 지닌다.

일반적인 5가지 유형의 PBL 프로젝트와 그 예시를 소개한다. 모든 프로젝트가 반드시 한 가지 유형에만 속하는 것은 아니란 점을 기억하자. 여러 유형이 혼합된 PBL 프로젝트도 있다.

실생활의 문제를 해결하는 프로젝트

학생들이 소속된 학교나 살고 있는 지역 혹은 더 넓은 세계에서 일어나는 문제, 또는 어떤 특정 분야의 직업에 종사하는 사람들이 겪는 문제를 조사하고 분석하는 프로젝트 유형이다. 이 유형의 프로젝트에서 학생들은 단순히 해결책을 제시하는 데 그칠 수도 있고, 아니면 실제로 자신들의 해결책을 적용해 볼 수도 있다. 학생들이 만드는 결과물은 글로 쓴 제안서나 문서일 수도 있고 인공적으로 만든 구조물이나 프레젠테이션의 형태가 될 수도 있다. 역사나 예술, 문학 과목에서는 이런 종류의 프로젝트를 찾아보기가 어렵지만(그렇다고 전혀 불가능한 것은 아니다) 다른 교과목에서는 충분히 시도해 볼 수 있다. 다음은 학생들이 다룰 수 있는 문제 유형의 예시이다.

- 교내 쓰레기 처리 방식이 비효율적이다(〈시스템 고민하기〉, 215쪽).
- 학교 운동장과 화장실에서 문제 행동들이 발생한다(〈건강한 공동체〉, 76쪽).
- 효율적인 토지 활용과 투자 및 자원을 통해 저소득층의 주거 지역을 개선할 필요가 있다(〈사우스 센트럴의 내일〉, 388쪽).
- 지역의 기업은 젊은이들이 그들의 웹 사이트를 이용하도록 끌어들여야 한다.
- 야생 동물의 종(種)이 줄고 있다.

- 국가 간 혹은 주(state)간 이주 문제에 관심을 가질 필요가 있다.

또한 다음의 예시들처럼 가상의 시나리오 형태로 문제를 만들어 볼 수도 있다.

- 수사관들이 바다에 추락한 실종 비행기의 위치를 찾아내려 한다.
- 대통령이 국제 인도주의 문제에 대응하도록 참모로서 조언하고자 한다.
- 과학 수사팀이 범죄 현장에서 발견된 DNA 증거의 타당성을 판단하려 한다.
- 정부 관계자들이 수영장의 대장균 수치를 줄이는 방안을 마련하려 한다.

디자인 챌린지 프로젝트

이 유형의 프로젝트는 범위가 매우 넓고 다양하다. 무언가를 제안하고 계획하는 것에서 시작해 실제로 무언가를 만드는 것, 공연이나 행사를 진행하는 것 등을 포함한다. 디자인 챌린지 프로젝트는 모든 교과에서 가능하다. 보통은 수학, 과학, 직업/기술, 외국어, 체육/보건, 예술 과목 등에서 선호된다. 다음은 디자인 챌린지 프로젝트 활동의 예다.

- 스케이트장 설계하기
- 학교 교정에 새집 짓기[3]
- 우리 지역 역사를 소개하는 팟캐스트 방송 제작하기
- 우리 지역 자연환경을 소개하는 동·식물 도감 제작하기
- 종이 박스로 배를 만들고, 사람을 태워 연못에 띄우는 테스트하기
- 비디오 영상이나 소셜 미디어를 활용해 현대판 〈맥베스〉 제작하기
- 실제 혹은 가상의 회사 경영하기[4]
- 감사의 의미로 교실에 지역 주민 초대하기(〈농민의 수고에 감사하기〉, 70쪽)
- 동물들을 위한 새로운 서식지 디자인하기(〈포근한 우리 집〉, 79쪽)
- 집 리모델링을 위한 청사진 그리기(〈수학자의 집 리모델링〉, 219쪽)
- 미니 골프 코스 디자인하기(〈미니 골프장 디자인하기〉, 299쪽)
- 미국인 교환학생이 프랑스 사회에 잘 적응하도록 도와주는 영상물 제작하기(〈프랑스에 유학하는 미국인 교환학생〉, 337쪽)
- 화학 실험실에서 사탕 만들기(〈달콤한 용해〉, 385쪽)

추상적인 질문을 탐구하는 프로젝트

명확하고 구체적인 질문이나 결과물보다는 추상적인 생각이나 개념을 탐구하는 프로젝트다. 이 유형의 프로젝트는 문학, 사회, 역사 등의 과목에서 주로 이뤄지며 때로 과학이나 예술 과목에서도

다루어진다. 또한 교과융합의 관점에서 진행될 수도 있다.

학생들은 다양한 방법을 통해 탐구질문에 답할 수 있으며, 정답은 열려 있다. 책, 블로그, 편지, 보고서 혹은 잡지와 같이 글로 쓴 결과물을 제작할 수도 있고, 영상을 만들거나 시각 자료를 활용한 프레젠테이션을 할 수도 있다. 또한 토론, 연극, 연설, 시 낭송회와 같이 공연으로도 결과물을 발표할 수 있다. 다음은 추상적인 질문의 예시이다.

- 두 문화가 만났을 때 무슨 일이 벌어지나?
- 고문은 정당화 될 수 있는가?
- 우리는 언제 성장하는가?
- 로봇은 친구인가, 적인가?
- 예술은 사회를 어떻게 반영하는가?
- 살면서 매 순간마다 자기 삶을 제대로 깨닫는 사람이 있을까?(〈지구촌 행복과 지역 봉사〉, 223쪽)
- 무엇이 사람을 모험하게 만드는가?[5]

이런 종류의 프로젝트는 얼핏 고학년 학생들에게 더 적합해 보이지만 어린 학생들도 얼마든지 참여할 수 있다. 캘리포니아주 샌 카를로스 지역의 해더스쿨 부속 유치원 어린이들은 '거미를 죽여야만 할까?'라는 주제의 프로젝트[6]에 참여했다. 보스턴의 미션힐 학교에서는 〈피자 가게와 직업의 세계〉를 통해 초등학교 2학년과 3학년 학생들이 가족과 지역 주민을 인터뷰하며 '일을 한다는 것은 무엇인가?'라는 질문을 탐구했다. 그러고 나서 학생들은 이틀 동안 직접 피자 가게를 운영하는 체험도 해보았다. 이 프로젝트는 구체적인 디자인 챌린지와 추상적 개념이 잘 합쳐진 예다.

조사 연구를 실시하는 프로젝트

연구, 자료 수집, 분석을 통해 질문에 답변하도록 하는 프로젝트다. 대개 이 유형의 프로젝트는 역사나 과학, 수학 교과에서 다루어지지만 다른 교과에서도 충분히 적용 가능하다. 최종 결과물의 유형은 보통 보고서 또는 다른 형식의 글, 전시회, 프레젠테이션 등이다. 어떤 유형의 흥미로운 주제라도 질문 과제가 될 수 있다. 단, 정답이 복잡해야 하고, 인터넷 검색을 통해 쉽게 얻을 수 없는 것이어야 한다. 질문의 예시는 다음과 같다.

- 영국은 미국 식민지의 봉기를 피할 수 있었을까?
- 최고의 가정용 청소 용품은 무엇인가?
- 나의 가족 ○○○은 어떤 시대, 어떤 장소에서 성장했는가?[7]
- 위기를 극복한 사람들의 감동적인 이야기를 통해 우리는 무엇을 배울 수 있을까?[8]
- 세계 기후변화는 우리 지역 동·식물들에게 어떤 영향을 미칠까?

- 자전거 헬멧은 반드시 착용해야 하나?
- 중세의 암흑시대는 정말 어두웠을까?
- 집을 소유하는 과정은 어떠한가? 내 집 마련을 방해하는 경제적·사회적 장벽은 무엇인가?(〈내 집 마련하기〉, 142쪽)
- 이 바위들은 어떻게 여기에 있게 됐나?
- 우리 마을은 왜 이런 식으로 발전했나?
- 과학기술은 미국 남북전쟁을 어떻게 바꾸어놓았나?(〈남북전쟁 속 과학기술〉, 288쪽)

쟁점에 대한 입장을 취하는 프로젝트

논란이 되는 쟁점에 대해 연구하고, 그 근거들을 모아 하나의 주장을 만들어내는 유형의 프로젝트다. 주로 역사, 사회, 과학 교과에서 다루어지지만 다른 교과목에서도 충분히 활용할 수 있다. 종종 교과융합 프로젝트로 실시되기도 한다. 학생들은 보고서를 쓰거나 토론을 하고, 연설이나 프레젠테이션을 하게 된다. 다음은 이 유형의 프로젝트 예시 질문들이다.

- 인간에게 동물을 포획하여 가둘 권리가 있는가?(〈세상에 단 하나뿐인 아이반〉, 146쪽)
- 베르사유조약은 1차 세계대전의 패전국들에게 공정했는가?

- 우리는 셰일가스 시추 기술을 통해 석유를 생산해야 하는가?
- 원자폭탄을 투하한 트루먼 대통령은 전범 대상인가?
- 경찰은 우리의 차량을 수색할 권리가 있는가?
- 우리 지역의 공터와 자연 지역을 개발해야 하는가?

프로젝트 설계 1단계
: 상황 고려하기

● 기업에서 새로운 상품을 구상하는 사람들과 마찬가지로 교사들도 프로젝트를 설계할 때, 자신이 처한 제반 여건을 고려해야 한다.

프로젝트의 대상은 누구인가, 목적은 무엇인가, 몇 차시로 구성할 것인가, 누구와 이 프로젝트를 할 것인가, 프로젝트의 한계와 제약은 무엇인가.

이러한 큰 그림을 그린 후에야 비로소 프로젝트의 구체적인 설계를 시작할 수 있다. 프로젝트 수업을 계획하면서 고려해야 할 질문들을 상세히 살펴보자.

누가 프로젝트에 참여하는가?

초등학교 교사라면 당연히 이 질문에 대한 답은 '학급의 모든 학생'일 것이다. 혹은 전 학년을 대상으로 프로젝트를 설계할 수도 있고 타학년 학생들과 함께하거나 다른 학교 학생들과 함께하는 프로젝트도 가능하다. PBL은 결코 영재들이나 일정 수준 이상의 문해력을 갖춘 학생들만을 대상으로 하지 않는다. 모든 학생이 PBL에 참여할 수 있다.

중·고등학교 교사라면 어떤 학급과 프로젝트를 함께할지 결정해야 이 질문에 답할 수 있다. 아마도 그 대답은 '수업을 들어가는 모든 학급'이 될 것이다. 하지만 예를 들어, 현재 가르치는 다섯 개의 학급에서 서로 다른 세 개의 프로젝트를 동시에 진행하는 식의 일정은 분명 무리가 된다. 만약 그런 경우라면, 1년에 걸쳐서 시기를 나누어 차근차근 프로젝트를 진행하는 것이 좋다. 특히 PBL 초보 교사라면, 새로운 프로젝트를 시도하고자 할 때는 우선 한 학급 정도에서만 시도해 볼 것을 권장한다.

또 다른 여러 요소도 고려해야 한다. 각 학급의 특정 그룹의 학생들(예컨대 성적이 매우 낮거나 수업에 참여 하지 않으려는 학생. - 역자 주), 학년에 따른 교육과정과 성취기준, 적재적소에 잘 활용할 수 있는 자료 등에 대해서도 생각해야 한다.

언제 이 프로젝트를 실시할까?

일반적으로 교사들은 프로젝트를 설계할 때 1년 동안 가르쳐야 할 교육과정을 염두에 둔다. 역사 교사가 "남북전쟁에 관해서 프로젝트를 실시하고 싶다"고 말하는 것은 1월에 프로젝트를 실시할 것이란 의미다(미국의 학기는 우리와 다르게 1년 4학기로 운영된다. 1월은 겨울학기에 해당한다. - 역자 주). 초등학교 교사가 "진행 중인 수학과 읽기 · 쓰기 프로그램이 끝나면 첫 번째 과학 단원을 시작할 것이다."라고 이야기 할 경우, 그 시기는 9월 말 즈음이 될 것이다.

여러 교과의 교사들이 연합하거나 학교 관계자, 외부 전문가, 외부 기관 등과 함께 프로젝트를 진행한다면 시기를 결정하는 문제는 훨씬 더 복잡해진다. 이외에도 전반적인 학사 일정, 학교 행사, 지역 교육청 주관의 학력 평가 등의 시험 및 채점 일정, 교수 학습 계획, 진도표 등은 프로젝트의 시기를 결정하기에 앞서 반드시 고려해야 할 사항들이다.

어떤 PBL 교사들은 학생들의 즉각적인 참여를 위해 학년 초에 바로 프로젝트를 시작하기도 한다. 만일 해당 학교가 우수한 PBL 프로그램을 잘 갖추고 있다면 충분히 가능한 일이다. 이 경우 학생들은 이미 PBL 문화 속에서 어떻게 효과적으로 모둠을 이루어 협력하고 연구를 수행하여 발표를 하는지에 대해 잘 알고 있기 때문이다. 하지만 PBL을 처음 접해 보는 학생들이라면 먼저 PBL에 익숙해지는 시간을 가질 필요가 있다.

GSPBL은 PBL의 효과를 극대화시키기 위한 방법이며, 이상적인 목표임을 명심하자. 어떤 프로젝트는 목표를 달성하지만 어떤 프로젝트는 학생들에게 유익함에도 불구하고 GSPBL의 목표에 도달하지 못하기도 한다. 따라서 처음에는 GSPBL의 형식에 맞추기 위한 야심찬 프로젝트를 준비하기보다는 작은 활동을 시도하며 학생들이 흥미를 느끼고 학습을 잘 이어가도록 하는 것이 좋다. 특히 PBL 초보자들에게 가장 중요한 과제는 뭔가를 일단 시도하면서 그것으로부터 잘 배우고 다음 프로젝트에서 더 잘하는 것이다. 그러한 반복적인 과정을 통해서 우리는 GSPBL에 더 가까이 다가갈 수 있다.

단순 PBL로 할까, 복합 PBL로 할까?

이 질문에 대해서는 어떤 아이디어와 내용으로 프로젝트를 진행할지 결정하기 전까지는 완벽하게 대답하기 어렵다. 하지만 프로젝트를 시작하는 단계에서부터 이 질문을 염두에 둘 필요는 있다. 하나의 프로젝트도 어떤 관점에서 규모를 판단하느냐에 따라 비교적 단순한 프로젝트가 될 수도 있고 복잡한 프로젝트가 될 수도 있다.

단순 PBL과 복합 PBL 중 어느 것이 더 좋다 혹은 나쁘다고 말할 수는 없다. 하지만 일반적으로 PBL 초보 교사 입장에서는 프로젝트가 단순해야 학생들을 지도하고 필요한 비계를 제공하는 데 집중할 수 있다. 교사나 학생, 프로젝트 목적 등 특성에 따라 단순한 프로

단순 PBL과 복합 PBL의 특징 비교

구분	단순 PBL	복합 PBL
교과목 수	한 개	여러 개
주관자	교사 한 명	여러 명의 교사, 다양한 외부 전문가와 기관, 우리 지역 혹은 타 지역 사람들
장소	교실, 학교	학교 안팎 모든 장소
결과물	너무 많은 시간, 어려운 능력이나 도구를 필요로 하지 않는 한 가지 결과물	여러 개의 결과물 혹은 정교한 결과물
도구	평소 익숙하게 사용하는 제한된 도구들	새로운 학습을 필요로 하는 다양한 도구들

젝트가 더 적합한 경우도 있다(정확하게는 '상대적'으로 단순하다고 말해야 할 것이다). 결과물이 단순한 프로젝트일지라도 참여 학생들에게 비판적 사고력을 훈련하는 기회를 제공하며 적어도 핵심 성공역량 중 한 가지를 연습할 기회를 제공해야 한다. 단순 PBL은 학생들이 깊이 참여하게 하면서도 더 많은 것을 원하게 만들기도 한다.

한편, 여러 교과목이 연관된 복합 PBL을 계획할 경우 한 명의 선생님이 여러 교과목의 전문성을 지니거나, 그게 아니라면 여러 명의 교사가 협력해야 한다. 후자의 경우 함께 프로젝트를 계획하고, 자료를 수집하고, 시간 계획을 세우고, 학생들을 함께 가르쳐야 한다. 외부 전문가나 기관 혹은 우리 지역이나 타 지역의 사람들과 프로젝트를 함께 진행하는 경우, 혹은 학교 외의 장소에서 프로젝트를 진행하는 경우 교사는 이 모든 일을 추진하기 위해 사전에 연락을 취하고 준비를 해야만 한다.

또 다른 요소는 바로 다양성이다. PBL 경험이 많은 베테랑 교사들도 학생들에게 변화(혹은 휴식)가 필요한 경우에는 단순 PBL을 진행한다. 그 이유는 충분히 짐작 가능하다. 몇 가지의 복잡한 프로젝트를 실시한 직후의 상황을 상상해 보자. 당연히 교사는 지역의 참전 용사 협회와 파트너를 이뤄 학생들이 공원에 세울 기념비를 디자인하고 제작하게 하는 복잡한 프로젝트보다는, 베트남전의 도덕적 규범을 고민해 보는 단순한 프로젝트를 실시하려고 할 것이다.

프로젝트 진행 기간을 어느 정도로 할까?

이 질문 역시 프로젝트 아이디어가 나오고 어느 정도 계획을 세울 때까지는 대답하기 어렵지만 프로젝트 계획 초기부터 염두에 두는 것이 좋다. 프로젝트는 최소한의 요소들을 수행할 수 있도록 충분히 길어야 한다. 프로젝트에서 학생들은 주제를 탐구하고, 결과물과 해결책을 발전시키고, 비평과 개선의 시간을 갖고, 결과물을 전시할 수 있어야 한다. 이때 결과물 전시에만 최소 하루나 이틀의 시간을 잡아두어야 한다. 비교적 단순한 프로젝트의 경우 대략 8차시에서 10차시 정도의 시간이 걸리며 복잡한 프로젝트의 경우 3주에서 5주 정도 걸린다. 몇몇 야심찬 프로젝트의 경우, 수개월의 시간이 걸리기도 한다. 물론 이 경우는 매 차시마다 프로젝트를 진행하는 것이 아니라 전체 진행 기간이 수개월 걸린다는 의미이다.

만일 학생들이 수업 시간 외에도 프로젝트에 참여한다면 프로젝트 진행 기간이 다소 줄어들 수 있다. 예를 들어 모둠 과제 중 몇 가지를 주말 동안에 진행하게 할 수 있다. 마찬가지로 '거꾸로 교실 수업'처럼 학생들이 배워야 할 지식과 내용을 가정에서 학습하고 학교에서는 집에서 배운 것을 적용해 보는 방식으로 프로젝트를 진행할 경우 프로젝트 진행 기간은 훨씬 단축될 수 있을 것이다.

교과목의 특성에 따라 프로젝트의 길이와 복잡성이 결정될 수도 있다. 비교적 간결하고 분명한 내용을 가르치고자 할 경우라면 간단한 과정과 결과물을 가진 짧은 프로젝트를 진행하는 것만으로 충분하다. 예를 들어, 중·고등학교 수학 교사들은 하나의 중요한 개념 혹은 성취기준을 가르치는 데 일주일 이상의 시간을 소비해야 한다고 생각하지는 않을 것이다.

교사들 중에는 학생들이 긴 프로젝트에 잘 적응할 수 있도록 사전에 3~4일 정도의 비교적 짧은 프로젝트를 실시하는 이들도 있다. 하지만 짧은 프로젝트라 할지라도 GSPBL의 핵심 요소와 모든 단계들이 포함되어야 한다. 다소 한계는 있겠지만 말이다.

단일교과 프로젝트로 할까, 교과융합 프로젝트로 할까?

PBL의 강력한 힘은 한 가지 주제를 여러 가지 다른 각도에서 탐구하는 것으로부터 나온다. 실생활 속 이슈나 문제 대부분은 여러 분야 사람들의 공헌 없이는 해결될 수 없다. 예를 들어, 학생들이 태양 에너지에 관한 주 의회 투표 결과를 분석한다면, 학생들은 정부와 경제, 수학, 물리학 등에 관해 알고 있어야 한다.

어떤 프로젝트 결과물은 다른 교과의 배경지식이나 역량이 없이는 만들어낼 수 없다. 가령, 학생들이 지역의 동·식물 도감을 만든다면 학생들은 생물학에 관해 잘 알고 있어야 할 뿐 아니라 글을 쓰는 능력과 그래픽 디자인 능력도 갖추고 있어야 한다.

대부분의 프로젝트는 단일교과로 진행하는 것이 훨씬 더 적합하다. 단일교과 프로젝트는 학생들이 어떤 복잡한 이슈나 주제에 대해 깊이 탐구할 수 있는 기회를 제공한다. 어떤 주제나 이슈들은 오직 한 개 교과의 관점으로만 탐구할 수밖에 없기도 하다. 예를 들어, '우리 가족에게 필요한 휴대폰 요금제'를 선택하도록 하는 것은 수학 교과 프로젝트다. 베트남전에 관한 토론이 프로젝트의 결과물이 될 경우 이 프로젝트는 역사 수업 시간에만 행해져도 무방할 것이다.

하지만 엄밀히 말하면 단일교과 프로젝트라는 것은 극히 드물다. 왜냐하면 대부분의 프로젝트에 읽기와 쓰기가 기본적으로 내포되어 있기 때문이다. 중·고등학교도 마찬가지이겠지만 특히 초등학교에서는 모든 교과를 통해 언어 능력을 발전시키기 때문에 사실상 단일교과 프로젝트라는 말은 맞지 않다고 할 수 있다.

TIP

교과융합 프로젝트를 진행할 때 유의할 점

교과융합 프로젝트의 경우 계획하고 운영하는 것이 훨씬 더 복잡합니다. 예를 들어 초등학교 교사의 경우 사회나 예술 교과 프로젝트가 어떻게 언어 및 수학 교과와 융합할 수 있는지를 이해하고 있어야 합니다.

중·고등학교 교사는 두 가지 방법을 통해 교과융합 프로젝트를 진행할 수 있습니다. 우선, 혼자서 모든 것을 다 하는 방법이 있습니다. 역사 교과 프로젝트에서 글쓰기 수업을 진행하거나, 생물 교과 프로젝트에서 수학 교과를 융합하는 식입니다. 또 다른 방법은 여러 명의 교사가 팀을 이루는 것입니다. 같은 학생들을 가르치는 여러 교사들이 한 프로젝트 안에 여러 교과를 융합해 볼 수 있습니다. 이 경우 교사들이 함께 모여 프로젝트를 계획할 시간을 가져야 합니다. 수업 스케줄을 서로 조정해야 하며, 각각 교과의 수업이 어떻게 프로젝트의 목적에 잘 부합하게 할지에 대해서도 함께 결정해야 합니다[9].

중·고등학교에서 여러 교사들이 함께 교과융합 프로젝트를 진행할 경우 자신의 과목이 부수적인 존재라고 생각하는 경우가 있습니다. 보통 사회나 과학 교과에 관한 주제를 중심으로 프로젝트가 진행될 경우, 수학이나 국어 교사들이 이런 생각을 갖게 됩니다. 교과융합 프로젝트에서 수학 교과가 '수학'이 아닌 통계나 산수를 주로 담당하게 될 경우, 국어 교사의 경우 단순히 학생들이 보고서를 잘 쓸 수 있도록 그저 쓰기 과제를 돕는 역할에 머물게 될 경우가 그렇습니다. 이는 바람직한 교과융합 프로젝트가 아닙니다. 이러한 일을 방지하기 위해서는 교과융합 프로젝트 수업이 중요한 수학 혹은 언어영역 성취기준에 기반을 둘 수 있도록 설계해야 합니다.

프로젝트 설계 2단계
: 아이디어 구상하기

● 대부분의 교사에게 프로젝트 아이디어 구상은 즐거운 일이다. 교사는 이상적인 교실을 상상하며 창의적인 생각을 하게 되고 동료들과도 협력적으로 일하게 된다. 혼자가 아닌 여러 사람이 함께 아이디어를 구상할 때 그 과정은 더 생동감 있고 생산적이다. 아이디어 구상 과정은 디자인 씽킹의 특성과 유사하다. 일단 브레인스토밍으로 시작하고 여러 아이디어들을 고려한 후에야 최적의 아이디어를 결정할 수 있다.

교사와 학생 모두에게 적합한 프로젝트에 이르는 방법에는 두 가지가 있다. 하나는 다른 사람의 프로젝트를 수정해 사용하는 것이고, 다른 하나는 자신만의 프로젝트를 설계하는 것이다.

기존의 프로젝트 활용하기

좋은 아이디어를 생각해 자신만의 프로젝트를 설계하는 데에는 시간도 많이 걸리고 요령도 필요하다. 자신만의 교육과정을 계획해 본 경험이 없는 교사의 경우, 다른 사람의 프로젝트를 활용하는 것이 PBL을 시작하는 좋은 방법이다. 따라서 다른 사람이 이미 만들어 놓은 프로젝트를 재구성하는 일은 전혀 부끄러운 일이 아니다. 영국의 이노베이션 유닛(Innovation Unit, 영국의 비영리 교육 단체. - 역자 주)은 PBL 초보 교사들이 손쉽게 프로젝트 수업을 시작할 수 있도록 샘플 프로젝트를 제공한다. 이 샘플 프로젝트를 '헌정 프로젝트(Tribute Project)'라고 부르는데 이는 해당 프로젝트를 만들어 낸 사람에게 존경을 표하는 의미를 담고 있다[10].

다른 사람의 프로젝트를 빌려서 재구성하는 일은 동료와 복도를 걸어가며 그가 만든 프로젝트에 대해 이야기를 나누는 것만큼이나 쉬운 일이다. PBL을 열심히 실천하고 있는 학교나 지역교육청 등은 프로젝트를 공유할 수 있는 일종의 라이브러리를 만들기도 하므로, 온라인을 통해서도 프로젝트를 찾아볼 수 있다. 벅 교육협회에서 수집한 프로젝트 자료들도 온라인 검색을 통해 이용 가능하다[11].

프로젝트를 제공하는 출판사와 다른 기관들의 수도 늘어나고 있다. 많은 출판사가 교사용 교과서나 보충 자료에 프로젝트를 포함시키는 추세다. 특히 STEM(Science, Technology, Engineering, Math : 과학, 기술, 공학, 수학) 교과과정에서 그 추세가 두드러진다. STEM

과목은 공통적으로 학생들이 단순한 설명서에 따라 로봇이나 장난감 차, 혹은 다른 장치나 기구들을 조립하도록 하는 활동들을 포함한다. 흔히 STEM 프로젝트라고 부르는 이 활동들은 학생의 의사와 선택권을 비롯해 GSPBL의 주요 특징들이 결여되어 있기 때문에 PBL이라고 부르기는 어렵다. 그저 STEM 활동이라고 보는 것이 맞다. 하지만 STEM 활동을 활용해 GSPBL로 재구성하는 일은 가능하다. 실제적 목적을 부여하고, 비평과 개선의 기회를 주고, 학생들의 결과물을 공개하도록 하는 것이다. 이렇게 재구성하면 단순한 활동을 넘어 GSPBL의 특징을 지닌 프로젝트로 발전할 수 있다.

　재구성하기 적절한 프로젝트를 발견했을 때에는 다음의 질문들을 통해 점검해 보아야 한다.

- 교사가 의도한 성취기준과 내용을 포함하고 있는가?
- PBL의 주요 활동인가, 아니면 디저트 프로젝트인가?
- GSPBL의 기준들을 잘 반영하고 있는가?
- 학생들이 잘 참여할 수 있는 것인가?
- 프로젝트의 길이와 복잡성이 교사와 학생들의 수준에 적절한가?
- 교사가 지닌 자료와 전문 지식을 활용해 수행할 수 있는 프로젝트인가?
- 교사 자신과 학생들에게 맞는 프로젝트로 재구성하려면 해당 프로젝트를 얼마나 조정해야 하는가?

나만의 아이디어 만들기

많은 교사들이 자신만의 아이디어로 프로젝트를 계획하길 희망한다. 교사 자신이 관심 있는 주제를 중심으로 교육과정을 구성하는 것이 매력적인 일이기도 하고, 학생들이 무엇을 잘 하는지도 교사가 가장 잘 알고 있기 때문이다. 과거에 시도해 본 수업, 활동, 단원 등을 GSPBL의 기준에 맞게 수정하고 확장해 탈바꿈 시킬 수도 있다.

프로젝트 아이디어를 구상하는 데 있어 정해진 규칙은 없다. 어떤 교사는 성취기준을 분석하면서 아이디어를 찾기도 하고, 어떤 교사는 학생들이 수업 시간에 배웠으면 하는 내용들을 실생활에 접목하면서 아이디어를 얻기도 한다. 뉴스를 보거나 친구들과 이야기를 나누다가 아이디어를 얻을 수도 있다. 다음은 프로젝트 아이디어의 영감을 줄 수 있는 자료들이다.

학교나 지역 사회의 현안

학교 또는 지역의 현안이나 문제점을 찾아보자. 학생들 스스로 프로젝트를 통해 해결할 문제를 찾아보게 하면 더 좋다. 〈건강한 공동체〉(76쪽)에서 학생들은 학교 운동장에서 일어나는 잘못된 행동에 대한 해결책을 마련했다. 〈사우스 센트럴의 내일〉(388쪽)에서 학생들은 LA의 사우스 센트럴 지역 주민들이 지역의 미래에 대한 대화를 나눌 수 있는 온라인 게임을 디자인했다.

시사

시기적절한 프로젝트를 만들기 위해서 지역, 국가 또는 세계적으로 일어나고 있는 사건을 활용하는 것도 좋은 방법이다. 예를 들어, 〈포근한 우리 집〉(79쪽)의 경우 교사들이 펭귄 보호 센터를 짓는다는 디트로이트 동물원의 계획을 알게 되면서 시작됐다. 몇 년 전에는 사회 교사들이 어떤 형태의 정부와 경제적 투자가 아프가니스탄 지역에 적합할지를 알아보는 내용인 〈아프가니스탄 재건하기〉를 설계하기도 했다. 마찬가지로 생물 교사들은 에볼라 바이러스에 관한 프로젝트를 기획했다. 〈법률 개정안〉 등이 보여주는 것처럼 특히 '선거'는 프로젝트 아이디어로 활용하기에 아주 좋은 소재다[12].

실생활의 문제

직장이나 일상에서 풀어야 할 문제들, 사람들이 마주칠 행정적 문제 혹은 사적 영역의 문제들에는 어떤 것들이 있을지 생각해 보자. 예를 들어, 〈수학자의 집 리모델링〉(219쪽)에서 학생들은 집의 리모델링을 계획하며 수학을 배웠다. 〈달콤한 용해〉(385쪽)에 참여한 고등학생들은 사탕을 만들면서 화학을 배울 수 있었다.

내용 성취기준

학생들이 배워야 할 성취기준을 분석해 보고 그중에서 좀 더 깊이있게 배워야 할 성취기준은 어떤 것들인지 찾아보자. 그리고 그 성취기준을 실생활과 수업에 접목시킬 방법들을 떠올려보자. 예를 들어, 〈남북전쟁 속 과학기술〉(288쪽)을 설계한 교사들은 이 프로젝트를 통해 학생들이 역사 교과의 중요한 성취기준인 '남북전쟁이 미국에 미친 영향'을 이해하길 원했다.

학생들의 삶과 관심사

음악, 패션, 음식, 스포츠, 소셜 미디어처럼 학생들의 관심사에서 아이디어를 끌어내보자. 혹은 학생들의 삶에서 중요한 것들, 가족, 우정, 인간관계, 개인의 정체성과 성장, 자신의 미래(고학년의 경우) 등으로부터 프로젝트 아이디어를 얻을 수도 있다. 이런 주제들은 대개 학생들의 열성적인 참여를 이끌어낸다.

예를 들어, 〈치즈 범벅 손가락〉은 캐서린 스미스 초등학교 4학년 아이들이 가장 좋아하는 정크 푸드에 초점을 맞춘 프로젝트이다. '수학은 맛있어(Mathalicious, 미국의 수학 교육 기관. – 역자 주)'가 만든 〈기다림의 게임〉에서 학생들은 확률을 사용해 연인 관계에서 행복을 극대화시키기 위한 규칙을 찾았다[13].

프로젝트 설계 3단계
: 기본 틀 잡기

● 프로젝트 설계는 기계적이거나 직선적인 활동이 아니라 유기적인 활동이다. 따라서 꼭 정해진 순서대로 설계할 필요는 없다. 어느 한 부분을 집중해서 설계하다 다시 다른 부분을 설계하는 것도 가능하다. 프로젝트를 설계하는 도중에 어느 한 부분에서 변화가 생기면 다른 부분에서도 변화가 생기기 마련이다.

2단계에서 프로젝트 아이디어를 구상하면서 프로젝트의 목표와 특징에 대해서도 이미 생각해 보았을 것이다. 3단계에서는 다음의 4가지 활동을 실천하면서 프로젝트 전체의 틀을 잡아나가야 한다.

- 학습 목표 수립하기
- 학습 결과물 선정하기

- 학습 결과물 전시 방법 결정하기
- 탐구질문 작성하기

학습 목표 수립하기

프로젝트는 '핵심 지식과 이해' '핵심 성공역량'이라는 두 가지 유형의 학습 목표를 가르치도록 설계되어야 한다.

핵심 지식과 이해(핵심 성취기준)

이론적으로는 교과목과 학년 성취기준을 분석한 후 프로젝트를 설계하는 것이 순서지만, 많은 교사들이 프로젝트 아이디어를 먼저 떠올린 후에 그에 맞는 성취기준을 분석하곤 한다. 무엇을 먼저 하는지는 상관없다. 중요한 것은 학생들이 배워야할 것이 무엇인지를 분명하고 구체적으로 설정해야 한다는 점이다. 그래야 목표가 불분명할 때 일어나는 위험을 피할 수 있다. 이는 프로젝트 진행에서 매우 중요한 요소다. 프로젝트는 일단 시작되고 나면 예상치 못한 방향으로 뻗어나가기도 하고, 학생들의 흥미나 열정으로 인해 확장되기도 한다. 따라서 교사는 프로젝트가 학습 목표에서 벗어나지 않도록 주의를 기울여야 한다.

핵심 지식과 이해를 정의하기 위해 성취기준을 사용할 때에는 다음의 두 가지 기준을 고려해야 한다.

- 어떤 성취기준이 가장 중요한가
- 어떤 성취기준이 가장 적절한가

교육청에서 이미 중요 성취기준을 정해 놓았을 수도 있다. 해당 성취기준들은 과목의 기본이 되는 것 혹은 주요 시험에서 자주 다루어지는 내용일 것이다. 학교나 부서에서 특정 성취기준을 우선시할 수도 있다. 하지만 이런 경우가 아니라면, 프로젝트를 설계하는 교사가 스스로의 전문 지식에 기반해 우선시 해야 할 성취기준을 정할 수 있다. 이런 핵심 성취기준들은 당연히 프로젝트에 구체적으로 명시되어야 한다. 학생들이 프로젝트를 수행하기 위해 몇 주의 시간을 투자해야 한다면 프로젝트는 그만큼의 시간을 들일 가치가 있어야 한다.

성취기준이 프로젝트를 통해 배우기에 적절한 것인지 판단하려면 해당 성취기준이 단순히 일련의 요소와 과정을 알면 되는 것인지 아니면 깊이 있는 이해를 요구하는 것인지 살펴보면 된다. 예를 들어, '실험실의 안전 절차'라는 성취기준을 과학 프로젝트 수업의 핵심 성취기준으로 삼는 것은 좋은 생각이 아니다. 마찬가지로 언어영역 성취기준인 '대명사'가 프로젝트의 핵심 성취기준이 될 수는 없다. 물론 이런 종류의 성취기준 또한 프로젝트에 포함될 수는 있지만 핵심 성취기준으로 삼기에는 적절한 깊이와 범위를 가지지 못한다.

반대로 '암석층으로부터 얻은 증거에 기반해, 지질 연대가 어떻게 지구의 46억 년 역사를 보여주는지에 관해 과학적으로 설명할 수 있다.'는 깊이 있는 프로젝트에 적절한 핵심 성취기준이 될 수 있다. 이 성취기준은 차세대 과학 성취기준(NGSS) 중 중학교 성취기준에 해당한다.

하나의 프로젝트에 몇 개의 성취기준을 포함시킬지 결정할 때에는 주의가 필요하다. 프로젝트에 소요되는 시간을 정당화하기 위해서는 충분한 성취기준이 포함되어야 하지만, 그렇다고 해서 너무 많은 성취기준을 설정하는 유혹은 피해야 한다. 성취기준은 실제로 가르쳐야 할 것과 배워야 할 것이지 프로젝트의 체크리스트를 채울 항목이 아님을 명심하자.

일반적으로 프로젝트에 포함된 과목마다 2~3개의 성취기준이 학습 목표로 기술되면 적절하다. 너무 많은 성취기준은 학생들을 가르치고 평가하는 것을 어렵게 만든다. 앞서 말한 것처럼 핵심 성취기준에 중점을 두어야 한다는 것을 명심하자. 분명하게 목표로 삼은 성취기준이 아님에도 모든 프로젝트에 반복적으로 등장하는 성취기준이 있을 수 있기 때문이다. 예를 들어 읽기, 쓰기와 같은 성취기준은 프로젝트 전반에 걸쳐서, 또 학년 전반에 걸친 다른 활동을 통해 배워야 할 성취기준이다.

핵심 성공역량(비판적 사고력/문제해결력, 협업능력, 자기관리능력)

앞서 대학, 직장, 사회, 그리고 인생에서 성공하기 위해 필요한 역량에 대해 소개하며 '비판적 사고력/문제해결력, 협업능력, 자기관리능력'이 가장 중요한 '성공역량'이라 정의했다. 모든 프로젝트가 핵심 성공역량을 훈련하고 개발할 수 있는 기회를 제공해야 하지만, 하나의 프로젝트에서 이 세 가지 전부를 명확하게 가르치고 평가하는 것에는 한계가 있다. 그래서 일부 PBL 교사들은 하나 혹은 두 개의 성공역량에 집중하고, 나머지는 다음 프로젝트의 목표로 삼기도 한다.

학습 결과물 선정하기

PBL은 단순히 무언가를 학습하고 기억하는 것이 아니라 학생이 무언가를 생산하게 하는 것이다. PBL에서는 결과물을 공개하는 것이 매우 중요하다. 학습 결과물은 학생들이 학습한 것에 대해 토론하고 증명하는 하나의 방편이기도 하다. 학부모와 지역 사회 구성원들의 경우 학습 결과물만을 보게 되므로 그들의 입장에서는 학습 결과물 그 자체가 프로젝트이기도 하다. 따라서 학습 결과물을 선정하는 것은 프로젝트 설계에서 매우 중요한 일이다.

결과물의 유형은 매우 다양할 수 있다. 직접 제작한 인공 구조물에서부터 공연이나 이벤트, 문제해결책에 관한 프레젠테이션에 이르기까지 다양한 모습이 가능하다. 전형적인 프로젝트의 결과물은 보고서나 멀티미디어를 활용한 프레젠테이션 등이다. 하지만 종종 형성평가나 자기 평가의 목적으로 비디오 스토리 보드(보는 사람이 스토리의 내용을 쉽게 이해할 수 있도록 주요 장면을 그림으로 정리한 계획표. - 역자 주), 연구 노트, 학습 기록물 혹은 자기 수업 성찰록과 같은 추가적인 결과물들이 프로젝트 수업의 일부가 될 수 있다.

학습 결과물 선정은 너무 많은 선택지가 있어서 부담되는 일이기도 하다. 좋은 선택지를 가려내기 위해서 다음의 질문들을 생각해 보자.

학습 결과물이 그 자체로 프로젝트의 학습 목표를 충족하는가, 아니면 다른 프로젝트와 연계할 필요성이 있는가?

어떤 프로젝트에서는 프로젝트 결과물 자체가 학생들이 성취기준에 잘 도달했다는 직접적인 증거가 되기도 한다. 예를 들어, 〈지구촌 행복과 지역 봉사〉(223쪽)에서 학생들은 지역 역사에 관한 사실적인 이야기를 글로 쓰고 이를 학급 홈페이지에 게재했다. 이 결과물 자체는 국어/문학의 쓰기영역 성취기준인 '실제 혹은 가상의 경험을 전개하기 위한 글쓰기(CCSS 6-12, 쓰기영역 3)'를 충족한다. 〈암을 이겨내요〉(139쪽)에서도 학생들은 전시 결과물을 제작하고, 그들의 연구에 기초한 발표를 통해 성취기준을 달성했다.

하지만 학생들이 수학 프로젝트를 통해 '새로운 그릇 디자인'이란 결과물을 내놓을 경우, 이는 성취기준의 일부만을 충족시키는 데 그칠 것이다. 이러한 경우 해당 교육과정의 성취기준을 완전히 충족하기 위해서는 적어도 하나 이상의 추가 결과물이 필요하다. 가령 그릇의 크기와 부피 또는 표면적을 비교하는 내용을 포함한 수학적 분석을 글로 쓰고 그림을 그리게 할 수 있다. 이 분석을 도표, 숫자, 대수로 표현하게 할 수도 있고 말로 설명하게 할 수도 있다. 화학 과목 프로젝트인 〈달콤한 용해〉(385쪽)에서 학생들은 크리스마스 캔디를 만드는 활동과 더불어 그 내용을 블로그에 계속해서 포스팅 하는 활동을 함께했다. 역사 수업이었던 〈남북전쟁 속 과학기술〉(288쪽)에서 학생들은 프레젠테이션의 핵심 요소인 인공 구조물을 만들면서 연구 보고서를 추가로 작성했다.

프로젝트 결과물이 실제적인가?

프로젝트의 실제성은 GSPBL에서 가장 중요한 요소 중 하나다. 따라서 프로젝트 결과물이 얼마나 실제 세계에 잘 어우러지는지, 학교 밖의 사람들이 무엇을 하는지도 생각해 보아야 한다. 예를 들어, 환경 단체 활동가들은 국회의원들에게 환경 관련 책자를 주기보다는 국회의원을 설득하는 편지를 쓰거나 회의석상에서 발표하는 것을 선호할 것이다. 마찬가지로 셰프는 메뉴를 만들고, 건축가는 디자인을 하고, 도시공학자는 도시의 모형을 만들고, 국회의원은 법안을 만든다. 그 어느 누구도 다섯 단락짜리 에세이(미국의 시험에서 요구하는 규격화된 에세이를 의미. – 역자 주)를 쓰지는 않을 것이다.

실현 가능한 결과물인가?

이것은 좀 더 현실적인 질문이다. 교사가 지닌 전문 지식의 한계, 학생들이 자신의 나이에 맞게 할 수 있는 일, 시간과 이용 가능한 자원을 고려했을 때 그 결과물을 만들어낼 수 있는가? 예를 들어, 의욕이 넘치는 교사와 학생들이 지역 극장에 두 시간 분량의 연극을 올리기 위해 대본을 쓰고 연습을 하겠다는 목표를 세웠다고 가정해 보자. 그런데 학년을 마무리하기까지 겨우 두 달이 남아 있고 그사이 가르쳐야 할 다른 교과들도 있다. 게다가 학생들은 이전에 비슷한 프로젝트를 경험한 적이 전혀 없다. 이럴 경우, 연극 한 편을 준비하는 것보다는 몇 개의 장면만 시도해 보는 것이 좋을 것이다. 다른 예로, 5학년 교실에서 로봇을 설계하고 제작하는 상상을 해볼 수는 있다. 하지만 비용, 재료, 요구되는 기술 등이 제한적일 수밖에 없는 것이 현실이다. 따라서 로봇 대신에 간단한 전기 장난감을 만들어보는 것이 더 나은 방법이다.

프로젝트 활동 결과물 중 개별 학생이 수행할 부분과 모둠 활동으로 진행할 부분은 각각 무엇인가?

학생들의 책임감을 강화하고, 또 개별 학생의 학습을 평가하기 위해서는 몇몇 프로젝트 혹은 프로젝트의 일부분을 개인적으로 해내도록 해야 한다. 예를 들어 모둠별로 멀티미디어를 활용한 프레젠테이션을 한다면, 학생들이 보고서의 일부를 나눠서 쓰도록 한다거나 탐구질문에 대한 자신의 답을 쓰도록 요구해야 한다. 만일 모둠별로 전기로 된 결과물을 만들었다면, 개별 학생에게는 결과물이 작동되는 원리와 자신이 배운 것에 대해 설명한 글을 제출하도록 할 수 있다.

모든 모둠의 학생들이 동일한 결과물을 만들도록 할 것인가, 아니면 서로 다른 결과물을 만들도록 할 것인가?

이 질문에 대한 답은 프로젝트의 특성에 달려 있다. 학생들의 선택권을 얼마나 보장할 것인가와 함께, 프로젝트 운영에 대한 실질적인 고려가 필요하다. 어떤 프로젝트들은 당연히 동일한 결과물을 가질 수밖에 없다. 예를 들어, 프로젝트의 결과물이 지역 주민을 위한 시 낭송 대회의 개최라면 당연히 결과물은 모두 시가 되어야 한다(물론 시의 주제는 다양할 수 있다). 학생들에게 영상 만들기, 웹 페이지 제작하기, 국회에 편지 쓰기, 달력이나 벽화 그리기 등 어떤 결과물을 만들지에 관한 선택권을 준다면 당연히 프로젝트는 좀 더 다양해질 것이다. 이는 프로젝트 지도 교사가 여러 명일 경우도 마찬가지다.

결과물과 관점에 따른 차이

동일 결과물, 동일 관점 예 : 우리 지역 수질에 대한 프레젠테이션	다른 결과물, 동일 관점 예 : 우리 지역 수질에 대한 포토 에세이 혹은 프레젠테이션
동일 결과물, 다른 관점 예 : 지역 내 다양한 위치의 수질에 대한 프레젠테이션	다른 결과물, 다른 관점 예 : 지역 내 다양한 위치의 수질에 대한 포토 에세이 혹은 프레젠테이션

지금까지 언급한 5가지 질문을 고려해 본다면 학생들에게 어떤 결과물을 요구할지 쉽게 결정할 수 있을 것이다. 프로젝트의 결과물은 다음 중 하나 혹은 여러 종류가 될 수도 있고 몇 개를 융합할 수도 있다.

먼저, 프레젠테이션은 모든 형태의 공연을 포함한다.

- 연설
- 토론
- 구술 발표/변호
- 라이브 뉴스
- 패널 토론
- 연극
- 시 낭송/스토리텔링
- 뮤지컬이나 춤
- 강의
- 공공 이벤트
- 상품 광고

서술형 결과물은 전통적인 학문적 글쓰기를 포함한다. 하지만 프로젝트 수업에서는 단순히 과제물을 제출하는 것이 아니라, 특정한 독자나 실제적인 목적을 지닌 글쓰기를 해야 한다는 차이가 있다.

- 연구 보고서
- 편지
- 소책자
- 대본
- 블로그
- 사설
- 서평
- 훈련 교본(항공승무원 매뉴얼처럼 특정 내용을 배우는 교범. - 역자 주)
- 수학적 / 공학적 분석
- 과학 연구 / 실험 리포트
- 도감

　미디어와 테크놀로지 관련 결과물은 과거와 현재에 사용된 다양한 미디어를 활용하는 것이다.

- 오디오 녹음 / 팟캐스트
- 슬라이드 쇼
- 드로잉 / 그림
- 콜라주 / 스크랩북
- 포토 에세이
- 비디오 / 애니메이션
- 웹 사이트 / 웹 페이지

- 컴퓨터 프로그램 / 어플리케이션
- 디지털 이야기 / 만화

구조물 형태의 결과물은 학생들이 직접 만든 것이라면 무엇이든 될 수 있다. 물론 실제로 작동하는 진짜 결과물이 아니라 모형을 만들게 될 것이다.

- 소규모 모형
- 소비 제품
- 기구 / 기계
- 운송 수단
- 발명품
- 과학 기구
- 박물관 전시
- 건축물
- 정원

계획 형식의 결과물은 무언가를 하기 위한 다양한 종류의 제안이나 계획이다. 실제 건축물이나 구조물을 의미하는 것은 아니지만 무언가를 창조해 내는 것이기 때문에 그 자체로 매우 고되고 힘든 과제가 될 수 있다. 또 실제 전문가들이 하는 것처럼 세밀해야 하며 잘 준비해야 한다.

- 제안서
- 사업 계획서
- 디자인
- 입찰 혹은 견적
- 청사진
- 타임라인
- 플로 차트(업무 흐름도)

학습 결과물 전시 방법 결정하기

프로젝트의 뼈대와 체계를 잡기 위해서 프로젝트의 구성 방식에 관한 몇 가지 결정을 해야 한다. 특히, 학생들의 작품을 전시하는 방법에는 여러 가지가 있다.

실생활에 실제 사용하는 결과물

어떤 프로젝트는 학생들이 현실에서 사용될 무언가를 결과물로 만드는 것이기 때문에 처음부터 공공적인 성격을 갖는다. 예를 들어 〈건강한 공동체〉(76쪽)에서 학생들은 '올바른 행동'에 관한 포스터를 학교 휴게실에 게시했다. 〈사우스 센트럴의 내일〉(388쪽)에서는 학생들이 개발한 비디오 게임 체험을 위해 실제 사우스 센트럴 지역의 다양한 사람들을 모집했다.

청중과 직접 만나는 프레젠테이션

교사, 학생들과 더불어 다른 학급의 학생들, 학교 관계자, 학부모, 지역 주민, 기업 관계자, 시민 단체나 학계의 전문가 등 누구라도 프레젠테이션의 청중이 될 수 있다. 〈수학자의 집 리모델링〉(219쪽)에서 학생들은 집을 리모델링하는 프로젝트에 참여했던 교사의 친구를 청중으로 초청했다. 만일 실제 관계자를 초청할 수 없다면 청중들에게 어떤 역할을 연기해 달라고 부탁할 수도 있다. 예를 들어, 교장 선생님에게 대통령 역할을 부탁하는 식이다. 만일 학생들이 특정 소비자를 대상으로 제품을 만든다면 해당 소비자들이 청중으로 참여해야 한다. 〈시스템 고민하기〉(215쪽)의 목표는 학교 쓰레기 관리 시스템을 개선하는 것이었는데, 학생들은 학부모 위원들과 학교 관계자들을 청중으로 제안서를 발표했다.

행사

행사는 일반 대중을 대상으로 할 수도 있고, 특정 그룹의 사람들을 초대할 수도 있다. 프로젝트의 특성에 따라 행사를 진행하는 방법은 다양하다. 영화/영상 페스티벌, 시 낭송회, 예술 전시회, 연설, 패널 토론 혹은 토론, 모의재판, 학교 회의, 저자와의 대화, 무역 박람회, 지역 축제 등의 형식으로 행사를 진행할 수 있다. 〈농민의 수고에 감사하기〉(70쪽)에서 학생들은 교실에 인근 지역의 농부들을 초대했다. 〈암을 이겨내요〉(139쪽)에서 학생들은 기금 마련을 위해서 발표와 전시회를 겸한 스파게티 저녁 만찬을 기획했다. 〈프랑스에 유학하는 미국인 교환학생〉(337쪽)에 참여했던 학생들은 자신들이 만든 영화의 시사회를 열었다.

공공장소에서 작품 전시하기

어떤 종류의 프로젝트 결과물은 공공장소에서 전시하는 것이 더욱 적합한 경우가 있다. 학교 벽에 그린 벽화, 지역 주민센터에서 여는 전시회, 지역 과학 재단 로비에 전시하는 모형물이나 장치, 지역 도서관에서 전시하는 포토 에세이나 예술 작품 등이다. 실제로 〈우리 지역의 시민운동가〉(294쪽)에 참여한 학생들은 지역 사회의 여러 곳에 작품을 전시했다.

출판, 포스팅, 메일 보내기

학생들은 자신들의 결과물을 책이나 디지털 도서, 잡지 혹은 다른 형태의 인쇄물로 제작하여 독자들과 공유할 수 있다. 〈세상에 단하나뿐인 아이반〉(146쪽)에서는 전 세계 15개 학급의 학생들이 자신들의 글을 모았다. 학생들은 아이튠즈(iTunes)를 이용해 약 250페이지 분량의 디지털 도서를 출간하고 아이튠즈 스토어(iTunes Store)를 통해 배포했다. 〈지구촌 행복과 지역 봉사〉(223쪽)에서 학생들은 지역의 역사를 주제로 직접 작성한 글을 학급 홈페이지에 올렸다. 그리고 학생들이 글의 주제로 삼은 장소에서 QR코드를 통해 홈페이지 상의 글을 볼 수 있도록 했다. 〈미니 골프장 디자인하기〉(299쪽)에서는 고등학교 기하학 수업을 듣는 학생들이 미니 골프장 소유주에게 골프장 디자인 제안서와 자세한 설명이 담긴 이메일을 보냈다.

탐구질문 작성하기

GSPBL은 어려운 문제 또는 질문으로 프로젝트를 시작한다. 탐구질문(Driving Question)은 프로젝트의 핵심 도전 과제나 질문을 학생들에게 친숙한 언어로 표현한 것이다. 탐구질문은 학생들에게 그들이 왜 이 프로젝트를 수행하는지를 상기시켜 준다. 탐구질문의 목적은 학생들의 흥미를 불러일으키고, 프로젝트의 핵심 아이디어, 질문, 지식에 관심을 집중하게 하는 데 있다. 또한 탐구질문은 교사가 프로젝트를 계획하는 데 있어 가이드 역할을 해준다. 교사는 학생들이 탐구질문에 답하기 위해 완수해야 하는 활동에 무엇이 있는지 생각할 수 있다. 교사는 탐구질문을 통해 얻을 수 있는 장점을 적극 활용해야 한다. 프로젝트를 진행하면서 탐구질문을 교실 벽에 붙여놓고 프로젝트가 한 단계씩 진행될 때마다, 또 학생들이 새로운 지식과 이해를 얻을 때마다 학생들과 함께 탐구질문을 재탐색해야 한다.

탐구질문은 '핵심 질문' 혹은 '문제 진술'이라고도 불린다. 탐구질문을 작성하는 것은 프로젝트의 성격에 따라 매우 까다로운 일이 될 수도 있다. 어떤 교사들은 프로젝트를 계획하는 단계에서 탐구질문을 작성한다. 하지만 대다수 PBL 교사들은 프로젝트를 시작하면서 학생들과 함께 탐구질문을 작성해 학생들에게 프로젝트에 대한 주인 의식을 갖게 하는 것을 더 선호한다.

탐구질문이 효과적이기 위해서는 다음의 기준을 충족해야 한다.

① 학생 참여
② 열린 정답
③ 학습 목표와의 일치

학생 참여를 돕는 탐구질문은 다음의 특징을 따라야 한다.

- 학생들이 탐구질문을 이해할 수 있어야 한다.
- 탐구질문은 프로젝트에 참여하는 학생들의 나이, 인구 통계학적 배경(demographic background, 성별, 세대, 인종, 민족성, 교육, 지역 등에 대한 특징과 정보를 의미한다. - 역자 주), 소속된 지역 사회 등에 적합해야 한다.
- 탐구질문은 교사나 교과서에서 일반적으로 구사하는 종류의 질문이 아니다.
- 탐구질문은 탐구의 과정이 시작되게 만들고, 학생들이 발전된 질문을 던지도록 이끄는 도발적이며 흥미로운 질문이다.
- 프로젝트에 따라 탐구질문은 지역의 상황과 연관되거나 어떤 조치를 취할 책임을 담고 있다. 또는 참여를 유도할 수 있다.

- 학생들에게 프로젝트에 대한 주인 의식을 심어주기 위해 탐구질문을 적용할 때에는 '너 혹은 학생들'이라 칭하지 않고 '나 혹은 우리'라고 말한다.

열린 정답을 지닌 탐구질문은 다음의 특징을 지니고 있다.

- 정답은 다양할 수 있다.
- 정답은 구글 검색을 통해 얻을 수 있는 답이 아니라, 학생들이 독창적으로 만들어낸 답이어야 한다.
- 정답은 복잡해야 하며, 깊이 있는 연구 조사를 통해 얻을 수 있는 것이어야 한다.
- '예 혹은 아니오'로 답할 수 있는 질문도 가능하지만, 이 경우에는 정답에 대한 자세한 설명과 타당한 이유를 요구해야 한다.

학습 목표에 부합하는 탐구질문은 다음의 특징을 지니고 있다.

- 학생이 탐구질문에 답함으로써 프로젝트의 성취기준을 배우고, 핵심 성공역량을 연습할 수 있어야 한다.
- 성취기준이 너무 장황하거나 지루하지 않다면, 탐구질문은 성취기준의 표현을 그대로 담고 있어야 한다. 그러나 성취기준을 다른 말로 반복하는 것에 그쳐서는 안 된다.
- 너무 큰 것을 바라면 안 된다. 다시 말해 주어진 시간 동안 배울

수 있는 적당한 지식보다 더 많은 것을 요구해서는 안 된다(예를 들면, '누가 미국의 최고의 대통령인가?' 혹은 '지구온난화는 지구의 삶에 어떤 영향을 미치는가?').

우리는 앞서 다섯 가지 일반적인 형태의 프로젝트를 알아보았다. 탐구질문은 프로젝트 유형에 따라 약간씩 달라질 수 있지만 세 가지 기준(학생 참여, 열린 정답, 학습 목표와의 일치)은 반드시 만족해야 한다.

탐구질문에 관한 예시들을 좀 더 살펴보자. 다음의 예시 중에는 프로젝트의 포인트를 명료하게 보여주는 질문도 있지만, 그렇지 않은 경우도 있다. 명확하지 않은 탐구질문에 대해서는 설명을 추가했다.

실생활의 문제를 해결하는 탐구질문

- 사업가로서 투자자를 유치하는 사업 계획을 어떻게 마련할 것인가?
- 축구장에 살고 있는 땅 다람쥐를 어떻게 할 것인가?
- 우리 지역에 좀 더 효율적인 스쿨버스 제도를 마련할 수 있을까?
- 런던 투자 그룹의 자문위원으로서 성공적인 신대륙 정착을 위해 어떤 계획을 세울까?
- 기후변화에 대한 통계 데이터가 타당한지 어떻게 결정할 수 있을까?

- 스포츠 팀에 더 많은 돈을 투자하면 더 많은 경기에서 우승할 수 있을까?[14]

디자인 챌린지 탐구질문

- 백혈병과 싸우기 위한 기금은 어떻게 마련할까?
- 우리 학교 정원에는 무엇을 심어야 할까?
- 우리 지역의 모든 학교가 참여하는 올림픽 경기를 어떻게 열 수 있을까?
- 우리 도시에 적절한 베트남 전쟁 기념비를 어떻게 디자인할까?
- 우리 지역의 유적지 도보 여행을 어떻게 기획하고 실행할까?
- 어떻게 하면 성공적으로 시 낭송회를 개최할 수 있을까?
- 우리 학교 스포츠 팀과 지역의 노숙인을 위한 성공적인 세탁 사업을 어떻게 시작할까?
- 우리가 좋아하는 책을 다른 사람들이 함께 읽을 수 있도록 장려하는 웹 사이트를 어떻게 만들까?

추상적인 탐구질문

- 건강한 식습관이란 무엇일까?
    - 학생들은 지역 사회의 영양에 관한 인식을 제고하는 캠페인을 계획하고 실행한다.
- 과학적인 주장을 믿도록 하기 위해 필요한 증거는 무엇일까?
    - 학생들은 제품에 대한 소비자들의 요구나 주장을 평가하고, '소

비자 가이드'라는 웹 사이트를 개설한다.

- 누가 영웅인가?
    - 학생들은 자신들의 삶에서 영웅이라는 기준을 충족하는 중요한 사람들에 관한 이야기를 책으로 만든다.
- 왜 사람들은 이사를 가는 걸까?
    - 학생들은 이야기를 읽고 국가와 지역에 관한 데이터를 비교한 후, 그들이 살고 있는 지역의 예시와 함께 탐구질문에 답할 수 있는 영상을 제작한다.

연구 조사가 필요한 탐구질문

- 우리가 마시는 물은 안전한가?
    - 학생들은 질문에 대한 결과를 지역 사회에 발표하기 위해 실험을 수행하고 현장 연구와 전문가 인터뷰를 실시한다.
- 조류는 공룡으로부터 진화했나?
    - 학생들은 패널 토론과 보고서를 통해 증거들을 저울질하며 과학자 그룹처럼 행동해 본다.
- 우리 지역 역사에 가장 큰 영향을 끼친 사건과 개발은 무엇인가?
    - 학생들은 지역의 역사 자료를 찾아보고 지역 주민들을 인터뷰해 디지털 스크랩북을 제작한다.
- 과거에는 어린이의 삶이 어떠했나?
    - 학생들은 역사학자들이 오늘날부터 고대 문명에 이르기까지 일상생활에 관해 알기 위해서 사용했던 증거 자료들을 연구한 후 멀

티미디어 전시물을 만들어 박물관 전시를 한다.

쟁점에 대한 입장을 요구하는 탐구질문

- 유전자 조작 식품은 해로운가, 이로운가?
  - 학생들은 양쪽의 입장을 평가한 후 토론회를 열어 지역 전문가와 지역 주민을 청중으로 초대한다.
- 거미를 죽여야 할까?
  - 학생들은 거미의 잠재적인 위험 요소와 이점들을 연구하고 그 질문에 대한 해답을 설명할 영상을 제작한다.
- 검열이 필요한 책도 있는가?
  - 학생들은 과거에 검열을 받은 다양한 책들을 읽고 검열법과 법원의 결정들에 관해 학습한 후, 전국 교육위원협회(National School Board Association)에 그들의 의견을 개진하기 위해 편지를 쓴다.
- 카슈미르는 합법적으로 인도령인가 파키스탄령인가?
  - 학생들은 국제사법재판소에서 모의재판을 실시한다.

TIP

한 개의 프로젝트에 들어 있는 다양한 탐구질문들

일반적으로 길고 복잡한 프로젝트는 한 개 이상의 탐구질문을 가지고 있거나 적어도 몇 개의 하위 질문들을 가지고 있습니다. 복잡한 과학 프로젝트를 한번 상상해 볼까요. '왜 멸종이 일어나고 있으며 그 결과는 무엇일까?'는 굉장히 거대한 탐구질문입니다. 이런 질문을 다루려면 학생들이 보다 구체적인 하위질문에 집중하게 해야 합니다. '페름 - 트리아스기의 멸종의 원인은 무엇인가? 무엇이 공룡을 멸종시켰나? 왜 멸종은 새로운 종이 탄생할 수 있는 여지를 만들었나? 과거 대규모 멸종과 비교하여 지금은 어떤 일이 일어나고 있나?'와 같은 하위 질문에 학생들은 더욱 끌릴 것입니다.

탐구질문을 처음 작성을 할 때는 중요한 것을 놓치기 쉽다. 어떤 탐구질문들이 그러한 오류를 범하는지 알아보고 탐구질문의 세 가지의 핵심 기준을 충족시키도록 수정해 보자.

수정 전 탐구질문 : 우리 도시에는 어떤 나무들이 자라는가?
수정 후 탐구질문 : 우리 도시에 어떤 나무들이 자라는지 사람들에게 어떻게 알릴 수 있을까?

첫 번째 탐구질문은 한 가지의 정답만을 답할 수 있다. 그리고 그 정답은 인터넷 검색을 통해 쉽게 찾을 수도 있다. 반면에 수정된 탐구질문의 정답은 열려 있다. 도감 만들기, 구글 지도 여행, 팟캐스트, 라이브 도보 여행 등 사람들에게 알릴 수 있는 다양한 방법들이 존재한다. 가령 학생들이 시청이나 정부기관으로부터 실제 사용할 도감을 만들도록 요청을 받는 것처럼 실제적인 목적을 위해 결과물을 제작한다면 실제 활용에 대한 내용도 질문에 포함되어야 한다.

수정 전 탐구질문 : 건강한 음식이란 무엇인가?
수정 후 탐구질문 : 어떤 음식을 먹는지가 중요할까?

두 질문에 답하기 위해 학습해야 하는 내용은 거의 동일할 것이다. 하지만 두 번째 질문은 좀 더 열려 있으며, 비판적 사고를 기를 수 있는 요소를 가지고 있다. 왜냐하면 두 번째 질문은 학생들에게 증거를 가지고 어떤 입장을 취할 것을 요구하기 때문이다. 특히 두 번째 탐구질문은 초등학생들에게 보다 흥미롭게 들릴 수 있다.

수정 전 탐구질문 : 우리 마을의 건물 중 과거의 중요한 역사를 보여주기 때문에 유적지로 보호받아야 하는 건물은 어떤 것인가?
수정 후 탐구질문 : 우리 마을은 오래된 건축물들을 보호해야 하는가?

비록 첫 번째 탐구질문은 열려 있고 지역에 초점을 맞추고 있지만 질문이 마치 여러 가지 조건, 개념과 더불어 이유를 한데 모으길 원하는 선생님처럼 들린다. 하지만 두 번째 질문은 보다 간결하고 간단한 어휘로 구성됐다는 점에서 학생들에게 매력적으로 다가갈 수 있다. 또한 학생들은 과거의 조각들을 보호하는 것이 왜 중요한지 스스로 이해할 수 있게 된다.

수정 전 탐구질문 : 농구 기록 통계를 계산할 때 수학이 어떻게 쓰이는가?

수정 후 탐구질문 : 코비 브라이언트와 르브론 제임스 중 누가 훨씬 뛰어난 선수인가?

첫 번째 탐구질문은 마치 수학책의 특별 부록처럼 느껴진다. 반면 두 번째 탐구질문은 열린 정답을 가지고 있으며 학생들의 흥미를 유발하기 때문에 훨씬 더 매력적이다. 이 질문에 답하기 위해 학생들은 농구 통계에서 수학이 어떻게 사용되는지에 관해 많이 배워야 할 것이다. 또 두 선수 중에 누가 더 잘하는지 판단을 내리기 위해 특정 기준을 사용하여 증거들을 평가해야 한다. 이를 통해 학생들에게 비판적 사고력을 길러줄 수 있다(Bailin, Case, Coombs, & Daniels, 1999).

수정 전 탐구질문 : 빛의 회절과 전파에 관한 지식이 저압력 증기나트륨 가로등과 고압력 증기나트륨 가로등의 최적의 사용을 결정하는 데 어떤 도움을 주는가?

수정 후 탐구질문 : 도시의 한 블록에서 최적의 조명 계획은 어떻게 세울 수 있을까?

첫 번째 탐구질문은 교과 내용과 관련된 어려운 용어를 너무 많이 포함하고 있다. 두 번째 탐구질문은 학생들이 이해하기 쉬우며 주어진 내용을 구체적으로 진술하진 않지만 같은 학습 목표를 나타낸다. 보너스로 두 번째 질문은 지역에서 행동을 취할 수 있는 실제적인 도전에 초점을 두고 있다는 점에서 매력적인 질문이다. 이 질문에 '최적'이라는 단어를 추가하는 것은 비판적 사고에 대한 필요성을 강조하기 위함이다. 따라서 학생들은 판단 기준을 확립해야 한다.

프로젝트 설계 마무리, 잠시 멈추고 성찰하기

프로젝트를 구성하는 기본적인 틀(학습 목표 수립하기, 학습 결과물 선정하기, 학습 결과물 전시 방법 결정하기, 탐구질문 작성하기)을 설계했다면 이제는 성찰과 수정의 단계로 돌아가야 한다.

자신이 설계한 프로젝트를 GSPBL의 관점에서 생각해 보자. GSPBL의 특징들을 잘 반영하고 있는가? 수정하고 싶은 부분은 없는가?

이번에는 학생들의 관점에서 프로젝트를 생각해 보자. 학생들이 이 프로젝트에 잘 참여해 줄까? 학생들은 이 프로젝트를 부담스러워하지 않고 충분히 도전할 만하다고 느낄까?

마지막으로 동료 교사와 학교 관리자의 관점에서 검토해 보자.

프로젝트의 내용은 이만큼의 시간을 투자할 만큼 충분히 중요한가? 프로젝트 아이디어, 학습 목표, 결과물, 탐구질문 등은 서로 잘 어우러지는가? 주어진 상황과 제약을 고려했을 때 프로젝트는 적절하며 실행가능한가?

자신이 설계한 프로젝트를 성찰하는 최선의 방법은 다른 이의 피드백을 받는 것이다. 프로젝트를 준비하는 동안에 동료로부터 비공식적인 피드백을 받을 수도 있고, 동료들과 팀을 구성해 '비평 친구(Critical Friends, 조건 없는 지원과 비평을 해줄 수 있는 신뢰할 수 있는 동료로서, 도발적인 질문, 문제를 다른 시각에서 다룬 자료, 결과물에 대한 건설적 비판 등을 제공해 활동이나 결과물의 수준을 향상시키는 데 도움을 주는 관계를 말한다. - 역자 주)' 등 구조화된 피드백 과정에 참여할 수도 있다[15]. 혹은 과거에 함께 프로젝트를 진행했던 학생들 중에 충분한 경험이 있으며 안내를 제공할 만큼 성숙한 학생들이 있다면 그 학생들에게 피드백을 맡길 수도 있다.

PBL 수업 엿보기 07

시스템 고민하기

- **프로젝트 유형** _ 실생활 문제해결
- **탐구질문** _ 우리 학교 폐기물 관리 시스템은 어떠하며, 이를 어떻게 개선할 수 있을까?
- **대상 학년 및 관련 교과** _ 초등 고학년 · 중학생 / 환경 · 과학

● 네이선 멀허른Nathan Mulhearn은 호주 크레스트미드에 위치한 세인트 프랜시스 학교에서 근무하는 교사다. 5년차 교사인 그는 자신이 가르치는 학생들이 스스로 미래를 위한 변화의 주역이 될 수 있다는 사실을 깨닫게 해주고 싶었다.

멀허른은 아이들이 스스로 혁신 전략을 세우고 이를 실생활 문제에 적용할 수 있는 기회를 제공하기 위해 프로젝트를 계획했다. 그 결과 오래된 교내 폐기물 관리 시스템을 개선해 보는 〈시스템 고민하기〉를 기획했다.

먼저 도입활동으로 학생들은 교정을 관찰하는 시간을 가졌다. 일부 학생들이 쓰레기를 발견했고 이는 자연스레 쓰레기통의 위치에 대한 토의로 이어졌다. 멀허른은 학생들에게 '폐기물 관리 시스템'

이라는 문구를 소개했다. 학생들은 호기심을 보였고 그렇게 탐구가 시작됐다.

학생들은 '우리 학교 폐기물 관리 시스템은 어떠하며, 이를 어떻게 개선할 수 있을까?'라는 탐구질문을 택했다. 멀허른이 보기에 이 질문은 몇 가지 조건을 충족시켰다. 일단 이 질문은 과학과 지리 교과의 성취기준을 포함한다. 혁신, 창의성 같은 21세기 역량도 통합되어 있었다. 또 실제로 학교가 폐기물 관리 시스템을 개선하기 위해 노력하고 있었기 때문에 실제적 목표와 청중도 확보할 수 있었다.

학생들은 모둠별로 교내 폐기물 관리 시스템을 조사하기 시작했다. 매일 매립지로 보내는 쓰레기 양에 관한 데이터를 수집하는 한편, 국제적인 쓰레기 문제에 관해서도 조사했다. 이후 연구를 확장시켜 고형 폐기물을 줄일 수 있는 지속 가능 전략에 대해서 공부했고, 그 과정에서 스카이프 화상 전화를 통해 미국의 지속가능성 전문가와 통화하는 시간도 가졌다.

관련 지식을 충분히 배운 학생들은 아이디어 구상 단계로 나아갔다. 멀허른과 그의 동료 교사인 벨린다 츄피텔리Belinda Ciuffetelli는 곁에서 학생들이 비판적이고 창의적으로 사고할 수 있도록 독려했다. 학생들이 아이디어를 테스트하고 개선하는 과정을 반복할 수 있도록 두 교사는 곁에서 응원했다. 교사들은 아이폰과 같은 상업적 성공을 거둔 제품 또한 여러 버전을 거쳐 왔음을 상기시키며, 학생들에게 "그 사람들도 처음부터 완벽하게 해내지는 못했단다." 하고 말해 주었다.

두 교사는 구글 독스(Google Docs) 등의 도구를 유용하게 활용했다. 구글 독스를 통해 두 학급 56명의 학생들이 체계적으로 프로젝트를 진행할 수 있었고, 프로젝트 과정에서 느낀 소감을 저장해 둘 수 있었다. 학생들이 한창 프로젝트에 열심히 매달려 있을 때에는 두 교실 사이에 있는 이동식 벽을 개방해 협력을 돕기도 했다.

학생들은 두 번에 걸쳐 해결책을 제안하는 자리를 가졌다. 처음에는 친구와 교사들 앞에서, 그다음에는 학부모와 학교 관리자를 청중으로 두고 프레젠테이션을 했다. 프레젠테이션 과정 속에서 학생들은 다양한 질문에 대답해 볼 수 있었다. 학생들은 청중에게 어떻게 해서 현재의 아이디어에 이르게 됐는지 설명했고, 이 구체적인 제안이 어떤 모습으로 실행될 수 있을지, 자신들이 내놓은 해결책을 실행하는 데 드는 비용은 어느 정도인지 등에 대해 설명했다.

멀허른은 이 프로젝트가 학생들에게 의미가 있었으며, 교육적인 목표도 달성했다고 자평한다. 프로젝트의 결과, 학생들이 스스로 실제적인 문제를 다루고 있다는 사실을 알게 된 것도 물론이다. 한편, 학부모회는 교내에 새 폐기물 관리 시스템을 위한 재정 지원을 약속했다.

●●● 프로젝트 응용해 보기

학교에서 시설과 관련된 계획이 있는지 잘 살펴보며 앞으로 있을 공사가 지닌 학습적인 측면의 잠재력을 활용하도록 하자. 예를 들어, 학교가 난방 시스템 개선을 계획하고 있다면 학생들에게 태양전지판 등 기타 대체 에너지 자원의 잠재력을 조사하게 할 수 있다.

많은 비용을 들여야만 괜찮은 프로젝트를 할 수 있는 건 아니다. 기하학 시간이라면 접촉 사고 가능성을 최소화할 수 있도록 주차장의 주차선을 그을 수 있는 방법은 무엇인지 알아보는 활동을 할 수도 있다. 초등학생들의 경우 글과 그림을 통해 공사를 하는 동안 일어난 변화를 기록하게 할 수도 있다.

PBL 수업 엿보기 08

수학자의 집 리모델링

- **프로젝트 유형** _ 디자인 챌린지
- **탐구질문** _ 수학자로서 어떻게 주택 리모델링에 필요한 재료를 계산할 수 있을까?
- **대상 학년 및 관련 교과** _ 중학생 / 수학(기하학)

● 로진 보렐로Rosine Borello와 제니퍼 리Jennifer Lee는 캘리포니아 산호세의 불도그 과학 중학교에서 수학을 함께 가르치고 있다. 두 교사가 가르치는 내용은 CCSS에 의해 결정된다. 실제로 최근 두 사람이 가르치는 수업은 '공통핵심수학'으로 이름이 바뀌었다. 하지만 두 교사는 실생활 문제를 염두에 둔 프로젝트를 설계하는 융통성을 발휘하고 있다.

두 교사의 수업을 듣는 학생들은 수학 수업이 사람 수에 맞추어 레시피를 바꿔보거나 예산을 조정하는 것처럼 실생활과 관련되어 있다고 생각한다. 보렐로는 "우리는 아이들이 '이걸 왜 배워야 하나요?'라고 묻게 만들지 않습니다. 우리는 가르치는 모든 것을 진로와 생활에 필요한 역량, 각자의 삶에서 해결하게 될 문제들과 연계시

킵니다. 아이들이 마치 건축가나 엔지니어, 요리사가 된 것처럼 수학을 논하는 것을 보게 됩니다. 정말 신나는 일이죠." 하고 말했다.

주택 리모델링 역시 수학이란 렌즈를 통해 현실의 문제에 접근하는 일이다. 두 교사는 〈하우스 헌터스(House Hunters)〉라는 TV 시리즈에 출연한 친구에게서 영감을 얻어 주택 리모델링에 드는 비용을 계산하는 프로젝트를 설계했다. 구글에서 일하는 한 친구는 최종 학생 프레젠테이션에 일반인 청중을 동원해 주었으며, 테크놀로지 측면에서도 여러 도움을 주었다.

프로젝트에 참여한 학생들은 모둠별로 청사진을 마련하고 몇 가지 계산 활동에 나섰다. 학생들은 입찰에 참여한 하청업자가 되어 각자 다른 역할을 맡았다. 예를 들어 집 전체의 벽 하단에 널빤지를 설치하는 역할을 맡은 학생들은 모든 방의 가장자리 둘레를 측정해야 했다. 부엌 리모델링을 책임진 학생들은 설치할 캐비닛의 부피가 어느 정도 되는지 측정했다. 도장공 역할을 맡은 학생들은 창문 면적을 감안하여 내벽과 외벽의 면적을 정확히 계산해야 했다. 두 교사는 주택 리모델링 과정을 통해 도형의 둘레, 면적, 부피를 모두 가르쳤다. 하청업자들은 각자 독자적인 입찰을 준비한 뒤 정해진 한도 내에서 프로젝트 예산을 적어 냈다. 이 프로젝트는 몇 주에 걸쳐 진행됐으며, 최종 활동으로 프레젠테이션이 진행되었다.

두 교사는 보통은 완전한 형태의 PBL과 단기 과제를 번갈아가며 진행한다. 단기 과제의 경우 며칠 내로 끝나기도 하며 청중을 대상으로 한 공개적 프레젠테이션 시간을 갖지 않는다. 이러한 과제의 예로 '선생님들의 자동차 연비 비교해 보기' '사람 수에 맞게 조리법을 변형해 보기' 등이 있었다.

학습의 범위와 상관없이 일상적인 학습 경험은 일관된 편이다. 두 교사는 단기 과제를 활용하며 교육과정을 이끌어나간다. 장기 프로젝트의 경우 이런 문제들이 하나의 탐구질문으로 수렴된다. 서로 연관된 여러 개의 작은 질문들을 통해 장기 프로젝트를 구성하는 것이다.

두 교사는 댄 마이어Dan Meyer(http://blog.mrmeyer.com/)나 제프 크롤Geoff Krall(https://emergentmath.com/) 같은 유명 블로거의 아이디어를 참고하며 프로젝트를 설계한다. 또 같은 학교 국어 교사들과 긴밀하게 협력하며 프로젝트 과정 중 필요한 쓰기 과제를 지도하는 부분에서 도움을 받고 있다.

볼레로는 "우리는 협력을 통해, 할 수 있다면 외부 전문가의 도움도 받으며 프로젝트를 가능한 한 풍성하게 만들고 싶습니다. 수학 수업을 PBL 중심으로 재구성하는 일은 시간이 걸리는 작업입니다. 하지만 학생들이 신나게 수학 공부를 하는 모습을 보면 거기에 드는 노력 하나하나가 모두 보상받는 기분입니다."라고 말한다.

●●● 프로젝트 응용해 보기

특정 지역의 부동산 가격을 분석하고, 리모델링의 목적을 집의 가치를 가장 많이 올릴 수 있는 방향으로 잡으면 고등학생을 위한 프로젝트로 변형시킬 수 있다. 리모델링 과제에 에너지 효율을 필수 조건으로 추가한다든지, 투자가 성과를 올리려면 기간이 얼마나 걸리는지 계산해 볼 수도 있다. 테크놀로지와 결합하여 리모델링 제안서의 3D 모형을 만들어보게 하는 방법도 있다. 혹은 범위를 넓혀 특정 제약 조건에 맞게 동네 전체를 재구성해 볼 수도 있다.

PBL 수업 엿보기 09

지구촌 행복과 지역 봉사

- **프로젝트 유형**_ 추상적인 질문 탐구 & 조사 연구 & 디자인 챌린지
- **탐구질문**_ 어떻게 하면 다양한 자료, 학생들의 창의성, 지역 사회를 통해 세상을 더 행복하게 만들 수 있을까? / 살면서 매 순간마다 자기 삶을 제대로 깨닫는 사람이 있을까?
- **대상 학년 및 관련 교과**_ 고등학생 / 국어 · 디지털 미디어 · 사회

● 국어 교사 발러리 후버Valerie Hoover는 미국의 고전 희곡 작품인《우리 읍내(Our Town)》와 학생들의 고향 마을인 인디애나주 로체스터 지역의 봉사 활동을 서로 연계할 방법을 고심했다. 후버는 뉴텍 네트워크가 설계한 〈지구촌 행복〉에서 힌트를 얻었다. 이 프로젝트는 통계학, 글로벌 의식, 창의적 문제해결 등을 특징으로 한다. 후버는 이 프로젝트를 발판 삼아 문학과 디지털 미디어, 지역 봉사 활동을 아우르는 프로젝트 〈지구촌 행복과 지역 봉사〉로 재구성했다.

후버는 디지털 미디어 과목을 가르치는 레이첼 하셀비Rachel Haselby와 함께 프로젝트를 설계했다. 두 교사는 로체스터 고등학교에서 디지콤(DigiCom)으로 잘 알려진 디지털 커뮤니케이션 코스를

함께 가르쳐왔다.

프로젝트의 기반이 된 〈지구촌 행복〉은 2013~2014년에 걸쳐 실시됐다. 전 세계 200여 학급이 이 프로젝트에 참여해 다음의 탐구질문에 대한 답을 찾았다. '어떻게 하면 다양한 자료, 학생들의 창의성, 지역 사회를 통해 세상을 더 행복하게 만들 수 있을까?'

이 프로젝트는 다소 느슨하게 구성됐다. 프로젝트가 공통적으로 제공한 것은 '행복'을 주제로 한 설문 조사뿐이었다. 각각의 학급에서 구체적인 학습 목표를 달성하고, 학생들의 흥미와 수업을 연결시키는 것은 교사 개개인의 몫으로 남겨졌다.

후버는 우선 〈지구촌 행복〉에서 공통으로 제공한 설문 조사에 학생들을 참여시켰다. 설문 조사는 봄 방학 바로 직전에 진행됐다. 봄 방학이 끝나고 학교에 돌아온 학생들은 전 세계에서 이뤄진 설문 조사 결과를 바탕으로 프로젝트에 돌입했다. 설문 결과는 자료 분석을 제공하는 투바 랩스(Tuva Labs)라는 온라인 플랫폼에 저장돼 있었다. 학생들은 플랫폼을 통해 지리, 연령 등 여러 요인에 기반한 통계 자료들을 살펴보았다. 또 자신들이 속한 지역에 관한 자료만 따로 살펴보기도 했다. 학생들은 행복에 관한 사람들의 응답에 대해 토의하고 글을 썼고, 자연스럽게 행복에 관한 주제를 가정으로 가져가기도 했다.

후버는 지역 사회와의 연계 요소를 포함시켜 프로젝트를 확장했다. 〈지구촌 행복과 지역 봉사〉란 이름의 프로젝트는 다음의 세 단계로 구성됐다.

- 행복에 대해 정의하기
- 지역 사회와 연결하기
- 지역 사회에 환원하기

행복에 대해 정의하기

설문 조사를 통해 학생들은 자연스럽게 행복을 정의하는 활동에 들어갔다. 학생들은 행복을 과학적으로 탐구해 보는 다큐멘터리 〈행복(Happy)〉을 시청했다. 그리고 《우리 읍내》를 함께 읽어 보며 희곡을 쓴 작가 쏜톤 와일더Thornton Wilder가 말하는 행복에 대해 분석했다.

학생들은 설문 조사에 관한 연구와 문학 작품에 대한 공부를 바탕으로 행복에 관한 세 가지 요소에 초점을 맞추기로 했다. 세 가지는 '지금 이 순간의 삶에 집중하기' '지역 사회와 연계하기' '지역 사회에 환원하기'였다. 학생들은 탐구질문을 만들면서 《우리 읍내》의 등장 인물인 에밀리의 대사를 인용했다. 극의 3막에서 에밀리는 이렇게 질문한다. "살면서 자기 삶을 제대로 깨닫는 인간이 있을까요? 매 순간마다."

지역 사회와 연계하기

《우리 읍내》속 배경 마을인 그로버즈 코너즈처럼 로체스터도 작은 마을이다. 학생들은 지역과 연계하려면 자신들이 살고 있는 지역 사회에 대해 좀 더 많이 알아야 할 필요가 있다는 것을 깨달았다. 대부분의 학생들이 이곳에서 나고 자랐지만 마을의 역사에 대해서는 잘 모르고 있었다.

학생들은 지역의 역사 중에서 관심이 가는 장소, 사람, 에피소드를 선택한 후 그에 관한 짧은 소설을 썼다. 글쓰기 과정에서 쓰기 능력 향상을 위해 작가 워크숍 과정을 거치기도 했다. 학생들은 일반 대중을 독자로 설정하고 글을 썼기 때문에 자연스레 자신의 글이 더 완벽해지기를 바랐다. 학생들은 열심히 다듬은 글을 사진과 함께 학급 홈페이지에 게시했다. 그리고 각각의 글에 QR코드를 부여했다. 그런 후, 학생들은 자신들이 택한 글감과 관련된 장소에 편지를 보냈다. 편지 속에는 프로젝트에 대한 설명과 함께, 자신들이 만든 QR코드를 사람들이 쉽게 보고 스캔할 수 있는 장소에 부착해 달라는 요청을 담았다. 후버는 "사람들은 이 마을을 여행할 때마다 QR코드를 스캔하면서 이곳이 원래 어떤 장소였는지 알게 될 것입니다."라고 기대를 나타냈다.

프로젝트에 참여한 학생들은 총 60여 편의 글을 썼다. 사자가 새겨진 돌이 있는 역사적인 법원에서부터 잊혀진 묘지, 서커스 공연이 열렸던 마을 속 장소 등 지역의 소중한 역사가 글 속에 담겼다.

지역 사회에 환원하기

후버는 프로젝트를 확장할 수 있는 방향으로 마지막 활동을 정했다. 학생들을 지역 봉사에 나서게 한 것이다. 후버는 "지금까지 이렇게까지 열린 결과를 가진 프로젝트를 해본 적이 없어요. 학생들에게 어떤 제약이나 한계도 두지 않았습니다. 심지어 모둠 활동에 참여할 인원도 학생들이 결정하게 했습니다. 왜냐하면 학생들이 어떤 봉사 활동을 할지 선택하고 나면, 그 활동을 위해 몇 명의 인원이 필요한지 스스로 이해할 필요가 있으니까요."라고 말했다.

학생들은 교사의 예상을 훨씬 뛰어넘는 훌륭한 아이디어들을 생각해 냈다. 6명으로 이뤄진 한 모둠은 마을 박람회 장소에 있는 마굿간을 페인트칠하기로 했다. 또 다른 두 명의 학생은 모둠을 이뤄 공원을 청소했고, 지역의 한 초등학교에서 '학교 폭력을 어떻게 예방할 수 있을까?'란 주제로 프레젠테이션을 한 모둠도 있었다. TED 강연(https://goo.gl/OVJnWG)에서 영감을 얻은 한 모둠은 '내가 죽기 전에 하고 싶은 것은'이라는 이름의 게시판을 만들었다. 게시판의 목적은 마을 주민들이 지역을 위한 자신의 희망사항을 알리는 데 있었다. 게시판은 학교 축구장처럼 사람들이 많이 모이는 장소에 설치됐다. 한편, 후버는 학생들이 봉사 활동을 위한 노력과 정성을 성찰할 수 있도록 사진 일기를 만들게 했다.

이 프로젝트는 상당히 야심찬 활동들을 담고 있지만 실제 교실에서 소요된 시간은 약 3주 정도였다. 지역 봉사 활동 등은 정규 수업 이외의 시간에 이루어졌다.

후버는 벌써 몇 해째 PBL방식으로 수업을 진행하고 있다. 하지만 이제서야 PBL을 통해 학습 목표를 달성하는 일이 조금은 편해졌다고 말한다. 후버에게도 처음 PBL을 시작하는 일은 쉽지 않았다. 그녀가 PBL 수업을 진행하면서 깨달은 점은 바로 PBL 수업을 한다고 해서 이전에 했던 모든 것을 바꿀 필요는 없다는 사실이다. 한 예로 프로젝트를 진행하는 과정에서도 후버는 학생들이 《우리 읍내》를 제대로 읽고 이해했는지 질문했고, 시험을 보기도 했다. 후버는 "PBL 수업을 하면서도 교사의 판단에 따라 얼마든지 기존의 수업 요소를 사용할 수 있습니다"라고 말한다.

후버는 국어 수업을 PBL로 진행하는 것에 장점이 있다고 설명한다. "학생들은 단지 질문에 답하는 것이 아니라 문학적으로 깊이 있는 이해를 얻을 수 있습니다. 학생들은 해당 문학 작품을 살펴보는 것이 프로젝트와 직접적으로 연관되어 있다는 사실을 알고 있습니다. 그렇기 때문에 다른 수업과 비교했을 때 더 적극적으로 문학 작품을 이해하려는 모습을 보여주었습니다."

한편, 〈지구촌 행복〉에 함께 참여한 전 세계의 학생들은 모두 같은 날에 프로젝트를 통한 성찰과 통찰이 담긴 글을 트위터에 올렸다. 그 덕분에 학생들은 자신이 관심을 둔 주제와 관련된 전 세계 학생들의 생각을 탐구해 볼 수 있었다.

●●● 프로젝트 응용해 보기

수학 교사와 협업하며 학생들에게 자료 수집과 통계 분석에 대해 배우는 기회를 제공할 수도 있다. 저학년 학생들과 함께 행복이라는 주제를 탐구하고 싶다면 다른 적절한 문학 작품을 선정하면 된다.

PART 4

프로젝트 운영하기

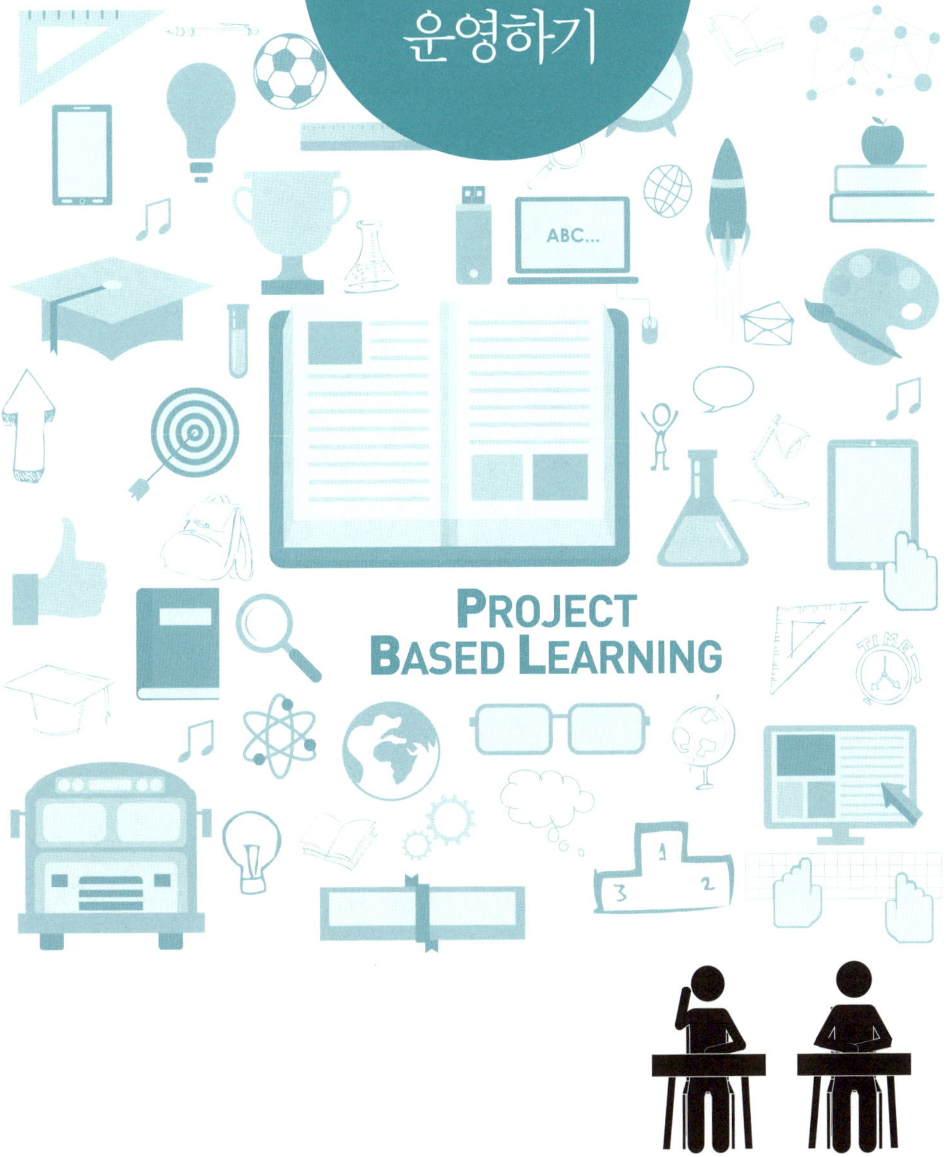
PROJECT
BASED LEARNING
ABC...

● 이번 장에서는 프로젝트를 시작하기 전 고려할 사항과 프로젝트 운영 방법을 살펴보고자 한다. 또 테크놀로지를 활용할 때의 유의 사항도 전할 것이다.

프로젝트 설계가 끝난 후 맞이하게 되는 더 힘든 난관은 학생에 맞게 프로젝트를 조정하는 일이다. 여기에는 여러 세부 실행 계획이 필요하다. 책에서는 그럴 듯해 보이는 것들이 실제 교실에서는 완벽하게 구현되지 않을 수도 있다. 아니, '구현되지 않을 것이다'라고 표현하는 게 더 맞을 것이다. 따라서 교사에게는 융통성이 요구된다. 완벽하게 똑같은 방식으로 시작되는 프로젝트는 없다. 프로젝트 운영을 두고 모든 상황에 통용되는 보편적인 조언을 해줄 수 없는 이유다. 학생의 참여 정도와 방향, 의사와 선택권에 따라 프로젝트는 얼마든지 달라질 수 있으므로 이 책에서 제시되는 내용은 일반적이고 포괄적인 것에 불과하다는 사실을 기억하자.

PBL 경험이 많은 교사와 학생들에게는 '교사가 지원하는' 유형의 프로젝트가 일반적이다. 이 경우 학생들은 독자적인 활동을 많이 하게 되며, 의사와 선택권도 훨씬 더 많이 보장받는다. 그러나 우리가 PART4에서 다루게 될 프로젝트는 '교사가 지원하는 프로젝트'가 아니라 '교사가 이끄는 프로젝트'다. 따라서 교사의 역할이 더 강조된다.

마지막으로 PART4에서 제시하는 조언의 상당 부분이 초등 고학년과 중·고등학교 교사에게 맞춰져 있다는 점을 알린다. 독자적인 활동이 어려운 어린 학생들과 프로젝트를 진행할 경우라면 교사의 적절한 조율이 더 필요할 것이다.

학생들의 준비 상태 점검하기

● 교사 대다수가 PBL을 실천하고 프로젝트 설계와 지도가 안정적으로 이뤄지고 있는 학교라면 별도의 학생 준비 단계 없이 바로 프로젝트를 시작할 수 있다. 이런 환경에 있는 학생들은 이미 효과적인 모둠 활동 방법을 알고 있으며 열린 정답을 가진 질문이나 과제에도 익숙하기 때문이다. 또한 정보 수집과 활용, 시간 및 과제 관리, 전문가와 의논하는 법, PBL 학습 문화를 수용하는 법 등에 대해서도 잘 알고 있을 것이다. 그러나 학생들이 PBL을 처음 접하는 경우나 학생들이 어떤 프로젝트 경험을 갖고 있는지 알기 어려운 경우에는 이야기가 달라진다. 교사는 먼저 학생들에 대한 정보를 수집하고, 프로젝트 시작을 위한 준비에 시간을 할애해야 한다.

학생들이 프로젝트를 경험한 적이 있다면 일단 그 프로젝트가 어 떠했는지 이야기를 나눠보자. 어떤 프로젝트를 했으며, 좋았던 점 과 어려웠던 점은 무엇이었는지 물어봐야 한다. 자신의 의사를 충 분히 표현할 수 있는 나이의 학생들이라면 설문 조사를 활용해 학 생들이 올해 어떤 역량과 사고 습관을 배우고 싶은지 깊이 생각해 보도록 유도할 수도 있다. 아울러 학생들에게 익숙한 테크놀로지가 무엇인지, 학생들이 지닌 특별한 재능이 무엇인지도 알아보자. 학 생들의 성향이 예술가형에 가까운지, 아니면 리더형에 가까운지 등 을 파악하고, 그 밖에 프로젝트 수행에 도움이 될 만한 강점을 파악 해 보자.

학생 대다수가 PBL을 처음 접하거나 경험이 있더라도 GSPBL과 거리가 먼 프로젝트를 해본 것이 전부라면 다음의 두 가지 접근법 을 활용할 수 있다. 첫 번째는 PBL 역량을 기를 수 있도록 비교적 단순한 프로젝트를 시작하는 것이다. 두 번째 방법은 보다 안전한 방법으로, 본격적인 프로젝트를 시작하기 전 역량을 개발하고 문화 를 조성하는 수업을 진행하는 것이다. 이 수업은 며칠 혹은 몇 주에 걸쳐 진행될 수 있다.

그렇다면 학생들의 준비 상태를 어떻게 파악할 수 있을까? 다음 의 질문들을 통해 살펴보기 바란다.

학생들이 모둠 활동을 잘 할 수 있을까?

이 문제는 종종 큰 장애물이 되기도 한다. 특히 학생들이 과거에

'모둠별 과제'에 대한 나쁜 경험을 가지고 있을 경우 그렇다. 모둠 활동을 할 때 흔히 생기는 문제와 이를 어떻게 극복할 수 있을지 등을 주제로 학생들과 함께 솔직한 대화를 나누도록 하자. 필요하다면 모둠 구성과 관련된 가벼운 활동을 해보는 것도 좋다. 모둠을 이루는 것이 어떤 의미인지에 대해 학생들이 토의하게 해보자. 모둠 활동에 대한 준비의 일환으로 적극적인 경청, 의견 공유를 통해 아이디어 발전시키기, 다양한 관점에 대한 존중 등 협력적 토의 역량을 연습하게 하는 것도 좋다. 합의를 바탕으로 의사 결정하는 방법, 복잡한 과제를 완수하기 위한 계획을 세우는 법, 일을 공평하게 분배하는 법 등을 가르쳐 주자. 학생들이 이러한 역량들을 연습할 수 있도록 간단한 활동이나 하루나 이틀 정도면 끝나는 '미니 프로젝트'를 제공하는 것도 좋다.

학생들이 교사 주도의 수업(교사 주도의 과제, 강의, 교과서, 학습지, 정답 찾기 등)**에 익숙한가?**

이 문제는 학생에게 새로운 역량을 가르치는 것보다는 PBL 문화를 조성하는 일에 더 가깝다. 학생들과 함께 PBL의 목적을 공유하며 왜 오늘날의 세계에서 PBL 수업이 의미를 갖는지 이야기해 보자. 과거에 진행했던 프로젝트에 관한 정보를 나누거나, 선배를 초청해 이야기를 듣는 시간을 가져보는 것도 좋다. 혹은 다른 교실의 PBL 수업 모습을 담은 영상물을 보여주며 PBL이 얼마나 즐겁고 교육적인지 소개할 수도 있다. 교사가 직접 성공한 프로젝트 사례를 들려주면서 기존의 학교 수업과 PBL이 어떻게 다른지 토의해 보게 할 수도 있다. 혹 교실 안에 양질의 프로젝트를 경험한 학생이 있을 경우 그 학생의 이야기를 들어보는 것도 좋다.

또한 프로젝트 기반 교수법의 도구 중 하나가 시범인 만큼 열린 정답을 가진 문제에 대해 생각한다는 것이 어떤 의미인지 교사가 직접 시범을 보여야 한다. 교사가 자신만의 답에 도달하는 모습을 학생들에게 보여주는 것이다. 탐구 과정을 이끌어가기 위해서는 어떻게 질문해야 하는지 몇 가지 예를 통해 가르치기 바란다. 또 해결하는 과정에서 어려움을 겪는 것은 당연하며, 선생님이 매 순간 무엇을 할지 알려주지는 않겠지만 필요할 때 항상 함께하며 도움을 주겠다고 학생들에게 말해 주어야 한다. 처음에는 틀릴 수 있으며, 전 단계로 되돌아가서 더 배운 뒤 처음부터 다시 시작하거나 하던 일을 수정해도 괜찮다는 것도 일러두어야 한다.

학생들은 비판적으로 사고하며, 문제를 해결하고, 정보를 찾아내 평가하며, 아이디어를 생각해 내며, 비평을 주고받으며 다른 복잡한 인지적 과업을 해낼 수 있는가?

이런 능력 중 일부는 프로젝트 과정 중의 구체적인 상황 속에서 배우는 것이기도 하지만, 프로젝트 시작 전에 미리 연습해 보는 것도 좋다. 예를 들어, 학생들에게 비판적 사고력을 요하는 활동을 시킨 뒤 이를 발표하게 해 서로가 이해한 바를 공유할 수 있게 하는 것이다[1]. 또 아이디어를 생성하는 과정도 가르치자[2]. 인터넷을 통해 정보를 찾는 법, 자신이 찾은 정보의 수준과 유용성을 판단하는 법도 가르쳐야 한다. 교사가 마련해 둔 비평 절차에 대한 연습도 필요하다[3].

학생들이 프로젝트에 필요한 테크놀로지를 사용할 수 있으며, 전문가에게 연락을 취해 인터뷰할 수 있으며, 프레젠테이션을 준비할 수 있는가?

이 역량들 또한 프로젝트 과정 속에서 가르칠 수 있다. 하지만 그럴 경우 시간이 많이 걸리게 될 것이다. 따라서 사전 연습 시간을 갖는다면 프로젝트를 보다 원활하게 진행할 수 있을 것이다. 특히 프로젝트 과정 중에 테크놀로지 사용법을 배우는 것은 시간을 많이 잡아먹는다. 프로젝트 결과물을 제작하거나 온라인을 통한 협업을 위해 새로 사용해야 할 테크놀로지가 있다면, 프로젝트 시작 전에 따로 시간을 내 미리 배워두는 것이 좋다.

또한 전문가, 멘토 등 학교 밖의 어른들과 접촉해야 한다는 것은 많은 프로젝트가 지닌 특징이기도 하다. 어른을 만나고 소통하는 일은 어린 학생들에게 상당히 큰 부담이 될 수 있다. 따라서 미리 가벼운 활동을 통해 다른 어른들과 소통하는 능력을 길러주어 학생들의 스트레스를 줄여주어야 한다. 여러 사람 앞에 서서 이야기하는 일도 마찬가지다. 교사에게는 매우 자연스러운 이런 일이 학생들에게는 결코 쉽지 않은 일이다. 프레젠테이션을 구성해서 청중을 앞에 두고 잘 발표해 내는 일 또한 연습이 필요하다[4].

프로젝트 준비하기

● 단원마다 수업 계획이 필요하듯이 프로젝트에도 일일 계획이 필요하다. PBL 초보 교사에게도 프로젝트의 시작과 끝이 어떨지 상상해 보는 일은 어렵지 않지만 그 사이의 과정은 모호하기 마련이다. 교사들이 PBL에 대해 흔히 갖고 있는 고정관념이 있는데, 일단 목표만 세워놓으면 그다음엔 뒷짐 지고 학생들이 스스로 하는 것을 지켜보기만 하면 될 것이라는 생각이다. 물론 교사와 학생의 PBL 경험이 많아질수록 학생들의 나이에 맞게 자율성이 더 많이 주어져야 하는 것은 사실이다. 그러나 학생들의 독자적인 활동 시간은 프로젝트의 한 단면에 불과하다(독자적 활동 시간 또한 교사의 관리와 지도 아래 이루어져야 함은 물론이다).

보통 프로젝트 일정표에는 수업, 교사가 제공하는 활동, 현장학습, 다른 어른과의 만남(일부 프로젝트의 경우에 해당), 학생 활동 시간 등이 포함되어 있다. 어떤 날은 거의 학생 활동만으로 채워지기도 한다. 특히 학생들이 결과물을 마무리하고 발표를 준비하는 마지막 단계로 갈수록 그런 경향은 더하다. 반면, 어떤 날은 지식을 쌓고 기능을 익히는 활동에 주력하기도 하는데, 프로젝트 초반에 이런 특성이 두드러진다. 아울러 프로젝트 일정표에는 정기적인 점검 시점이 반드시 포함되어야 한다. 형성평가, 비평 및 개선을 위한 시간도 충분히 할애해야 한다. 프로젝트 일정표를 어떤 세부 사항으로 채울지는 다음에 이어지는 프로젝트 각 단계별 안내에 관한 내용을 참고하기 바란다(프로젝트 일정표 양식 및 예시는 벅 교육협회 홈페이지에서 확인할 수 있다[5]).

프로젝트를 시작하기 전에 거쳐야 할 또 하나의 중요한 단계는 바로 필요한 모든 자원을 마련하는 일이다. 외부의 전문가나 멘토, 기관 등의 협조가 필요한 경우 반드시 충분한 시간을 두고 연락을 취해 상대가 일정을 미리 조율해 놓을 수 있도록 하자. 아울러 장비나 테크놀로지, 학교 및 지역 시설, 외부로 학생을 데리고 나가는 일정 등도 준비해야 한다.

프로젝트 과정 중 상황에 맞게 학생들을 지도하는 것 이외에도 모든 학생들이 성공적으로 프로젝트를 진행할 수 있도록 돕기 위해서는 특별한 비계와 유인물이 필요할 수도 있다. 예를 들어 언어 능력이 부족한 학생들에게는 프로젝트에서 사용하는 용어에 대한 이해를 도울 자료가 필요하다. 읽기 능력이 뒤처진 학생의 경우 조사 활동을 지원할 다양한 문서가 필요할 것이다.

프로젝트 진행 과정 미리 보기

원활한 프로젝트 운영을 위해 교사는 '모든 학생이 핵심 탐구질문에 답하고, 수준 높은 결과물을 만들어낼 수 있도록 어떻게 도움을 줄 것인가'에 대해 미리 계획해야 한다.

다음의 표를 통해 프로젝트의 기본 진행 흐름을 살펴보자. 보통의 프로젝트는 4단계에 걸쳐 탐구 및 결과물 제작의 과정을 가진다.

1단계 : 프로젝트 시작하기

프로젝트는 도입활동으로 시작된다. 도입활동을 통해 학생들은 이것이 여느 과제와는 다른 활동임을 깨닫게 된다. 학생들은 프로젝트에 대해 관심을 갖게 되고, 프로젝트의 주제와 진행 과정에 대한 궁금증을 갖게 된다. 교사가 탐구질문을 제시하면(또는 학생들과 함께 탐구질문을 만들 수도 있다), 학생들에게서 다양한 질문이 생겨나게 된다. 이를 토대로 탐구 과정이 진행된다. 보통 1단계에서 프로젝트의 주요 결과물이 결정되고, 모둠이 구성된다. 기타 운영상의 세부 사항도 이때 논의되며 프로젝트를 위한 기초 준비가 이루어진다.

학생	프로젝트 과정	교사
• 이 프로젝트에서 무엇을 해야 하는가? • 무엇을 알아야 하는가? • 이것이 왜 중요한가? • 내가 공부한 것을 누구와 공유할 것인가?	**1단계** 프로젝트 시작하기, 도입활동 및 탐구질문	• 도입활동을 진행하고 탐구질문을 제시한다. 혹은 학생들과 함께 탐구질문을 구상한다. • '학생질문목록'을 만드는 과정을 지원한다.
• 나에게 필요한 자원은 무엇인가, 내가 활용할 수 있는 자원은 무엇인가? • 내가 찾은 정보를 신뢰할 수 있는가? • 프로젝트 과정에서 나의 역할은 무엇인가?	**2단계** 탐구질문에 답하기 위한 지식, 이해, 역량의 개발	• 학생들이 자원을 평가하고 활용하는 것을 지원한다. • 학생에게 필요한 수업과 비계 및 안내를 제공한다.
• 내가 배운 것을 프로젝트에 어떻게 적용할 것인가? • 새롭게 떠오른 질문은 무엇인가? • 더 필요한 정보가 있는가? • 나의 활동은 제대로 된 방향으로 진행되고 있는가?	**3단계** 결과물을 만들고 비평하기, 탐구질문에 답하기	• 학생들이 배운 것을 프로젝트 과제에 적용할 수 있도록 돕는다. • 새로운 지식과 질문을 만들어낼 수 있도록 추가적인 기회를 제공한다. • 피드백 과정이 원활하게 진행되도록 돕는다.
• 나의 활동 내용 중 어떤 것에 대해 설명할 것인가? • 나의 결과물을 발표하는 최선의 방법은 무엇일까? • 이 프로젝트에서 내가 배운 것은 무엇인가, 다음 프로젝트에서는 무엇을 해야 할까?	**4단계** 결과물을 발표하고 탐구질문에 대한 답을 내놓기	• 학생이 자신의 활동을 평가할 수 있도록 돕는다. • 학습 및 프로젝트 과정에 대한 학생의 성찰을 지원한다.

(개선)

2단계 : 지식, 이해, 역량 개발하기

프로젝트를 위해 필요한 지식과 역량을 습득하는 시기이다. 이를 위해 수업이 이루어지고 여러 자료들이 학생들에게 제공된다. 학생들은 독자적인 조사 활동도 하고, 전문가 및 멘토와 만나기도 한다. 학생들이 더 많이 배울수록 더 깊이 있는 질문들이 생겨난다.

3단계 : 결과물을 발전시키고, 비평하고 개선하기

앞서 배운 것을 적용해 가며 탐구질문에 대한 적절한 답을 찾는 단계다. 이때 교사는 추가적인 활동을 제공해 학생들을 더 깊이 있는 질문으로 이끌 수 있다. 문제 변형하기, 활동하기, 추가적인 읽기 자료, 게스트 초청해 이야기 듣기, 현장학습 등을 활용할 수 있다. 3단계에서 학생들은 결과물의 초안, 원형 및 아이디어를 제출해 평가받는다. 동료 학생과 교사, 외부 전문가 혹은 그 제품(또는 서비스)을 사용할 사람들이 비평을 제공하면 학생들은 개선이나 추가적인 학습이 필요한지 판단한다. 이 과정이 계속해서 반복된다.

4단계 : 결과물 발표하기

학생들은 탐구질문에 대한 자신들의 답에 도달하며, 자신들이 만들어낸 결과물을 마무리 짓는다. 결과물을 공개적으로 발표하며 프로젝트 완성 과정에 대해 설명한다. 교사는 학생들이 스스로 활동을 평가하고, 프로젝트를 통해 무엇을 배웠는지 성찰의 시간을 가질 수 있도록 도움을 주어야 한다.

1단계
: 프로젝트 시작하기

● 프로젝트 1단계는 초등 고학년 및 중·고등학생을 기준으로 보통 2~3시간 정도를 할애한다. 더 어린 학생들의 경우 프로젝트에 초점을 맞추기 전에 상황을 이해시키고 주제를 살펴보는 시간이 필요할 것이다. 하루에 몇 시간을 프로젝트에 할애하느냐에 따라 1단계에만 며칠이 소요될 수도 있다.

언제나 처음은 도입활동, 탐구질문, 학생질문목록 만들기로 시작한다. 이 요소들은 탐구 과정의 시작이며 학생들의 참여와 주인 의식을 이끌어내는 과정이다. 이때 너무 많은 세부 운영 사항(마감일, 채점 기준, 읽기 자료 목록, 과제 등)을 제시할 경우 잘못된 메시지를 줄 수 있다. 학생들이 자칫 모든 것이 이미 정해져 있고 자신들에게는 아무런 결정권이 없다고 여길 수도 있기 때문이다.

다음은 일반적인 1단계에서 일어나는 활동이다. 처음 세 가지 활동은 순서대로 진행하되 이후의 활동과 순서는 달라져도 무방하다.

- 도입활동을 진행한다.
- 탐구질문을 소개한다.
- 학생질문목록을 만든다.

- 주요 결과물을 무엇으로 할지 협의한다.
- 프로젝트 일정을 설명한다.
- 모둠 구성 활동과 함께 첫 번째 모둠 회의를 갖는다.
- 팀워크를 위한 기준 및 모둠 계약서에 대해 협의하고 작성한다.
- 예비 활동 목록을 작성한다.
- 개인 활동 일지 또는 프로젝트 일지 작성을 시작한다.
- 조사, 독서 등 관련 내용에 대해 배우는 활동을 시작한다.

도입활동 진행하기

프로젝트의 시작은 다른 과제나 활동과 달라야 한다. PBL이 지닌 흥미 요소를 극대화하고 탐구 과정을 촉발시키기 위해 일종의 작전이 필요하다. 학생들의 기대와 호기심을 자극하는 이러한 활동을 문제기반학습의 용어를 빌려 '도입활동'이라고 부르도록 하겠다.

도입활동은 기존의 수업 지도안에 등장하는 단순한 '관심 끌기'와는 다르다. 기존 활동에 비해 시간도 길고 훨씬 깊이가 있기 때문이다. 학생의 주의를 끄는 정도가 아니라 학생들이 스스로 생각하게 만드는 것이 도입활동의 목적이다. 양질의 도입활동은 학생들이 프로젝트 속 '어려운 문제 또는 과제'와 관련된 자신들의 사전 지식과 접촉할 수 있도록 해준다. 도입활동은 10분이나 15분 정도로 끝날 수도 있고 수업 시간 한 시간 전체가 필요할 수도 있다. 어린 학생들과 프로젝트를 진행할 경우라면 생소한 주제를 소개하는 것이기 때문에 며칠에 걸쳐서 도입활동을 진행하게 될 수도 있다.

다음은 도입활동으로 가능한 것들이다.

- 현장 학습
- 초청 게스트의 이야기
- 영상물이나 영화의 한 장면
- 학생들의 동기를 자극하는 읽기 자료
- 모의실험이나 활동
- 놀라운 통계 결과
- 난해한 문제
- 실제 편지 또는 가상으로 작성한 편지
- 활발한 토론
- 노래, 시, 예술 작품

이 책에서 소개하고 있는 프로젝트 사례들은 다양한 도입활동의 특징을 잘 보여주고 있다.

〈농민의 수고에 감사하기〉(70쪽)에서 초등학교 1학년 학생들은 초청 게스트의 이야기를 들었다. 게스트는 프로젝트 진행 경험이 있는 선배들로 이들은 프로젝트가 가져다준 변화에 대해 이야기했다. 〈포근한 우리 집〉(79쪽)은 디트로이트 동물원의 전문가가 학생들에게 보낸 편지와 함께 시작됐다. 〈세상에 단 하나뿐인 아이반〉(146쪽)은 학생들이 흥미진진한 소설을 읽은 후 시작됐다. 〈시스템 고민하기〉(215쪽)의 도입활동으로 학생들은 교정을 걸으며 관찰하는 시간을 가졌다. 〈지구촌 행복과 지역 봉사〉(223쪽)를 시작하기 전에 학생들은 설문 조사에 참여한 뒤 자신들의 설문 결과와 전 세계 학생들의 결과를 비교해 보는 시간을 가졌다.

탐구질문 소개하기

프로젝트의 탐구질문을 언제 어떻게 소개해야 한다는 법칙은 없다. 프로젝트, 도입활동, 학생, 교사의 판단과 성향 등에 따라 얼마든지 그 방법은 달라질 수 있다. 예를 들어 홀로코스트에 관한 역사/국어 프로젝트를 진행한다고 가정해 보자. 교사는 먼저 영화 〈쉰들러 리스트(Schindler's List)〉를 간단히 소개한 뒤 영화 속의 충격적인 한 장면을 학생들에게 보여주었다. 그리고 나서 학생들이 그 장면에 대해 함께 토론하게 했다. 이후 교사는 '홀로코스트를 통해 알 수 있는 인간의 본성은 무엇이며, 대량 학살이 여전히 일어나는 이유는 무엇인가?'라는 탐구질문을 소개하면서 프로젝트를 시작할 것임을 안내했다.

교사는 영화 속 한 장면을 보여주기 전에 탐구질문을 먼저 제시할 수도 있다. 하지만 이 경우 탐구질문이 학생들에게 미치는 영향력은 크지 않을 것이다.

반면에 학생들이 영화의 한 장면을 보고 토론의 과정까지 거치게 되면, 학생들 속에도 탐구질문에 대한 맥락이 형성되게 된다. 따라서 탐구질문이 훨씬 더 큰 정서적 무게를 지니게 되며, 해당 주제가 탐구할 만한 가치가 있다고 인식하게 된다. 학생들은 홀로코스트 및 최근에 일어난 대량 학살 사례에 관한 질문을 던지기 위해 저절로 손을 들게 될 것이다.

〈포근한 우리 집〉(79쪽)이 탐구질문을 제시하는 방식도 흥미롭다. 이 프로젝트의 도입활동은 디트로이트 동물원에서 학생들에게 보낸 편지 형식을 띠고 있다. 편지는 학생들에게 일정한 조건을 만족시키는 동물 서식지를 설계해 줄 것을 요청했다. 교사는 곧바로 '디트로이트 동물원 내에 동물 서식지를 어떻게 설계할 것인가?'라는 탐구질문을 제시했고, 학생들은 선뜻 탐구질문을 받아들였다.

어떤 교사들은 학생들과 함께 탐구질문을 고르기도 한다. 이 방법은 학생들에게 더 큰 주인 의식을 심어줄 수 있다. 예를 들어보자. 학급 전체가 개·보수가 필요한 지역의 공원으로 소풍을 다녀

온 뒤에 공원을 위해 무엇을 할 수 있을지에 관해 이야기를 나눠보았다. 학급 전체는 직접 공원을 청소하는 한편 시 당국에 연락해 공원의 조경과 놀이기구를 정비해 달라고 요청하기로 결정한다. 그러고 나서 다음과 같은 탐구질문을 중심으로 프로젝트의 틀을 세우게 된다. '이 공원을 어떻게 하면 더 놀기 좋고 가고 싶은 장소로 만들 것인가?'

탐구질문을 제시한 후에는 학생들과 함께 토론하는 시간을 가져보도록 하자. 이때 학생들이 완벽하게 탐구질문을 이해할 수 있게 해야 한다. 그다음에는 학생들이 탐구질문에 대한 잠정적인 답을 제안해 보게 하자. 이러한 과정을 거쳐 교사와 학생 모두 탐구질문이 그럴 듯하고 타당하다고 생각하면 탐구질문에 대한 세부 질문을 추가하자.

〈포근한 우리 집〉의 세부 질문은 다음과 같다.

- 우리가 설계하려는 서식지는 어떤 동물들을 위한 것인가?
- 일반적으로 동물원의 서식지는 어떤 조건을 갖추어야 하는가?
- 우리가 활용할 수 있는 공간은 어느 정도 크기인가?
- 해당 동물이 살던 지역의 식물, 흙, 돌을 입수할 수 있는가?
- 동물원 측이 이 사업에 쓸 수 있는 예산은 어느 정도인가?
- 우리가 만들어야 하는 것은 모형인가, 도면인가?

학생들은 이후 프로젝트의 모든 단계에서 탐구질문을 되돌아보게 될 것이다. 탐구질문으로 돌아가 새로 떠오른 아이디어에 대해 토론하고, 그 답이 타당한지 평가해 보는 것이다. 어떤 프로젝트의 경우 교사와 학생의 결정으로 탐구질문이 수정되거나 바뀌게 될 수도 있다. 프로젝트가 끝날 때 학생들은 탐구질문에 대한 최종적인 답을 설명하고 그 해답에 이르게 된 과정을 돌아보게 된다.

학생질문목록 만들기

도입활동과 탐구질문 소개가 끝나면 곧바로 주제와 역할에 대해 질문해 보는 시간을 가져야 한다. '우리가 알고 있는 것'과 '우리가 알아야 하는 것'을 비교하는 표를 활용하는 것이다. KWL차트(Know, Wonder, Learn : 이미 알고 있는 것, 알고 싶은 것, 배우게 된 것을 체계적으로 적어보는 활동지. - 역자 주)를 통해 학생들의 질문과 프로젝트 과정 속의 배움을 따라가는 교사들도 있다. 특히 초등학교 교사들이 KWL차트를 많이 활용한다.

이러한 목록은 학생들에게 매우 유용하다. 탐구 활동을 잘 정리하게 도와주고, 탐구질문에 답하기 위해 배울 것과 이해해야 할 것이 무엇인지 잘 안내해 주기 때문이다. 또 학생질문목록은 해당 주제와 관련해 학생이 지니고 있는 사전 지식을 활성화하기도 한다. 문제기반학습을 연구한 이들은 학생질문목록을 만드는 과정이 향후 학습에 있어서, 또 배운 것을 효과적으로 활용하는 데 있어서 매우 중요하다는 사실을 밝히기도 했다.

학생들이 효과적으로 질문을 만들고 정리할 수 있도록 다음과 같이 도울 수 있다.

- PBL 준비 단계에서 학생들이 연습했던 것을 상기시키며 기준을 다시 검토한다(만약 이런 연습을 한 적이 없다면 지금이라도 시범을 보여주도록 한다).
- 학급 전체의 학생질문목록을 만들기 전에 학생들이 개인적으로 생각할 시간을 갖게 한다. 먼저 짝과 함께 혹은 모둠별로 질문을 써보게 한 후에 반 전체가 공유하도록 한다. 기다리는 시간의 힘을 기억하자.
- 학생들이 사용한 언어를 그대로 담아 질문을 구성한다. 그렇게 하면 학생들이 질문에 더욱 애착을 가질 수 있다.
- 각 모둠에 높은 수준의 의사와 선택권을 보장하고 싶다면 모둠별로 각자의 학생질문목록을 만들게 한다.
- 학생질문목록 작성이 끝나면 질문들을 항목별로 분류하는 시간을 갖는다. 질문을 분류해 보면 벅차고 부담스럽게 느껴졌던 질문들도 한층 이해하기 쉬워진다. 또 다른 학생이나 모둠이 작성한 질문에 대해서도 잘 이해할 수 있다.

이렇게 만들어진 학생질문목록은 향후 프로젝트가 끝날 때까지 학생들을 이끌어주는 도구로 활용된다.

프로젝트의 주요 결과물 결정하기

정확히 언제 어떻게 결과물을 결정할지는 상황에 따라 달라질 수 있다. 도입활동 중에 또는 탐구질문을 논의하면서 교사가 학생들이 만들 결과물을 제시하거나 혹은 몇 가지 가능한 선택지를 제안할 수도 있다. 무엇을 만들지 논의하기 전에 먼저 주제에 관해 탐색하는 시간을 가져볼 수도 있다. 어떤 프로젝트의 경우, 학생들이 주제에 대해 어느 정도 조사한 후에 어떤 결과물을 만들지 직접 결정하기도 한다. 하지만 어떤 경우든 반드시 지켜야할 점은 프로젝트 시작 과정에서 만든 학생질문목록에 학생들이 만들어낼 결과물과 그것을 어떻게 만들지에 관한 질문이 포함되어야 한다는 점이다.

또한 교사는 평가 기준과 모범 사례를 제시하여 수준 높은 결과물이 어떤 것인지 학생들이 이해할 수 있도록 도와야 한다. 한편, 프로젝트에서 만들어지는 모든 주요 결과물마다 각각 채점 기준이 있어야 한다. 채점 기준은 프로젝트 시작 전 작성하거나(이전 프로젝트에서 사용했던 것을 다시 사용할 수도 있) 프로젝트를 수행하는 도중에 학생들과 함께 구성할 수도 있다. 채점표는 학생이 이해하기 쉬운 언어로 작성되어야 한다. 학생들을 이해시키는 가장 좋은 방법은 학생들이 만들어낼 프로젝트 결과물과 비슷한 예시를 주고 학생들이 직접 평가해 보도록 하는 것이다.

모둠 구성하기

협력은 GSPBL의 필수 요소다. 하지만 모둠별 활동의 정도와 성격은 참여 학생들의 연령에 따라 달라진다. 이 책은 주로 초등 고학년과 중·고등학생을 염두에 두고 있다. 따라서 그보다 어린 학생들을 가르치는 교사라면 모둠별 프로젝트보다는 학급 전체가 함께 하는 프로젝트를 진행하는 것이 더 나을 수도 있다. 물론 이 경우에도 친구와 협력하며 공부하는 방법을 배울 수 있는 짧은 활동이 지속적으로 제공되어야 한다.

어떤 프로젝트의 경우 개인 활동과 모둠별 활동이 모두 포함되기도 한다. 혹은 목적에 따라 모둠을 바꿔가며 이뤄지는 프로젝트도 있다. 예를 들어, 원래 모둠에서 벗어나 다양한 목적에 따라 모둠을 재구성하는 것이다. 재구성된 모둠 활동을 통해 특정 주제를 연구하거나 역량을 익혀 분야의 '전문가'가 된 후에 원래의 프로젝트 모둠으로 돌아가 자신이 배운 지식이나 기능을 공유하는 식이다.

모둠 구성은 교사의 판단력을 요하는 일이다. 프로젝트 시작 전 모둠을 짜서 학생들에게 공지하는 방식을 선호하는 교사들도 많지만 학생에게 선택권을 주는 교사들도 있다. 어떤 방식을 택해도 상관없지만, 무작위로 모둠을 구성하는 방식만은 추천하고 싶지 않다.

모둠 구성 방식에 따른 장단점

모둠 구성 방식	장점	단점
교사가 일방적으로 결정하는 방식	• 시간이 절약된다. • 불필요한 다툼과 감정 소모가 없다. • 학생의 성장 및 가장 효과적인 프로젝트를 위한 교사의 조정이 가능하다. • 실제성을 확보할 수 있다. 현실에서는 자신이 속할 모둠을 고를 수 없는 경우가 대부분이기 때문이다.	• 자신의 모둠에 불만을 품는 학생이 있을 수 있다. • 학생의 주인 의식이나 동의를 기대하기 어렵다. • 현명하게 모둠을 구성하는 법을 배울 수 없다.
교사가 결정하되 학생의 의견을 반영하는 방식	• 불필요한 다툼과 감정 소모를 줄일 수 있다. • 학생의 성장 및 가장 효과적인 프로젝트를 위한 교사의 조정이 여전히 가능하다. • 학생들이 어느 정도 주인 의식을 갖게 되며 학생의 동의를 얻을 수 있다. • 학생들이 현명하게 모둠을 구성하는 법을 배울 기회를 가질 수 있다.	• 교사 입장에서 시간이 더 걸린다. • 모든 학생의 기호를 반영하기 어렵다. • 자신의 모둠에 불만을 품는 학생이 여전히 생길 수 있다.
학생이 결정하고 교사는 그 과정을 관리하는 방식	• 학생의 불만이 거의 없다. • 학생들이 주인 의식을 갖게 되고 학생의 전적인 동의를 얻는다. • 학생들이 현명하게 모둠을 구성하는 법을 배운다.	• 모둠원을 선택하는 법을 배우려면 시간이 많이 걸릴 수도 있다. • 패거리 및 따돌림 문제를 방지하려면 올바른 교실 문화가 우선적으로 필요하다. • 마음을 다치는 학생이 있을 수 있다. • 어린 학생들에게는 적합하지 않다. • 모둠이 효과적으로 운영되기 위해 어떤 능력이 필요한지 학생들이 잘 모를 수 있다.

모둠 구성에는 반드시 원칙이 있어야 한다. 그 원칙에는 리더십, 학업 능력, 성격, 언어 능력, 성별, 성숙 정도, 예술 능력, 테크놀로지 사용 능력 같은 것들이 있다. 프로젝트의 성격도 고려할 요인 중 하나이다. 예를 들어 연기가 필요한 프로젝트와 건물 모형을 만드는 프로젝트의 모둠 구성 원칙이 같아서는 안 될 것이다. 일반적으로 서로 이질적인 성향의 학생들이 섞이게 되는 것이 가장 좋은 모둠 구성이다. 이 경우 프로젝트에 필요한 다양한 능력이 골고루 모이게 되고, 학생들은 다양한 사람들과 함께 작업하는 일의 중요성이라는 값진 교훈을 얻을 수 있기 때문이다.

교사가 아직 학생을 잘 모르는 경우에는 먼저 학생들의 관심사나 역량, 특별한 요구를 파악해야 한다. 고학년의 경우 설문 조사나 간단한 작문 과제, 학급 토론 등의 방법을 활용하면 좋다. 하지만 어린 학생들은 이런 방식으로 자신을 설명하기 어렵기 때문에 교사가 관찰하며 얻은 자료에 의지할 수밖에 없다.

모둠 규모는 경우에 따라 다양할 수 있지만, 일반적으로 일의 분담과 모둠 내 최적의 관계 유지를 고려했을 때 4인 1조가 가장 좋다. 4명은 짝 활동을 하기에도 유리하다. 결과물이나 과제에 따라서는 모둠원 5명이 필요한 프로젝트도 있을 수 있다. 하지만 모둠 구성이 5명을 넘어갈 경우 문제가 될 수 있다. 일단 모임을 갖기가 어렵기 때문에 과제에 관한 소통이 어렵다. 할 일이 별로 없는 학생이 생기기도 하고 모둠이 몇 개의 소집단으로 분열되기도 한다. 반대로 복잡한 프로젝트를 2~3명이 할 경우 아이디어를 내고 일을 진행하는 데 효과적이지 않다. 만약 학급 인원이 34명인데 모둠을 2인 1조로 하게 되면 17개의 모둠이 만들어진다. 17개의 결과물과 17개의 프레젠테이션을 관리하는 일이 어떨지는 상상에 맡기겠다.

모둠 활동의 시작을 돕기

본격적인 활동을 시작하기 전에 공동체 의식을 길러줄 활동이 필요할까? 대부분의 경우 답은 '그렇다'이다. 물론 그 정도나 성격은 학생들의 PBL 경험 여부와 교실 문화에 달려 있을 것이다.

모둠 공동체 의식을 높여주기 위해서는 스파게티와 마시멜로로 탑 쌓기 같은 재미있는 활동을 할 수도 있고, 물건찾기놀이(scavenger hunt, 정해진 장소에서 요구받은 물건을 찾아내는 놀이. - 역자 주) 등 부담 없는 게임을 해도 좋다. 모둠 이름, 마스코트, 구호나 상징물을 정하는 활동을 하는 것도 한 방법이다.

처음 한두 차례의 모둠 회의에서 학생들은 프로젝트 활동에 필요한 과정에 관심을 기울여야 한다. 학생들이 다음과 같은 과업에 집중할 수 있도록 지도하자.

- 모둠에 기여할 수 있는 각자의 강점을 서로 이야기해 주기
- '협업을 잘한다'의 의미에 대해 협의하기(이 활동은 학급 전체 활동으로도 가능하다. 협업의 기준을 살펴보게 하거나 학생들 스스로 기준표를 만

들어보게 할 수 있다.)
- 모둠 계약서를 작성하여 각자의 책임을 명시하기
- 모둠 내 역할 부여하기(교사나 학생이 필요하다고 결정한 경우에만 해당된다.)
- 연락처를 교환하고, 서로 연락할 방법 결정하기
- 프로젝트 과업 목록 작성을 시작하기, 해당 과업을 어떻게 수행할지 계획 세우기, 모둠 일지 등을 활용하여 할 일과 담당자, 마감일 정리하기

프로젝트 일지 시작

모든 PBL 교사가 프로젝트 일지를 활용하는 것은 아니지만 프로젝트 일지는 분명 유용한 도구다. 기본적으로 개별 학생이나 모둠이 하는 일, 배우는 내용, 새로 생긴 질문, 기타 느낀 점 등을 기록하는 것이 프로젝트 일지의 개념이다. 여기에 더해 학생들은 시간 활용과 프로젝트에 대한 자신의 생각, 그리고 탐구질문에 대한 답이 발전해가는 과정을 기록할 수 있다. 또한 어떻게 문제를 해결했는지, 비판적 사고력, 창의성, 협업능력을 비롯한 다른 역량을 어떻게 발휘했는지를 설명할 수 있다. 이러한 정보는 향후 형성평가와 총괄 평가에 활용될 수 있다.

2단계
: 지식, 이해, 역량 키우기

● 2단계에서는 지식과 이해, 역량을 개발해야 한다. 프로젝트에 따라 2단계는 며칠 혹은 몇 주간 지속될 수도 있다.

학생들은 배운 내용을 실제 프로젝트에 적용하는 과정 속에서 2단계와 그다음 단계를 왔다 갔다 하게 될 것이다. 프로젝트를 진행하면서 2단계로 돌아가 더 많은 정보를 얻고, 더 나은 역량을 익히며, 더 깊은 이해를 얻어야 한다는 사실을 스스로 깨닫게 될 것이기 때문이다(혹은 교사가 일러주어야 한다).

또 하나 유념할 점은 모든 학생과 모둠이 반드시 같은 단계에 있을 필요는 없다는 것이다. 다음 단계로 넘어갈 준비가 된 학생도 있고 이전 단계로 돌아가 다시 배울 필요가 있는 학생도 있기 마련이다.

2단계에서 교사가 담당해야 할 주요 역할은 다음 두 가지다.

① 가능하다면 학생 스스로 주어진 자원을 활용하거나 찾아내 질문에 답할 수 있도록 돕는다.
② 필요에 따라 비계(직접 교수도 포함된다)를 제공해야 한다.

또한 교사는 2단계에서부터 모둠 활동을 관찰하며 적절히 개입하고 지도하는 일을 시작해야 한다. 이 역할은 프로젝트가 끝날 때까지 지속된다.

탐구 활동 지도하기

탐구 활동에 어느 정도의 지도가 필요한지는 학생의 연령과 PBL 경험에 따라 달라진다. 연령이 높고 PBL 경험이 많은 학생들의 경우 교사는 곁에서 관찰하며 필요할 때 적절히 지도하고 피드백을 주면 된다. 반면 학생들이 어리고 PBL 경험도 적다면, 교사가 주도적으로 이끌며 비계를 제공하고, 비판적 사고력은 무엇인지, 문제 해결력은 무엇인지 직접 시범을 보여야 한다. 교사는 다음과 같은 다양한 방식으로 탐구 활동을 지원할 수 있다.

- 정보를 검색하고 정보의 출처를 평가하는 방법 가르치기

- 책 및 기타 읽기 자료 제공하기
- 연구 일지 쓰는 법과 노트 필기 방법 안내하기
- 학생들의 질문과 연계된 독서 모임, 문학 동아리, 기타 독서 토론 마련하기
- 현장 연구, 전문가 및 멘토와 연결하기
- 학생들이 정보를 공유하고, 노트를 비교하며, 배우고 있는 내용에 대해 토론하고 이를 프로젝트에 활용할 방안을 협의할 수 있도록 체계적인 기회 제공하기

탐구 활동에서는 학생질문목록을 적극 활용하는 것이 중요하다. 도입활동과 탐구질문으로 프로젝트를 시작한 후 학생질문목록이 교실 벽에서 잠자는 장식물로 전락하는 일이 없도록 유의해야 한다. 질문의 답을 찾는 과정에 어떻게 접근할 것인지는 교사와 학생이 함께 결정해야 한다. 어떤 질문은 프로젝트 모둠이나 전문가 모둠(목적에 따라 재구성된 모둠)이 나누어 담당할 수 있다. 또 어떤 질문은 학생 스스로 조사를 통해 답을 찾아야 할 것이고, 교사의 수업을 들어야 답할 수 있는 질문도 있을 것이다.

학생질문목록은 계속해서 활용해야 한다. 답을 찾은 질문은 목록에서 지워나가는 동시에, 학생들이 프로젝트에 깊이 파고들며 더 많은 주제와 과업에 대해 이해하게 되면서 생겨난 새로운 질문들을 목록에 더하도록 한다. 그리고 프로젝트가 끝나기 직전에 학생질문목록을 다시 한번 짚어보길 바란다. 이를 통해 학생들이 성공적으

로 과업을 완수하고 탐구질문에 답하기 위해 필요한 것들을 얻었다고 느낄 수 있도록 해주자.

비계 제공하기

비계 혹은 학생의 학습을 지원하는 것은 프로젝트 안에서 다양한 형태를 띨 수 있다. GSPBL이 단순히 '학생을 자유롭게 풀어놓는' 교육이 아니란 사실을 분명히 해야 한다. GSPBL에는 교사가 제공하는 수업과 자료를 위한 여지가 충분하며, 타당한 이유가 있을 경우 직접적인 강의가 포함되기도 한다.

비계를 계획할 때에는 프로젝트의 주요 결과물에서부터 시작하는 것을 추천한다. 이를 '역방향 계획(backward planning)'이라고도 하는데, 결과물을 분석해서 해당 결과물을 완성하려면 정확히 어떤 지식과 이해, 역량이 필요한지 밝혀내는 것이다.

벅 교육협회 홈페이지에서 제공하고 있는 프로젝트 계획 도구인 '프로젝트 설계 : 학생 학습 가이드(Project Design: Student Learning Guide)'는 프로젝트의 대표 결과물마다 필요한 비계를 배치해 두고 있다[6].

다음의 표는 학생이 인턴 의사가 되어 환자를 진찰하는 가상 시나리오가 포함된 초등학교 5학년용 프로젝트에 관한 것이다. 이 프로젝트의 탐구질문은 '인턴 의사로서 어떻게 하면 환자에게 최선의

학생 학습 가이드 〈인턴 의사가 되어 환자를 치료해요〉

최종 결과물	학습 결과/목표	점검 및 형성평가	교수 전략
진료 보고서 (개인) 중심 학습 목표: 몇 가지 자료를 이용하여 간단한 문헌 연구를 한 뒤 환자에게 진단을 내리고 적절한 치료를 할 수 있다. (문헌 연구를 통해 지식을 쌓고 표현하기)	순환계의 각 부위를 구분할 수 있다. (생명과학: 순환계)	1. 자료 요약 2. 배운 내용 요약하기 3. 실험노트 / 과학일기 4. 쪽지 시험	• 교사의 시범: 요약문 작성, 필기 • 순환계 실험실 • 전문의 면담 • 교과서 수업 및 동영상
	환자의 진단 결과를 안내하는 보고서를 작성할 수 있다. (정보 전달 글쓰기)	1. 보고서 개요 2. 성찰 일지 작성 3. 보고서 초안 (동료/교사 피드백) 4. 집중 검토 회의	• 보고서 구조 파악을 위한 보고서 사례 검토 및 교사의 시범 • 전문의 면담 • 글쓰기 워크숍, 공개적인 동료 비평 시범 • 구체적인 질문 검토, 집중 검토 회의 시범
	사실, 세부 사항, 관련 자료 인용 등 근거를 사용해 진단 결과를 설명할 수 있다. (정보 전달 글쓰기)	1. 자료 요약 2. 보고서 초안 (동료/교사 피드백) 3. 교사와 함께하는 협의회	• 교사의 시범: 요약문 작성, 필기 • 글쓰기 워크숍 (작문 수준별 구성)
	문헌 연구를 통해 얻은 정보를 요약하거나 다른 말로 표현할 수 있다. (문헌 연구를 통해 지식을 쌓고 표현하기)	1. 자료 요약 2. 단답형 평가 3. 배운 내용 요약하기	• 교사의 시범: 요약문 작성, 필기 • 글쓰기 워크숍 (작문 수준별 구성) • 요약문 작성을 위한 소그룹 활동
진단 프레젠테이션 (모둠별) 중심 학습 목표: 자신의 생각을 뒷받침하는 세부 사항을 이용하여 어떤 주제에 대해 논리적으로 보고할 수 있다.	시각 보조 자료를 활용해 프레젠테이션 내용과 메시지를 강화할 수 있다. 청중의 질문에 정확하고 분명하게 답할 수 있다. (프레젠테이션 기능)	1. 시각 보조자료 초안 (동료/교사 피드백) 2. 공개적인 동료 비평 3. 집중 검토 회의	• 시각 보조 자료 예시 검토, 시각 보조 자료를 활용한 학생 프레젠테이션 영상 보기 • 짝과 함께 질문 기법 연습, 전문의 면담 • 구체적인 질문 검토, 집중 검토 회의 시범
	주제에 관한 여러 자료들을 평가하여 타당한 자료를 선택해 이를 바탕으로 보고서와 프레젠테이션을 구성할 수 있다. 해당 주제에 대해 식견을 갖추어 말할 수 있다. (비판적 사고 / 정보 전달용 지문)	1. 자료 요약 2. 보고서 개요 3. 집중 검토 회의 4. 프레젠테이션 연습 (동료/교사 피드백)	• 타당한 자료를 찾을 수 있도록 인터넷 검색 수업 제공, 소그룹 지원 • 모둠별로 주장에 맞는 근거 준비, 보고서 예시 검토 • 구체적인 질문 검토, 집중 검토 회의 시범

치료방법을 권할 수 있을까?'이다. 프로젝트를 이끈 교사는 '학생 학습 가이드'를 다음과 같이 구성했다.

① 맨 왼쪽 기둥에 최종 결과물과 함께 CCSS에 근거한 '중심 학습 목표'를 제시했다.
② 두 번째 기둥에는 이 프로젝트를 완성하는 데 필요한 학습의 결과와 목표를 구체적으로 명시했다.
③ 세 번째 기둥에는 점검 및 형성평가에 관해 나열했다.
④ 맨 오른쪽 기둥에는 교수 전략을 명시했다. 이 전략에는 교사가 제공하는 수업과 자료, 외부 전문가와의 만남 및 기타 활동 등이 포함되어 있다. 개별화 수업을 통해 모든 학생들의 요구를 반영하겠다는 계획도 기록되어 있다.

지도와 비계는 '최적의 시기'에 제공된다는 원칙이 지켜질 때 가장 효과적이다. 교사들 중에는 처음부터 많은 도움을 주고 싶다는 유혹을 느끼는 이들도 있을 것이다. 하지만 PBL의 핵심 특징 중 하나가 바로 '학생들이 무엇인가를 알아야 할 필요성을 느끼게 하는 것'이란 사실을 명심하자. 학습의 직접적인 목적을 깨닫게 될 때 학생들은 집중하여 정보를 기억하려는 동기를 갖게 된다. 만약 프로젝트의 시작부터 강의와 교과서 중심의 과제가 계속된다면 학생들은 결코 당장의 필요가 충족된다는 느낌을 받지 못할 것이다. 단지 "나중에 이 내용이 필요해질 거니까 알아야 해"라는 압력을 받는 또 하나의 상황에 불과하다고 느낄 것이다. 독립적인 활동을 진행하기 전에 학생을 너무 많이 기다리게 하면 PBL이 가진 참여의 힘이 급격하게 떨어진다는 사실을 기억하자.

교사는 프로젝트의 설계 및 계획 단계에서 비계 자료를 제작해야 한다. 그리고 프로젝트를 진행하면서 학생들이 언제 도움을 필요로 하는지, 그리고 도움을 받을 준비가 됐는지에 대한 판단을 내려야 한다. 가장 이상적인 시점은 바로 학생들이 도움이 필요하다는 사실을 깨닫고 요청해 올 때이다.

교사는 학생의 결점을 지적하기보다는 프로젝트의 완성을 위해 무엇이 필요한지를 강조해야 한다. 이를 통해 학생에게 제공하는 비계와 프로젝트의 상황을 연결시킬 수도 있다. 예를 들어, '알아야 할 사항' 목록에 새로 추가된 질문을 가리키면서, "오늘은 이 질문을 답하는데 필요한 자료를 나눠주도록 하겠어요." 하고 말할 수 있다. 이 경우 언제 어떻게 도움을 요청해야 하는지 잘 모르는 어린 학생들도 자연스레 교사의 도움을 받을 수 있다. 하지만 학생들은 교사가 어떤 내용을 가르치려 한다고 여기기 보다는 단지 프로젝트를 위해 필요한 내용을 제공하고 있다고 느낄 것이다. 당장 교사의 의도가 명확하게 보이지 않기 때문이다.

비계 제공 시점을 사전에 계획할 수도 있다. 교사는 프로젝트를 위해 학생들에게 특정 교과 지식이 필요하거나 어떤 역량을 익히는 수업이 필요하다고 미리 판단할 수 있다. 예를 들어 2주차에는 X에 관한 수업이나 Y라는 자료가 필요할 것이라고 예상할 수 있다.

프로젝트 일정은 유동성을 감안해서 약간의 여유를 두고 짜는 것이 좋다. 프로젝트가 항상 예측한 대로 흘러가지는 않기 때문이다. 학생들이 교사가 예상하지 못했던 질문을 던질 수도 있고, 학생들이 전혀 새로운 방향을 찾았는데 그 방향이 더 생산적일 경우도 있다. 또한 그때그때 지원이 필요한 일이 생기기도 한다.

모둠 관리 및 지도

모둠 관리와 지도는 2단계에서 시작하지만 프로젝트의 모든 단계에서 필요한 일이다. 프로젝트 모둠이 편성되고 일이 진행되면 모둠원끼리 서로를 점검하고 또 교사가 모둠을 점검할 수 있는 절차를 세워야 한다. 고학년이나 PBL 경험이 많은 학생들의 경우 실수가 많지 않겠지만 이 경우에도 여전히 교사가 점검하고 지도해야 한다.

첫 번째 모둠 회의에서는 효과적인 모둠 활동에 대한 기준에 합의하거나 모둠 계약서를 만들어 서명하는 것이 좋다[7]. 학생들이 직접 협업 기준을 읽거나 작성해 보는 것도 도움이 된다. 그다음 회의부터는 그 기준과 합의 사항을 다시 살펴보면서 점검하도록 한다.

프로젝트가 진행되는 내내 정기적인 점검 기회를 가지는 것이 좋다. 또 다양한 경로를 통해 학생들이 팀워크에 대한 소감을 기록하도록 할 수도 있다. 프로젝트 일지를 활용하거나 일일 혹은 주별 평가지, 소감문 등에 생각을 적을 수 있으며 간단한 설문 조사나 온라인 시스템을 이용할 수도 있다.

교사가 직접 교실을 돌아다니면서 학생들의 활동을 관찰하는 것도 좋은 관리 전략이다. 교사가 주기적으로 돌아가며 각 모둠과 함께 앉아 활동하는 모습을 가까이에서 관찰하는 방법도 있다. 학생들의 모습을 기록하거나 공동 활동 채점표에 근거한 점검표를 활용하여 학생 활동에 대한 정보를 수집할 수 있다.

고학년 학생들의 경우엔 최대한 스스로 모둠을 운영하는 것이 좋다. 만일 학생들 사이의 문제 징후를 포착했을 경우, 일단은 모둠이 스스로 문제를 해결할 수 있도록 유도해 보자. 스스로 어려움을 극복하지 못하는 모둠의 경우라면 교사의 개입이 필요하다. 먼저 그 문제에 대해 어떻게 생각하는지 물어보고 필요하다면 문제를 해결할 다양한 방법을 제시해 주자. 다만, 학생 대신 결정을 내리는 일은 최후 수단으로 보류하는 것이 좋다.

TIP

자주 발생하는 모둠 문제 중재하기

모둠 활동을 통해 굉장히 멋진 일이 일어나기도 하지만 동시에 몇 가지 장애물도 나타날 수 있습니다. 물론 학생들이 PBL에 익숙해지고 경험이 쌓이면서 그러한 장애물도 사라지기 마련이지요. 자주 발생하는 문제에 어떻게 대처할지 생각해 둘 필요가 있습니다.

- 모둠원들끼리 사이가 좋지 않거나 단합이 되지 않는다 : 프로젝트의 시작 단계에서 모둠 공동체 의식 높이기 활동을 하지 않았다면 지금이라도 잠시 멈추고 그 활동을 해야 합니다. 공동체 의식 높이기 활동을 했는데도 이런 문제가 발생했다면 더 많은 활동이 필요하다는 뜻입니다. 활동 초기부터 효과적인 모둠 활동이 무엇인지에 대해 토의하는 시간을 자주 가져야 합니다. 모둠 계약서나 협업 기준, 기타 학급 전체가 토의한 바 있는 기준을 학생들에게 상기시키도록 합니다.

- 자신이 모든 일을 다 해야 하지 않을까 혹은 모둠 때문에 나쁜 성적을 받지 않을까 걱정하는 상위권 학생이 있다 : 이런 경우, 모둠원 한 명 한 명이 프로젝트의 한 부분씩 맡아 결과물을 완성하도록 책임을 부여하면 됩니다. 또한 모둠별로 점수를 부여하지 말고 개인 활동 점수의 비중을 높이는 것이 좋습니다.

- 자신이 맡은 몫을 다하지 않는 모둠원이 있다 : 먼저 원인이 무엇인지 파악해야 합니다. 일이 공평하게 분배됐는지 살펴볼 필요도 있습니다. 학생들이 사용할 수 있는 절차나 양식 등의 비계를 제공하는 것도 방법입니다. 구성원 전체가 자신이 할 일을 잘 알고 있는지 점검하고, 모둠 내에서 과업과 마감 기한에 관한

정보가 정확히 소통될 수 있도록 지도합니다. 활동에서 배제되는 학생이 있는 경우에는 서로 소통하며 모든 구성원이 활동에 참여할 수 있는 방법을 찾도록 안내해야 합니다.

교사에게 지원을 요청하기 전에 학생들 스스로 문제를 인지하고 해결을 시도해 보는 것이 바람직합니다. 따라서 모둠 계약서에 문제해결을 위한 절차를 명시해 두는 것이 좋습니다. 또 문제가 커지는 것을 막을 수 있도록 솔직한 대화를 자주 하라고 안내합시다.

3단계
: 비평하고 개선하기

● 3단계는 결과물을 발전시키고 비평하며 개선하는 활동이 이루어지는 단계로 프로젝트의 핵심이라고 할 수 있다.

3단계의 시작과 끝은 뚜렷하게 구분되지 않는다. 학생들은 필요에 따라 2단계와 3단계를 넘나들면서 결과물을 수정하고 필요한 지식과 기능을 익히게 된다. 이 시기에는 학생 활동 시간이 점점 더 늘어난다. 학생들은 결과물을 만들어 개선하고, 탐구질문에 대한 답을 이끌어내며 결과물을 공개하기 위한 준비를 해나가게 된다.

형성평가 제공하기

앞서 GSPBL을 소개할 때 형성평가야말로 학생의 수행 능력을 향상시킬 수 있는 가장 강력한 방법 중 하나라고 강조한 바 있다. 그만큼 PBL 내에서 형성평가의 역할은 중요하고 결정적이다.

프로젝트를 통해 학생은 단순히 교과 지식만을 배우는 것이 아니라 수준 높은 결과물도 제작해야 한다. 또한 비판적 사고력, 문제해결력, 타인과 협력하는 법도 배워야 한다. 이 모든 것을 잘 해내기 위해 학생들에게는 피드백을 통해 자신의 수행 능력을 향상시키고 결과물을 다듬어 개선할 기회가 필요하다.

앞서 표를 통해 소개한 〈인턴 의사가 되어 환자를 치료해요〉를 진행한 교사가 설계한 점검 시점과 형성평가를 자세히 살펴보도록 하자.

평가의 계획은 프로젝트의 최종 결과물로 정한 '진료 보고서'와 '진단 프레젠테이션'에서 시작된다. 이 두 가지는 지식과 역량에 대한 형성평가의 역할을 한다(PBL 교사 중 일부는 여기에 더해 총괄 평가를 실시하기도 한다).

다음 표는 〈인턴 의사가 되어 환자를 치료해요〉를 실시한 교사가 학생들이 성공적으로 진료 보고서를 작성하는 데 필요한 지식과 역량을 분석해 놓은 것이다. 여기에는 순환계의 운동에 관한 지식, 정보 전달을 위한 글쓰기, 연구 자료를 요약하는 법 등이 포함되어 있다. 표의 오른쪽 기둥에는 학생들이 잘 따라오고 있는지를 확인하는 여러 가지 형성평가가 정리되어 있다. 프로젝트 일정표에 계획된 점검 시점에 적절히 형성평가를 실행하면 된다.

학습 결과/목표	점검 및 형성평가
순환계의 각 부위를 구분할 수 있다. (생명과학 : 순환계)	1. 자료 요약 2. 배운 내용 요약하기 3. 실험 노트 / 과학 일지 4. 쪽지 시험
환자의 진단 결과를 안내하는 보고서를 작성할 수 있다. (정보 전달 글쓰기)	1. 보고서 개요 2. 성찰 일지 작성 3. 보고서 초안 (동료 / 교사 피드백) 4. 집중 검토 회의
사실, 세부 사항, 관련 자료 인용 등 근거를 사용하여 진단 결과를 설명할 수 있다. (정보 전달 글쓰기)	1. 자료 요약 2. 보고서 초안 (동료 / 교사 피드백) 3. 교사와 함께하는 협의회
문헌 연구를 통해 얻은 정보를 요약하거나 다른 말로 표현할 수 있다. (문헌 연구를 통해 지식을 쌓고 표현하기)	1. 자료 요약 2. 단답형 평가 3. 배운 내용 요약하기

〈인턴 의사가 되어 환자를 치료해요〉를 진행한 교사는 다양한 형성평가 기법을 사용했다. 이 교사가 활용한 평가 방법 대부분은 기존의 교수법에서 이미 활용되고 있는 것들이다. 그렇다면 PBL에서 주목할 만한 형성평가 기법에는 어떤 것들이 있는지 살펴보자.

절차에 따라 동료 비평하기

GSPBL의 필수 설계 요소 중 하나는 비평과 개선이다. 동료 비평 과정을 통해 학생들은 수준 높은 결과물을 만들어낼 수 있다. 교사 역시 학생들의 결과물에 대해 피드백을 제공해야 하며, 프로젝트에 따라 교사 이외의 성인이 학생의 작품을 검토하고 새로운 아이디어나 초안, 시제품 등을 평가하기도 한다. PBL에서 학생들이 서로의 작품을 비평하는 것은 다음과 같은 이유에서 굉장히 가치가 있다.

- 학생들이 독립적으로 활동하는 법을 배울 수 있다.
- 시간에 쫓기는 교사의 짐을 덜어준다.
- 학생들이 수준 높은 작품을 위한 기준을 내면화할 수 있다.
- 비판적 사고력, 협업능력, 의사소통 능력을 증진시킨다.

동료 비평이 효과적으로 이루어지려면 표준과 절차가 필요하다. 그렇지 않으면 학생들은 우왕좌왕하게 되고 유용한 비평이 이뤄지지 못한다. 탐험학습(Expeditionary Learning, 다양한 교과가 통합된 심층 탐구 주제 중심의 PBL을 실천하는 미국의 학교 연합으로 현재 150개 이상의 학교가 참여하고 있다. - 역자 주)의 론 버거Ron Berger는 '유용하고 구체적이며 친절할 것'이라는 동료 비평의 기준을 제시한다(Berger, 2003). 버거의 인기 있는 동영상인 〈오스틴의 나비(Austin's Butterfly)〉는 동료 비평의 절차와 동료 비평이 지닌 힘을 잘 보여준다[8].

동료 비평에는 다양한 절차가 사용될 수 있다. 그 한 가지 예로 앞의 표에서 소개한 집중 검토 회의(charrette)가 있다. 건축 분야에서 처음 시작된 집중 검토 회의는 2~3명이 짝이 되어 돌아가면서 자신이 진행 중인 일이나 지금 구상 중인 아이디어를 소개하는 방식으로 이뤄진다. 학생들은 서로에게 한두 개의 질문을 던지거나, 함께 생각하며 도움을 얻고 싶은 질문을 제시한다. 그러면 동료들은 피드백을 주고, 자신의 생각을 제안한다. 갤러리 워크(gallery walk, 학생들이 조별로 다른 문제나 과업을 받아 해결한 뒤 다른 조를 차례로 옮겨 다니며 해당 조에 주어진 문제나 과업에 대한 해답이나 해결책을 덧붙이는 형태의 수업 활동이다. 모든 과정이 끝나면 학생들은 원래 조로 돌아와 다양한 해답이나 해결책을 통합한 최종 결과물을 작성하고 그것을 발표하게 된다. - 역자 주), 비평 친구(critical friends), 자문 등도 이러한 절차의 일종이다. 전국 학교 혁신 위원회(National School Reform Faculty) 홈페이지에는 동료 비평에 관한 다양한 절차가 소개되어 있다[9].

효과적인 비평 절차를 위해서는 두 가지 핵심 요소를 포함해야 한다.

① 각 단계의 소요 시간이 명시된 구조화된 절차
② 비평의 토대가 되는 기준(특정 결과물을 위한 채점표나 점검표 등)

절차에 따라 비평 과정에 참여하지 않으면서 도움을 주는 조력자가 있는 경우도 있고, 참가자들이 스스로를 비평하기도 한다. '비평 친구'라는 절차에서는 과정을 관리하는 조력자가 참여자에게 시간과 절차 및 표준을 상기시켜준다. 갤러리 워크의 경우 정확한 시간에 따라 단계가 구분되어 있지 않기 때문에 참가자 전원이 진행 방법을 알고 나면 별다른 조력자가 필요하지 않다.

성공역량 평가하기

교사는 학생의 교과 지식을 평가하는 법을 알고 있다. 예를 들어 앞서 소개한 〈인턴 의사가 되어 환자를 치료해요〉에서 학생의 과학 지식은 수업 후 이루어지는 '배운 내용 요약하기'를 비롯해 검사 결과지, 쪽지 시험, 그리고 진료 보고서의 개요, 초안, 최종 원고를 통해 평가됐다. 이처럼 PBL에서도 당연히 기존의 평가 방식이 활용된다.

그러나 비판적 사고력 같은 능력의 평가는 교사에게 생소한 영역일 수 있다. 문제해결력, 협업능력, 자기관리능력과 같은 성공역량 역시 마찬가지이다. 여기에서는 프로젝트 상황에서 성공역량을 평가하는 데 필요한 실용적인 조언과 지침을 소개하고자 한다.

- 평가 대상이 되는 역량이 정확히 어떤 것인지 명시하는 지침 또는 채점표를 이용하여 학생의 평가와 성찰을 지도한다.

- 자기 보고서, 동료 보고서, 교사 관찰 등을 종합하여 평가를 위한 정보를 수집한다. 예를 들어, 학생에게 스스로 모둠 구성원으로서 어떻게 역할하고 있는지 돌아보고, 자신이 속한 모둠이 잘 하고 있는지 말해 보게 한다. 바람직한 수업 문화에 익숙해진 고학년 학생들은 자신뿐만 아니라 동료의 협업능력에 대해서도 보고할 수 있다. 이 자료를 교사의 관찰 결과와 비교하여 정확한 판단을 내리도록 한다.
- 학생 스스로 성공역량을 발휘한 상황을 프로젝트 일지에 기록하도록 한다. 저학년의 경우 교사에게 직접 말하도록 해도 된다.
- 학생 프레젠테이션 때, 그리고 프로젝트가 끝났을 때 자신이 성공역량 부문에서 어느 정도의 성장을 이루었는지 학생들이 스스로 성찰해 보게 한다.
- 평가의 목적은 역량을 발전시키도록 지도하는 것이지 등급이나 점수를 부여하기 위한 것이 아님을 명심해야 한다. 성공역량에 성적을 부여할 것인지 아닌지는 교사 각자의 판단에 달려 있다.

TIP

창의성 평가하기

교사가 창의성을 평가하는 것에 대해서는 논란의 여지가 있습니다. 창의성을 평가하는 일 자체에 불편함을 느낀다면 혁신의 과정에 초점을 맞추면 됩니다. 학생이 얼마나 충실하게 혁신의 과정을 따랐는지 보는 것입니다. 평가의 주된 목적은 점수를 매기는 것이 아니라 학생이 성장하도록 지도하는 데 있습니다. 따라서 '얼마나 창의적인지'에 대해 점수를 줄 필요는 없습니다. 학생이 아니라 학생의 활동을 평가하고 피드백을 주도록 합니다. PBL에서의 창의성과 혁신을 평가하는 채점표는 벅 교육협회 홈페이지[10]에 소개되어 있습니다.

4단계
: 결과물 발표하기

● 4단계는 프로젝트의 마지막을 장식하는 단계이다. 학생들이 최종적으로 결과물을 다듬고 점검하여 청중에 공개하는 시기로, 매우 바쁜 시기다. 교사와 학생이 함께 지금까지의 모든 과정을 돌아보고 무엇을 성취하였는지 생각해 보는 시간을 가지며 4단계는 마무리된다.

　마지막 단계인 이 시점이야말로 프로젝트의 성패를 좌우한다. 교사는 4단계를 계획하는 데 소홀해서는 안 된다. 프로젝트가 잘 진행되고 있는 줄 믿고 있다가 4단계에 와서야 학생들이 수준 높은 결과물을 만들지 못했거나 핵심 학습 목표를 달성하지 못했다는 것을 깨닫는 일이 있기 때문이다. 대부분의 프로젝트 4단계는 최종 프레젠테이션을 남겨둔 상태이며, 마감일에 맞추기 위해 서둘러야 하는 상황이다. 4단계를 잘 운영하면 큰 문제를 막을 수 있다.

TIP

PBL에서의 성적은 어떻게 부여할까요?

PBL에서의 성적 산출은 복잡해 보입니다. 결과물과 기준이 다양하고 어떤 활동은 모둠별로 이루어지기 때문이지요. PBL에서의 평가를 위한 몇 가지 유용한 의견을 제시하고자 합니다.

- '일반적인' 과제나 단원 평가와 똑같은 채점 시스템을 사용합니다.
- 프로젝트 전체에 대해 하나의 점수를 주지 않도록 합니다. 그렇게 되면 그 점수 하나가 너무 큰 의미를 갖게 되며, 나아가 학생이 특정 영역에서 보이는 장단점이 모두 묻혀버리게 됩니다. 과제나 결과물마다 점수나 등급을 따로 부여하는 것이 좋습니다.
- 모둠 전체가 만든 최종 결과물이나 프레젠테이션에 아예 성적을 매기지 않는 것도 고려해 볼 만합니다. 모둠별로 성적을 주면 공정성 시비가 생길 수 있으며, 프레젠테이션 자체를 평가하게 되면 한 가지 사안에 많은 무게가 실리게 됩니다. 그보다는 개별 활동만을 평가하는 것이 좋은 방법입니다.

프레젠테이션과 전시회

프로젝트의 성격에 따라 학생들은 다양한 방식으로 자신의 작품을 공개할 수 있다. 청중과 직접 대면하며, 혹은 온라인을 통해 격식을 갖춘 프레젠테이션을 할 수도 있다. 작품을 인터넷에 올리거나 물리적 공간에 전시할 수도 있다. 사용 가능한 제품의 경우 사용자에게 나누어줄 수 있으며, 문서 형태의 결과물일 경우 독자에게 배부할 수도 있다.

앞서 살펴본 바와 같이 일부 학교는 학부모와 지역 사회를 대상으로 하는 전시회를 열기도 한다. 전시회는 주로 방과 후나 저녁에 이루어진다. 학교 개방의 날 등 다른 행사와 연계될 수도 있고, 프로젝트 작품을 전시하는 단독 행사로 열릴 수도 있다. 공개 전시회는 PBL에 대한 학부모와 지역 사회의 이해와 지지를 쌓을 수 있는 훌륭한 방법이다.

청중을 대상으로 하는 학생 프레젠테이션 운영에 도움이 될 조언은 다음과 같다.

- 프로젝트 일정표에 학생들이 프레젠테이션을 계획하고 연습할 시간을 충분히 확보해 두자. 모둠끼리 서로의 프레젠테이션을 보고 피드백을 주고받도록 하거나 연습하는 모습을 녹화하여 함께 시청한 뒤 스스로를 평가하는 방법도 유용하다.
- 필요하다면 학생들에게 발표 기술을 가르쳐라. 프레젠테이션을

구성하는 데 도움이 되는 비계[11]를 제공하길 바란다.
- 행사를 계획하는 과정에 학생을 참여시키자.
- 시간, 장소, 장비, 인력, 필요한 자료 등 운영상의 세부 사항을 꼼꼼하게 체크하자.
- 청중은 충분한 시간을 두고 사전에 초대하자. 청중에게 학생 평가나 피드백 제공 등 어떤 역할을 맡길 계획이라면 사전 준비나 설명 자료가 필요한지 결정해야 한다.
- 학생들이 프레젠테이션이 열릴 장소에서 정식으로 의상을 갖춰 입고 모든 장비와 자료, 기타 요소를 갖춘 채 최종 리허설을 할 수 있게 하자.
- 장비가 필요한 경우 프레젠테이션 당일에 최종적으로 장비를 점검하고 기술 지원팀을 대기시켜놓아야 한다.

평가와 성찰, 그리고 축하하기

프레젠테이션이 끝난 뒤에는 하루나 이틀 정도 그동안의 과정을 돌아볼 기회를 가져야 한다. 이 기간을 일정에도 포함시켜두길 바란다. 다음 단원이나 프로젝트로 넘어가기 전에 잠시 성찰의 시간을 갖고 배운 내용을 되새길 필요가 있다. 이를 위한 몇 가지 팁을 제시한다.

프로젝트에 관한 보고를 듣는 것으로 시작하자

각 단계에서 어떤 일이 있었는지 이야기해 보자. 활동 중 좋았던 시기와 힘들었던 시기, 성공과 실패, 어려웠던 일과 그 어려움에 어떻게 대처했는지 등을 학생들이 글로 적어보게 하자. 프로젝트의 개선을 위해, 또는 다음 프로젝트를 더 잘 하기 위해 학생들이 제시하는 아이디어를 기록해 두자.

학생질문목록과 프로젝트의 탐구질문을 최종 검토하는 시간을 갖자

학생들에게 모든 질문에 대한 해답을 찾았는지 물어보자. 중요하지 않거나 관련 없는 것으로 밝혀진 질문은 없었는지 확인해 보자. 탐구질문에 대한 만족스러운 답을 도출해 냈는지, 또 탐구질문에 대한 우리의 사고가 어떤 식으로 전개됐는지도 물어보자. 최종 결과물의 수준은 높았는지, 문제에 대한 해결책은 괜찮았는지도 물어보고, 어떤 의문이 남아있는지 혹은 어떤 문제가 새롭게 드러났는지 얘기해 보는 시간을 갖자.

학생들이 자신의 수행 정도를 스스로 평가해 보게 하자

프로젝트 일지를 다시 읽어보게 하자. 아니면 교과 지식의 이해와 성공역량 측면에서 어떤 성장을 이루었는지 글로 적거나 대화를 나누게 하자. 모둠 활동에 대한 최종 평가도 이루어져야 한다. 모둠별로 채점표를 이용하여 평가해 보게 하자. 학생들 스스로 비판적 사고력, 문제해결력, 자기관리능력 등에 대해 성찰해 보게 하자.

어떤 부분에서 발전이 필요한지 학생 스스로 알아내게 하자

'무엇을 배웠나?' '더 배우고 싶은 것은 무엇인가?' '어떤 것을 개선할 수 있을까?' '다음 프로젝트에서 다르게 해보고 싶은 것은 무엇인가?' '이번에 배운 것을 향후 어떻게 적용할 것인가?' 등의 질문에 답해 보는 시간을 갖자.

학생이 완전히 익히지 못한 핵심 지식이나 개념이 있다면 다시 가르치거나 보강하자

프로젝트의 마지막 단계에서, 최종 결과물과 프레젠테이션에서, 또는 성찰의 시간 중에 교사는 학생의 이해나 지식의 부족함을 발견할 수 있다. 지금이야말로 학생이 들을 준비가 되어 있으며 중요한 자료를 간단하게 복습할 좋은 시기다. 아니면 차후에 이 부분을 어떻게 다시 가르칠지 계획을 세우도록 하자.

성공을 축하하자

프레젠테이션 당일이나 전시회 때 학생과 손님을 위한 축하 자리를 마련하자. 교실 뒤편에서 축하 행사나 활동, 파티를 열자. 프로젝트에 대한 생각을 포스터에 기록하거나 스크랩북을 만들게 할 수도 있다. 전시나 내년을 위해 보관할 프로젝트 기념물이 있다면 모아 놓도록 하자.

테크놀로지 활용하기

● 교실에 테크놀로지가 막 도입되던 시절에는 특정 도구와 프로그램을 소개하기 위해 프로젝트 수업이 이용되곤 했다. 물론 이러한 초창기 디지털 프로젝트는 대부분 파워포인트를 통한 프레젠테이션 만들기와 같은 디저트 프로젝트였다. 테크놀로지로 인해 참신함이라는 요소가 가미됐을지는 몰라도 지속적인 탐구가 보장되는 PBL 수업은 아니었다.

이제는 시대가 바뀌었다. 학생들은 PBL을 하는 동안 다양한 디지털 도구를 활용한다. 리서치, 협업, 독창적 내용의 출판에 이르기까지 실제적인 과업을 해내는 데 훨씬 능숙하다. GSPBL은 특별히 테크놀로지 통합을 주창하지는 않는다. 그러나 모범 사례로 제시된 프로젝트들을 잘 들여다보면 프로젝트 과정 전반에 여러 가지 디지털 도구가 효과적으로 사용되고 있다. 어떤 경우에는 테크놀로지가 프로젝트의 효율성을 높여주는 역할을 하며, 테크놀로지 없이는 도달할 수 없는 영역까지 학생들을 끌어올리기도 한다(Boss & Krauss, 2014). PBL의 각 단계에서 교사와 학생이 활용할 수 있는 테크놀로지 몇 가지를 살펴보자.

1단계 : 프로젝트 시작하기

강렬한 영상이나 사진이 프로젝트 도입활동에서 호기심을 자극하는 기폭제 역할을 할 수 있다. 미국 국회 도서관에서 제공하는 아메리칸 메모리 프로젝트[12]와 같은 1차 자료 보관소에서 제공하는 디지털 자료를 활용하거나 테드 에드(TED Ed)[13], 티처튜브(TeacherTube)[14], 또는 스쿨튜브(SchoolTube)[15]에서 제공하는 동영상을 활용할 수 있다. 도입활동으로 초청 게스트의 이야기를 들어보는 경우도 있다. 만일 게스트의 직접 방문이 어렵다면 교실 속 스카이프(Skype in the Classroom)[16]나 구글 행아웃(Google Hangouts)[17]을 통한 만남의 자리를 마련할 수도 있다.

2단계 : 지식, 이해, 역량 개발하기

학생들이 배경지식과 이해를 쌓아가는 동안 교사는 교과 내용을 정리해 주며 비계를 제공해야 한다. 뉴셀라(Newsela)[18]는 최신 뉴스를 독해 수준에 맞게 다섯 단계의 난이도로 변형해 제공하는 사이트이다. 펄트리즈(Pearltrees)[19]와 디이고(Diigo)[20]를 통해서는 온라인 자료를 정리하고 공유할 수 있다. 에버노트(Evernote)[21]는 온라인상에서 동시에 여러 명이 문서 작업을 할 수 있는 도구이다.

디지털 도구는 학생의 이해를 점검하는 데 유용하다. 형성평가를 위한 도구로는 투데이즈밋(TodaysMeet)[22]이 있다. 여기에서는 학생들 사이의 대화가 가능한 '백채널'을 제공한다. 패들렛(Padlet)[23]에서는 가상의 게시판을 만들 수 있는데, 학생은 이 게시판에 소감이나 사진, 배운 내용 요약하기 등을 남길 수 있다.

탐구질문에 필요한 자료 수집을 위해 설문 조사나 투표 등을 실시할 때에는 폴 에브리웨어(PollEverywhere)[24], 구글 폼즈(Google Forms)[25], 서베이몽키(SurveyMonkey)[26]와 같은 도구가 유용하다.

블로그는 학생들이 프로젝트 기간 동안 자신의 학습을 성찰할 수 있는 공간이 되며, 이곳에서 서로의 게시물에 대한 소감을 주고받을 수 있다. 학생용 블로그 플랫폼으로는 에듀블로그(Edublogs)[27], 키드블로그(Kidblog)[28], 위블리(Weebly)[29] 등이 있다. 이외에도 교육 사이트인 에드모도(Edmodo)[30]에서도 온라인 교실에 학생 블로그를 추가할 수 있다.

3단계 : 결과물을 발전시키고, 비평하고 개선하기

학생들이 결과물을 발전시키고 비평하며 탐구질문에 대한 답을 찾는 동안에는 공동 작업을 위한 도구가 유용하다. 스케치업(Sketchup)[31]은 3D 모형을 만들 수 있는 온라인 도구이다. 구글 독스(Google Docs)[32]에서는 시간과 장소에 구애받지 않고 공동 작업이 가능하다.

4단계 : 결과물 발표하기

청중에게 자신의 학습 결과를 공개할 준비를 하는 단계인 만큼 다양한 테크놀로지의 도움을 받아 독창적인 내용을 만들어 발표하고 온라인상에 공개할 수 있다. 학생 스스로 결과물을 어떻게 발표하고 공유할 것인지 결정하게 해 학생의 의사와 선택권을 독려할 수 있다.

자료를 좀 더 이해하기 쉽게 만들고 싶다면 루시드차트(Lucidchart)[33]나 플로잉데이터(FlowingData)[34]를 이용할 수 있다. 인터렉티브 포스터를 만들고 싶다면 글로그스터(Glogster)[35]라는 도구를 사용하면 된다. 스토리버드(Storybird)[36]는 이미지를 인터렉티브 스토리로 바꾸는 도구인데, 어린 학생들도 사용할 수 있다. 징(Jing)[37]과 스크린캐스트-오-매틱(Screencast-O-Matic)[38]과 같은 도구를 이용하면 사진이나 그림에 내레이션을 추가할 수 있다. 다큐멘터리와 같은 결과물을 만들어내는 프로젝트의 경우 팟캐스팅, 동영상 제작, 온라인 출판용 도구를 이용할 수 있다.

프로젝트 운영을 위한 도구들

프로젝트를 진행하는 동안 프로젝트 운영에 도움이 될 만한 도구를 활용할 수 있다. 온라인 달력, 수업 웹사이트, 위키(WiKi), 라이브바인더(LiveBinders)[39]를 이용하여 중요한 세부 사항과 마감일을 기록하고 모두가 그것을 볼 수 있도록 할 수 있다. 트렐로(Trello)[40]는 학생들이 모둠 활동을 관리할 수 있도록 도와주는 도구다. 프로젝트 파운드리(Project Foundry)[41]나 에드모도 같은 플랫폼을 이용하면 PBL의 모든 요소를 한곳에서 관리할 수 있어 교사가 학습을 순조롭게 진행시킬 수 있다(한국의 상황에 맞게 카카오톡, 네이버 밴드 등을 활용하는 방법도 있다. 에버노트와 패들렛, 구글 폼즈, 서베이몽키, 위블리, 구글 독스 등은 한국어 서비스를 제공하고 있다. - 역자 주).

생각해 볼 문제

PBL에 어떤 테크놀로지를 통합할 것인지 고려할 때 지침으로 삼을 만한 몇 가지 질문을 제시한다.

학생들이 달성해야 하는 핵심 학습 목표는 무엇인가?

최우선으로 고려해야 하는 것은 학습 목표이다. 최신 테크놀로지 위주로 프로젝트를 계획해서는 안 된다.

학생의 테크놀로지 접근성은 어느 정도인가?

학생 전원이 사용할 노트북을 학교가 갖추고 있거나 필요한 장비를 각자 준비할 수 있는 환경이라면 큰 문제가 되지 않는다. 하지만 테크놀로지 접근성이 제한적이거나 가정에서 인터넷 접속을 할 수 없는 학생들이 있다면 디지털 도구 사용에 대한 깊은 고민이 필요하다.

교사의 테크놀로지 활용 능력은 어느 정도인가?

디지털 시대의 학습에 익숙하지 않은 교사라면 자신을 도와줄 사람이 있는지 생각해 보아야 한다. 협업이 가능한 미디어 전문가나 기술 전문가, 또는 그 방면에 경험이 있는 동료가 있는가? 이 사람들 외에도 교사와 학생의 디지털 활용 능력을 향상시키는 데 도움을 줄 누군가가 있는지 알아보자.

학생들이 가진 디지털 능력을 충분히 활용하고 있는가?

설문 조사를 통해 학생들 중에 동영상 제작, 프로그래밍, 3D 프린팅, 디지털 게임, 온라인 출판의 전문가가 있는지 알아보자. 그리고 이 학생들에게 또래 전문가 역할을 맡기는 것도 한 방법이다.

PBL 수업 엿보기 10

남북전쟁 속 과학기술

- **프로젝트 유형** _ 조사 연구
- **탐구질문** _ 과학기술은 미국의 남북전쟁을 어떻게 바꾸어놓았나?
- **대상 학년 및 관련 교과** _ 중학생 / 역사

● 중학교 역사 교사 조디 파사니시Jody Passanisi 와 샤라 피터스Shara Peters는 8학년(우리나라의 중학교 2학년) 학생들이 미국 남북전쟁에서 주요 전투 이상의 무언가를 기억하길 바랐다. 두 교사는 이 전쟁이 미국인들의 정신과 문화를 형성하는 데 지대한 영향을 미쳤다는 점에서 중요하다고 생각했다. 8학년 학생들의 입장에서 남북전쟁은 아주 작은 일일지 모르지만 수업을 통해 남북전쟁 중 일어났던 일들이 오늘날에도 여전히 중요한 가치를 지니고 있다는 것을 깨닫게 되길 바랐다.

두 교사는 이런 이유로 오늘날까지 영향을 미치고 있는 남북전쟁 속 과학기술을 추적해 보는 프로젝트를 설계했다. 교사들은 과학기술은 눈에 잘 보이기 때문에 학생들이 시간의 흐름에 따라 그 영향

력을 관찰해 볼 수 있을 것이라고 판단했다. 피터스는 "오늘날 학생들은 매일매일 무언가가 발명되는 시대에 살고 있습니다. 학생들은 과학기술이 우리 삶에 미치는 커다란 영향에 대해 감사하고 있지요. 따라서 이 주제는 학생들에게 결코 낯설지 않습니다."라고 설명했다.

먼저 학생들은 여러 차례 남북전쟁에 대해 배우며 배경지식을 쌓았다. 그리고 나서 교사들은 프로젝트를 시작하기 위해 학생들에게 '오늘날의 과학기술과 과거의 발명 사이의 연관성'을 만들어보게 했다. 먼저 학생들은 현대의 전쟁과 방어에 사용되는 과학기술에 어떤 것들이 있는지 생각해 보는 시간을 가졌다. 이후에는 전쟁 속 과학 기술의 역할에 대한 짧은 글쓰기 활동을 진행했다. 교사들은 역사 채널의 〈모던 마블스Modern Marvels〉란 프로그램을 보여주며 학생들에게 남북전쟁 기간 동안에 등장했던 다양한 과학 기술을 소개했다. 학생들은 과학기술이란 주제를 통해서 전쟁을 바라보는 데에는 여러 가지 방식이 있을 수 있다는 사실을 깨닫기 시작했다.

이러한 도입활동은 교사들이 탐구질문을 소개할 수 있는 무대를 마련해 주었다. 교사들은 '과학기술은 미국의 남북전쟁을 어떻게 바꾸어놓았나?'라는 탐구질문을 제시했다. 탐구 활동을 시작하면서 학생들은 프로젝트 모둠을 구성했다. 모둠 구성은 학생들의 관심 분야에 기초해 이루어졌다. 의료, 통신, 수송, 음식 등이 기준이 됐다. 교사들은 이 프로젝트를 꾸준히 진행해 왔는데, '음식'이란 주제는 2014년 봄 학기 프로젝트부터 새로 포함되었다. 학생들은 이 주제를 매우 좋아했다. 오늘날 간편하게 먹는 즉석 식품의 원조 격인 통조림이 남북전쟁 기간 중 병사들의 영양 상태를 유지해 주는 혁신적인 기술 중 하나였다는 것을 알게 된 학생들은 매우 놀라워했다.

학생들은 스스로 정한 주제와 1차 자료 및 2차 자료 등을 모두 조사해야 했다. 최종 결과물로는 각 모둠별로 스스로 선택한 남북전쟁 당시의 과학기술을 잘 보여줄 수 있는 인공 결과물을 제작했다. 그런 후 학급 친구들 앞에서 남북전쟁 당시 과학기술의 다양한 영향력에 관해 발표했다.

무엇을 최종 결과물로 할 것인가에 대한 별다른 제약은 없었다. 하지만 모든 모둠이 동일한 기준으로 평가받는다는 조건은 있었다. 결과물로 배 모형을 만들 수도 있고, 노래를 만들 수도 있고, 혹은 실제로 작동되는 전신기를 만들 수도 있었지만 어떤 형태의 결과물이든 동일한 기준을 만족시켜야 했다. 결과물은 아름다워야 하고, 생각의 깊이가 느껴져야 하며, 공유할 수 있으며 지속적인 이해를 염두에 두어야 했다.

오늘날 과학기술의 발달은 학생들이 과거를 해석하는 데 많은 도움을 주었다. 학생들은 틴커캐드(Tinkercad)나 메이커봇(MakerBot) 등 3D 도구를 활용해 남북전쟁 시기의 무기류와 전함의 미니 모형을 제작했다. 한 모둠은 한 교실에서 다른 교실로 메시지를 전송할 수 있는 전신기를 제작했다. 이 모둠은 교사들에게도 깊은 인상을 남겼다. 학생들 덕분에 교사들은 장애물을 극복하고 성공으로 나아가는 투지에 대해 생각할 수 있었다.

학생들은 피드백을 주고받으며 결과물을 개선하는 시간을 가졌다. 이러한 경험은 시행착오를 통한 배움의 중요성을 깨닫게 해주었다.

두 교사는 PBL 수업을 실천하면서 교육자인 론 버거Ron Berger와 개리 스테이져Gary Stager로부터 많은 영향을 받았다. 〈탁월성의 윤리(An Ethic of Excellence)〉(2003)의 저자인 론 버거로부터 프로젝트는 아름다운 결과물을 도출해야 한다는 것을 배웠다. 또 작가이자 교육 컨설턴트인 개리 스테이져가 이끌었던 PBL 워크숍을 통해 PBL에 대한 깊은 이해를 가질 수 있었다.

교직 경력 10년차에 접어드는 파사니시는 "교직을 처음 시작했을 때부터 구성주의에 상당히 매료되어 있었습니다. 비록 그 당시엔 프로젝트를 진지하게 생각하지 않았지만 PBL에 대해서 조금씩 알아갈수록 PBL이 그저 단순한 활동이 아니라는 것을 깨닫게 됐어요. PBL은 구성주의를 실현할 수 있는 방법입니다. 학생 중심의 배움에 초점을 맞추게 해주지요. 우리는 아이들에게 '남북전쟁 기간 동안 일어났던 중요한 내용이 바로 이거야!' 라고 말하지는 않습니다. 하지만 학생들이 핵심 지식과 이해를 스스로 발견할 수 있도록 도와줍니다."라고 말한다.

피터스 또한 비슷한 견해를 가지고 있다. PBL에 관한 교사 연수 이후 피터스는 GSPBL의 특징에 깊이 매료됐다. 피터스는 교사로서의 정체성이 형성되기 시작할 무렵부터 PBL에 대한 생각을 마음에 품고 있었다. 피터스는 파사니시의 교실에서 아이들을 가르쳤고 두 교사는 이후로도 줄곧 협력하며 서로의 생각을 펼쳐나갔다. 최근까지도 두 교사는 남부 캘리포니아 지역의 대안 학교에서 함께 아이들을 가르쳤다. 피터스는 최근 새로운 학교로 옮겨 갔지만 여전히 파사니시와 팀을 이루어 프로젝트를 진행하고 있다.

남북전쟁에 관한 프로젝트는 매년 수정되고 업데이트 되며 발전하고 있다. 가장 최근에 실시한 프로젝트에서 학생들은 전문가들과 직접 접촉하기 위해 트위터를 사용했다. 두 교사는 학생들이 프로젝트 과정 중 소셜 미디어를 더 많이 사용하게 되길 원한다. 또 온라인 출판을 통해 학생들이 더 많은 대중들과 만나게 하는 것도 고려 중이다.

파사니시는 최근 학생들이 스스로 학습을 관리할 수 있도록 도와주기 위해 한 가지 활동을 프로젝트에 추가했다. 간단한 체크리스트를 만들어 학생들이 자료를 조사하고 평가하는 단계부터 결과물을 개발하고 발표하는 것에 이르기까지, 각각의 단계를 되돌아보고 점검할 수 있게 한 것이다.

두 교사는 학생들의 창의성을 해치지 않는 선에서 한계를 주는 것과 가이드라인을 제시하는 것 사이의 미묘한 갈등이 있음을 인정한다. 이들은 언제나 자율성의 측면에서 그 둘 사이 긴장의 팽팽함과 느슨함을 조절하려고 노력한다. 예를 들어, 과제에 이정표로서 '마감일'을 정해 두면 학생들이 스스로 학습을 관리하는 데 도움을 줄 수 있다. 파사니시는 "학생들이 스스로 자신의 시간을 책임지는 모습을 보면 참 대견합니다. 적절한 비계를 제공하면 학생들은 스스로 어떤 책임을 지고 있는지, 또 무엇을 해야 하는지 알게 됩니다."라고 말한다.

파사니시는 꼭 PBL 수업이 아니더라도 의도적으로 학생들에게 다양한 학습 경험을 제공한다. 남북전쟁 당시의 과학기술에 대해 배우기 전에 파사니시는 전통적인 수업 방식으로 남북전쟁의 원인에 대해 가르쳤다. 이를 통해 학생들에게 남북전쟁에 관한 배경지식을 충분히 제공해 주었다. 따라서 학생들이 과학기술 단원으로 넘어왔을 때 학생들은 이미 남북전쟁의 역사적 맥락을 알고 있었다. 학생들은 과학기술 단원을 배울 준비가 되어 있었고, 자신감을 가질 수 있었다.

••• 프로젝트 응용해 보기

변화하는 과학기술의 역할이라는 주제를 인문지리학, 과학, 문학, 미디어 정보 해독학 등의 다른 학습 영역으로 연결하여 프로젝트를 진행해 보자.

PBL 수업 엿보기 11

우리 지역의 시민운동가

- **프로젝트 유형** _ 추상적인 질문 탐구 & 디자인 챌린지
- **탐구질문** _ 우리 지역에서 인권과 정의를 수호한 시민운동가들에게 어떻게 존경과 경의를 표할 수 있을까?
- **대상 학년 및 관련 교과** _ 고등학생 / 인문학(국어와 역사 통합 수업)

● 미국 오레곤주 포틀랜드시, 루즈벨트 고등학교에 재학 중인 줄리오Julio는 고등학교 생활을 프로젝트 수업과 함께 시작했다. 줄리오는 "처음엔 필수 과목인 이 수업에 별 흥미를 느끼지 못했어요. 하지만 프로젝트가 끝나갈 무렵엔 프로젝트가 제 삶을 바꾸어 놓았다는 걸 깨닫게 됐죠. 프로젝트 덕분에 전혀 새로운 세계를 경험하게 됐어요."라고 말했다(Boss, 2014a).

줄리오가 참여한 〈우리 지역의 시민운동가〉는 이제 학교의 전통이 되었다. 여러 교과가 융합된 이 인문학 프로젝트를 통해 학생들은 자신들이 살고 있는 지역에서 사회 정의를 위해 싸웠던 사람들의 이야기를 찾아내 발표한다. 학생들은 잘 알려지지 않았던 지역의 시민운동가들을 만나서 인터뷰하고 그들에 관한 이야기를 글로 쓴다. 그 가운데서 좋은 작품은 따로 선별되어 책으로도 만들어진다. 이러한 과정을 거치면서 학생들은 글쓰기 능력을 키우는 한편, 지역 시민운동의 역사를 배우고 경험하게 된다. 프로젝트의 끝 무렵에는 상당한 규모의 박람회를 개최한다. 박람회를 통해 지역 주민들과 직접 만나 다소 어려운 주제에 대해 대화하며 의사소통 능력을 효과적으로 활용하는 기회를 갖는 것이다.

이 프로젝트는 여름 방학 글쓰기 과정에서 처음 시작됐다. 이후 9학년(우리나라의 중학교 3학년) 역사를 가르치는 조지 비숍George Bishop과 국어를 가르치는 숀 스완슨Shawn Swanson이 공동으로 실시하는 인문학 수업에서 〈우리 지역의 시민운동가〉로 재탄생했다. 두 교사는 2012년에 90명의 학생과 함께 처음 이 프로젝트를 시작했으며 이듬해엔 120명의 신입생들과 함께 프로젝트를 진행했다.

스완슨은 CCSS에 기반해 프로젝트 수업을 구성했다. 학생들은 인터뷰를 준비하면서 정보를 수집하는 능력을, 글을 쓰고 수정하면서 정보를 제공하는 글쓰기 능력을 활용했다. 스완슨은 "프로젝트는 지역의 시민운동가를 알아보는 일에 그치지 않았습니다. 이야기를 들은 것만으로도 학생들은 상당히 고무됐지만 그것만으로는 충분하지 않다고 생각했습니다. 저는 학생들에게 이렇게 요구했습니다. '여러분들은 다음 세대의 자유를 지켜낼 수 있는 인물이 되어야 합니다.'"하고 말했다.

프로젝트의 마지막 순서로 학생들은 직접 연설에 나섰다. 앞서 지역 시민운동가를 인터뷰하고 조사하던 과정에서 마음을 움직였던 한 가지 이슈를 정한 후 연설문을 작성한 것이다. 학생들은 이 과정을 통해 열띤 논쟁을 벌이는 방법과 근거를 통해 주장을 뒷받침하는 방법을 배울 수 있었다.

예를 들어, 줄리오는 이민과 인종에 관한 설득력 있고 강렬한 연설문을 작성하여 많은 시민들 앞에서 연설을 했다. 줄리오는 비영리 단체의 리더인 한 시민운동가에게 상당한 관심을 가졌는데, 그는 이민자들이 스스로의 권리를 충분히 이해할 수 있도록 도와주고 타 문화 간의 의사소통을 증진시키려고 노력했던 인물이었다. 줄리오는 연설가로서 자신감을 가지게 된 한편, 해당 이슈에 관한 통찰력을 가지게 됐다. 줄리오는 "처음에는 이민과 인종, 소득 격차에 관한 문제들이 복잡하게 느껴졌지만 점차 이해하기 쉬운 문제가 됐어요. 이제는 이 문제에 관해 명확한 견해를 가지게 됐습니다. 이 프로젝트를 통해서 도대체 왜 그런 문제가 발생했고 그 원인과 결과는 무엇인지를 더 잘 이해할 수 있었어요. 이 문제에 대한 다른 사람들의 견해도 이해할 수 있게 됐습니다. 나는 스스로가 지금 무엇을 하는지, 어디로 가고 있는지 알고 있습니다."라고 말했다.

이 프로젝트는 자연스럽게 성찰을 강조한다. 한 예로, 프로젝트에 참여했던 레티시아Leticia는 한 시민 단체 대표와 인터뷰하면서 자신의 삶을 돌아보게 됐다. 그는 어린 시절 상당 시간을 노숙자로 지냈지만 그런 삶 속에서도 자신과 같은 처지의 다른 사람들을 돕겠다는 목표를 가졌다. 이 이야기는 6명의 형제자매가 있는 레티시아에게 큰 감동을 주었다. 레티시아는 "이제부터 내 형제자매들을 잘 지도하고 그들에게 큰 영감을 주도록 노력할 거예요. 그들을 위해 최선을 다하겠어요." 하고 다짐했다. 학생들은 그들이 만난 시민운동가처럼 사회 정의를 실천하고 싶어 한다. 그런 이유로 프로젝트에 많은 시간과 노력을 기울이게 된다. 한나Hannah라는 학생은 "이 프로젝트 수업은 그저 교과서를 읽고 노트를 필기를 하는 수업이 아니에요. 이 프로젝트는 정말 인생을 논하는 수업이에요."라고 말했다.

프로젝트의 성공을 가져다줄 핵심 요소는 학생들의 연설을 들어줄 실제적인 청중을 초대하는 것이다. 지금까지 주립 역사 협회, 교회, 대학 캠퍼스 등에서 진행된 프로젝트 박람회에 대략 3,000명 이상의 사람들이 청중으로 참가했다. 박람회 개최를 통해 프로젝트는 널리 알려질 수 있었고 지속될 수 있는 힘을 얻었다. 이 프로젝트를 통해 지역의 시민운동가로 선정된 사람들은 잘 알려지지 않은 또 다른 시민운동가들을 추천해 주는 등 이후의 프로젝트를 지원해 주었다. 이를 통해 학교와 지역 사회 간에 강한 연대가 구축될 수 있었다.

••• 프로젝트 응용해 보기

교육과정을 살펴보고 말하기와 쓰기 수업을 연결할 수 있는 방법을 찾아보자. 예를 들어, 학생들이 수행한 과학적인 연구를 일반 시민들을 대상으로 발표하게 할 수 있다. 혹은 학생들이 조사한 이슈에 관해 지역 주민들에게 강의하는 시간을 마련해 볼 수 있다. 이를 위해 박람회를 열어보는 것도 한 방법이다. 한편, 어린 학생들이나 대화가 서툰 학생들의 경우 인터뷰 가이드라인을 제시하거나 질문지 작성에 도움을 주는 방식으로 프로젝트 활동을 지원해야 한다.

PBL 수업 엿보기 12

미니 골프장 디자인하기

- **프로젝트 유형** _ 디자인 챌린지
- **탐구질문** _ 삼각형의 특징과 변환을 활용하여 어떻게 미니 골프장을 디자인할 수 있을까?
- **대상 학년 및 관련 교과** _ 고등학생 / 수학(기하학) · 테크놀로지

● 뉴욕주 렌셀러 지역 테크 밸리 고등학교에서 그리 멀지 않은 곳에 실내 미니 골프장이 있다. 이 학교 학생들은 각도기와 줄자를 손에 들고 골프장의 인공 잔디 위를 걸었다. 다리 위와 장애물 주변에서 골프공을 치기 위해 뱅크 샷이나 더블 뱅크 샷 등의 다양한 샷을 시도하면서 학생들은 수학에 기반한 관찰 활동을 했다. 이 모습은 기하학 지식을 활용하는 〈미니 골프장 디자인하기〉의 도입활동이었다.

엔지니어로 일하다가 수학 교사가 된 제이슨 어윈Jason Irwin은 수학 개념을 실생활에 적용할 수 있게 해주는 프로젝트를 정기적으로 설계해 왔다. 〈미니 골프장 디자인하기〉 역시 수학을 실생활에 적용하기 위해 마련되었다. 어윈은 프로젝트의 실제성을 더하기 위해

골프장의 소유주에게 미리 부탁해 학생들에게 골프장 디자인을 의뢰해 줄 것을 요청했다. 그러고는 학생들에게 "골프장 소유주는 25년 동안 한 번도 골프 코스를 변경하지 않았습니다. 이제 고객 유치를 위해 골프장을 새롭게 단장하고 싶어합니다."라고 설명해 주었다.

골프장에서의 관찰 활동을 마친 후 교실로 돌아온 어윈과 학생들은 프로젝트에 관해 자세하게 이야기를 나누며 함께 문제 진술(problem statement)을 만들었다. 문제 진술이란 학생들이 맡아야 할 역할(이 경우에는 미니 골프장 디자인)과 프로젝트의 목적에 대해 간략히 진술하는 것을 의미한다. 여기서 목적이란 골프장 소유주인 의뢰인이 새롭게 골프장을 꾸며 고객들에게 기분 좋은 경험을 제공하는 일이 된다. 문제 진술은 이 프로젝트가 무엇이고 왜 하는지를 간략하고 분명하게 설명해 준다.

어윈은 수학적인 내용에 초점을 둔 탐구질문을 학생들에게 소개했다. 탐구질문은 '삼각형의 특징과 변환을 활용하여 어떻게 미니 골프장을 디자인할 수 있을까?'였다.

어윈은 학생들에게 여러 골프 코스 테마를 소개한 뒤, 관심사에 따라 모둠을 구성하도록 했다. 원활한 모둠 운영을 위해 학생들은 모둠 활동의 기준과 기대치를 간략하게 설명해 주는 모둠 계약서를 작성했다. 모둠 계약서에는 협업과 관련해서 특별한 역할을 맡을 사람을 명시하게 했다. 예를 들어, 한 학생이 책임 매니저가 되어 시간과 과정을 관리하고 또 다른 학생은 서류와 팀 조직을 관리하는 식이다. 이러한 역할 부여를 통해 학생들이 모둠을 잘 유지하며 프로젝트의 과정을 잘 따를 수 있게 했다.

학생들은 디자인 과정을 통해 아이디어를 구상했고, 서로 비평하며 여러 차례 디자인을 개선하는 과정을 거쳤다. 어윈은 구체적인 수학 개념을 강조했기 때문에 학생들이 직접 손으로 디자인을 그리도록 했다. 또 모눈 종이를 사용하게 해 배워야 할 기하학적 내용과 디자인이 연결되게 했다.

학생들은 테크놀로지를 활용해 3D 입체 디자인을 했다. 어떤 학생들은 스케치업(SketchUp)이라는 프로그램을 사용했고 좀 더 기술적으로 뛰어난 학생들은 캐드(CAD)라는 프로그램을 사용했다.

이 프로젝트는 구체적인 수학 개념과 더불어 창의성을 발휘할 수 있는 여지도 제공했다. 사람들의 관심을 끌 수 있는 매력적인 디자인에 대해 고민해 보게 한 것이다. 한 모둠은 어린이 골퍼들의 마음을 사로잡기 위해 캔디랜드를 테마로 했고, 또 다른 모둠은 정글, 초현대 등을 테마로 했다. 프로젝트의 마지막 단계에서 학생들은 안내 편지와 함께 프레젠테이션 형식의 최종 디자인을 골프장 소유주에게 이메일로 보냈다.

어윈은 수년간 〈미니 골프장 디자인하기〉를 실시하면서 매년 다른 골프장 소유주들과 함께 프로젝트를 진행했다. 어떤 골프장 소유주는 학교에 와서 프레젠테이션을 직접 참관했지만 어떤 이들은 글로 쓴 제안서를 더 선호했다. 마찬가지로 학생들의 창의적인 아이디어 또한 매년 다른 모습이었다.

● ● ● 프로젝트 응용해 보기

수학적인 내용을 포함시키는 또 다른 방법이 있다. 학생들에게 디자인에 들어가는 비용을 계산해 보게 하는 것이다. 미니 골프장 리모델링에 필요한 비용 추정해 보기, 골프장 개선을 위해 필요한 자금을 위한 여러 선택지들을 계산해 보기 등의 활동을 할 수 있다. 만일 여건이 된다면 학생들에게 3D 입체 모형을 만들어보게 할 수도 있다.

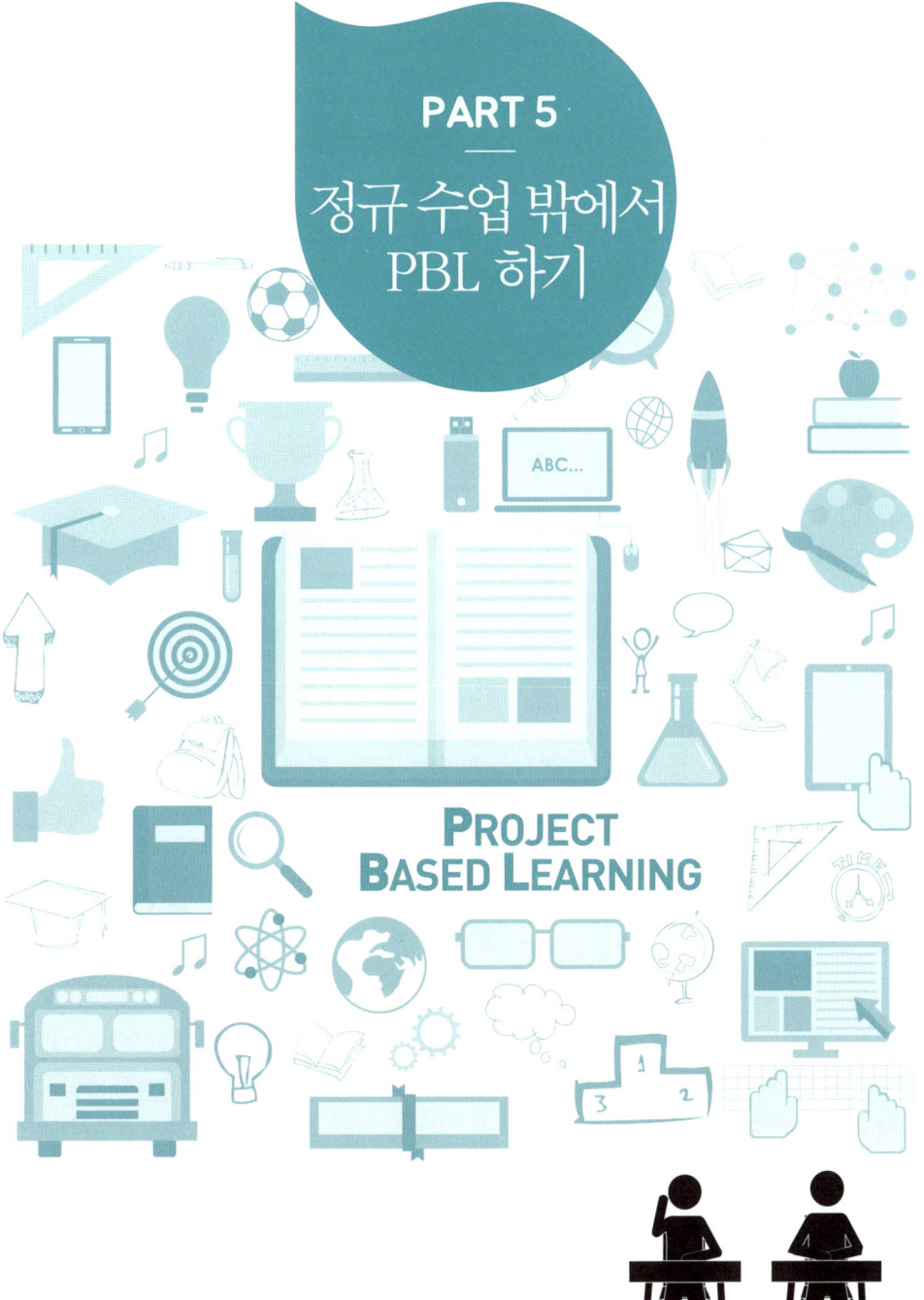

PART 5
정규 수업 밖에서 PBL 하기

● 학교 정규 수업 이외의 활동에서 PBL은 어떤 모습일까? 방과 후 동아리와 청소년 단체에서부터 여름 방학 프로그램에 이르기까지 비정규 교육 프로그램에서도 PBL은 점차 관심을 끌고 있다. PBL은 학생들의 흥미를 자극하고, 학생들 사이에 긍정적인 관계를 형성하며 실제적인 문제해결에 참여하게 만드는 전략으로 평가받고 있다.

변화에 앞장서고 있는 미국의 일부 지역에서는 기존의 방과후학교 및 여름 방학 프로그램을 PBL 활동으로 바꾸고 있다. 과거 강사의 지도 아래 숙제를 하거나 개인 교습을 받고, 레크레이션 활동을 하며 시간을 보냈던 청소년들은 이제 지역 사회에 보탬이 될 수 있는 흥미로운 프로그램에 참여하고 있다.

- 지역 사회의 공기 오염에 관심을 가진 고등학생들이 방과후학교 시간을 활용해 학교 주변에 감시 장치를 설치했다. 그렇게 모은 자료를 분석하고, 이를 증거로 정부에 공해 유발 기업에 대한 엄격한 규제를 요청했다.
- 중학생들이 동아리 활동의 일환으로 다음과 같은 탐구질문의 답을 찾았다. '고기능 저비용 의수(義手)를 만들어 전쟁이나 사고의 피해자인 개발도상국 아이들의 삶을 개선할 수 있을까?'
- 방과후학교 프로그램에 참여한 학생들이 친척들을 인터뷰하여 세계 문화와 가족 이야기를 담은 요리책을 출판했다.

PART5에서는 학생들에게 풍부한 학습 경험을 제공할 수 있는 전략들과 함께 비정규 교육에서 PBL을 활용할 수 있는 기회들을 살펴보고자 한다.

정규 수업이 아니어도 PBL은 유용한가?

● 정규 수업 외의 시간은 학교 일정이나 일과로 인한 제약에서 자유롭다. 미리 결정된 교육과정도 없고, 학년 수준에 맞게 무언가를 반드시 배워야 한다는 식의 기대치도 없다. 한마디로 숙제도 없고 점수도 없고 압박도 없다. 학생들이 무엇을 원하는지가 전부이다. 한 교사는 정규 수업 밖에서 이뤄지는 프로젝트가 "아이들에게 아이디어가 샘솟는 기회를 준다."고 말한다.

별다른 제약이 없음에도 불구하고 대부분의 비정규 학습 프로그램은 나름의 구체적인 목표를 설정한다. 어떤 프로그램은 학생들이 정규 수업 시간에 경험하지 못할 기회를 제공하며 심화 학습을 이끈다. 또 학생들의 회복탄력성(resiliency, 제자리로 돌아오는 힘을 의미하는 말로 시련이나 고난을 이겨내는 긍정적인 힘을 뜻한다. - 역자 주)을 기르는 것을 목표로 하는 프로그램도 있다. 이러한 프로그램들은 학생들을 긍정적인 롤모델과 연결시키고, 건전한 의사 결정을 연습시키며 봉사 활동에 참여시킨다. 학교에서 운영하는 여름 방학 프로그램은 종종 성적이 부진한 학생들의 학업 역량을 향상시키고, 참여를 높이는 데 초점을 맞추기도 한다.

이러한 학습은 학교와 가정에서 일어나는 기존의 학습을 보완하는 역할을 한다. 《교육 강국(Education Nation)》의 저자인 밀톤 첸 **Milton Chen**은 이런 '제 3의 학습 공간(third learning spaces)'의 중요성을 강조한다. 제 3의 학습 공간에서 학생들은 학교 수업 일정, 교실의 네 벽, 집의 위치 등에 제약받지 않고 배움을 얻을 수 있다 (Chen, 2013, p.108).

소위 '연결 학습(connected learning, 개인의 관심사, 동료 관계, 학문적·시민적·직업적 성취를 통합한 학습. – 역자 주)'으로 묘사되는 활동도 마찬가지다. 청소년들은 여가 시간에 공공 도서관, 박물관, 지역 문화 센터 등의 공간에서 테크놀로지를 활용해 발견, 창조, 비판적 사고, 현실 세계의 문제해결 등의 활동에 참여한다. 관심 있는 내용을 탐구하면서 또래와 함께 배우고 멘토로부터 배운다. 자신들만의 콘텐츠를 만들어내고 시민운동에도 참여한다.

이러한 프로그램들은 학습의 확장과 심화의 측면에 있어서 무한한 가능성을 내포하고 있다. 학교 밖 교육 현장에서 주도적인 목소리를 내는 단체 중 하나인 방과후학교 연합(Afterschool Alliance)은 방과후학교 프로그램이 중요한 학습의 장이 되어야 한다고 주장한다. 여기서 말하는 중요한 학습이란 학생들이 새로운 역량을 발전시키고, 새로운 관심을 발견하며 성취감을 맛볼 수 있는 기회를 제공하는 학습을 의미한다(Piha, n.d., p.1). 이들은 방과후학교 프로그램이 학교와 가정에서의 학습을 보완하는 역할과 함께 가치 있는 학습 기회를 제공한다는 장점이 있다고 설명한다.

이처럼 PBL은 비정규 학습 프로그램의 목표를 다루는 데에도 적합하며 학교 밖에서의 학습을 제공한다(Sefton-Green, 2013). 학생 주도의 탐구와 참여는 양질의 PBL이 가진 특징이자 학교 밖 상황에서의 학습 수준을 나타내는 지표가 되기도 한다. 양질의 PBL은 학생들이 배운 것을 바탕으로 실제 행동에 나서도록 유도한다.

또한 비정규 학습 프로그램은 다양한 기관들로부터 지원을 받고 있다. 청소년 봉사기관, 박물관, 도서관, 공원, 지역교육청 및 자매 기관 등이 방과후학교와 여름 방학 프로그램을 지원한다. 방과후학교와 여름 방학 프로그램을 지원하는 단체인 LIAS(Learning in Afterschool and Summer)는 비정규 학습 프로그램을 위한 기준을 만들었는데,[1] 다음 페이지에 소개하는 표는 LIAS가 세운 다섯 가지 핵심 학습 원리와 PBL 실천 방안 사이의 유사성을 보여준다.

GSPBL 교실에서 중요한 요소들은 비정규 학습 프로그램에서도 중요하다. 약간의 차이만 있을 뿐이다. 예를 들어 비정규 프로그램의 PBL에서 '핵심 지식과 이해'는 반드시 학문적인 영역의 학습 목표와 성취기준으로 제한될 필요가 없다. 방과후학교나 여름 방학 프로젝트에서 더 중요한 것은 학생들의 관심사, 지역 상황 등 개인

비정규 학습(LIAS)	PBL
능동적인 학습	생각과 행동을 통해 실천하며 배우기
협력하는 학습	모둠 활동을 통해 학습하고 결과물 만들기, 효과적인 협업능력 키우기
유의미한 학습	학생 주도의 탐구질문을 통해 현실적이며 중요한 질문과 문제에 대해 배우기
능숙해지도록 도와주는 학습	내용을 깊이 이해하며, 성공역량을 기르고, 반복적인 피드백과 개선의 과정을 거쳐 공개할 결과물 만들기
시야를 넓히는 학습	실제 청중에게 발표할 결과물을 만들며, 학생 의사와 선택권이 보장되는 학습

적인 의미를 가질 수 있는 내용들이다.

비정규 학습의 관점에서 가장 중요한 것은 학생 참여다. 학생들에게 학교 밖 프로그램에 참여하는 것은 의무가 아니다. 따라서 비정규 학습을 성공적으로 이끌려면 상황에 실제성을 부여하고, 학생에게 더 많은 의사와 선택권을 허락해야 한다. 매력적인 탐구질문은 프로젝트가 중심을 잡을 수 있도록 도와주며, 공개할 결과물은 학생들에게 추가적인 동기를 제공해 학생들이 최선을 다하도록 이끌 것이다.

PBL로 여름 방학 프로그램 운영하기

● 여름 방학 프로그램(summer school)에 등록하도록 학생들을 설득하는 것은 어려운 일이다. 여름 방학 동안 학교에 나가는 것이 학생들에게는 학기 중 수업에 빠지거나 형편없이 생활한 것에 대한 처벌처럼 느껴질 수도 있기 때문이다.

하지만 긍정적으로 생각해 보면 여름 방학 프로그램은 학업에 뒤처진 학생들에게 점수를 만회할 기회를 주고, 학문적 역량을 강화하도록 돕는다. 잘 설계된 여름 방학 프로그램은 학생들에게 편안한 환경에서 배울 기회를 제공하고, 다양한 특성을 가진 학생들을 위한 개별화 수업을 제공한다.

우수한 여름 방학 프로그램들이 많이 있음에도 일부 학교에서는 여전히 학습지 위주의 보수 교육을 계속하고 있다. 그런데 다른 친구들이 휴가를 즐기고 있는 동안 학교에 나와 여름 방학 프로그램에 참여해야 하는 학생들에게 어떻게 동기를 부여할 수 있을까? 이때 PBL이 유용하게 활용될 수 있다. 학생들은 프로젝트에 몰입하며 열정을 불사르고, 때로는 '공부를 하고 있다'는 사실도 잊은 채 학문적 역량을 강화하게 될 것이다.

일반적으로 여름 방학 프로그램은 짧은 기간 동안 이뤄진다. 이러한 조건은 하나의 프로젝트에 완벽하게 집중하고 행사를 통해 멋지게 마무리 할 수 있는 환경을 제공한다. 맑은 날씨와 밖으로 나가고 싶어하는 학생들의 바람은 교실 밖 환경과 지역을 기반으로 하는 PBL의 성격과도 딱 들어맞는다. 교사들의 입장에서도 여름 방학은 PBL을 시험해 볼 이상적인 기회가 될 수 있다.

와이오밍주 코디에 있는 파크 카운티 학교의 6~8학년(우리나라 초등학교 6학년 ~ 중학교 2학년)이 참여한 여름 방학 프로그램은 학생들을 학교 밖으로 내보냈다. 프로젝트는 '우리 동네는 재미없고 젊은이들이 할 수 있는 것이 충분하지 않다'는 학생들의 생각을 바탕으로 시작됐다. 학생들은 구글 지도를 활용해 RAFTS(Recreational Activities for Teens)라는 이름의 인터렉티브 지도를 만들었다. RATFS는 십 대를 위한 레크레이션 활동이란 의미를 담고 있다. 학생들은 지도에 포함된 하이킹 코스, 자전거 도로, 지역 공원 등을 글로 묘사하며 쓰기 능력과 사진 기술을 발전시켰고, 거리를 재기 위해 수학을 이용하는 한편 마케팅과 의사소통에 대해서도 배웠다.

또 다른 과학/수학 프로젝트에서는 희귀종에 속하는 꽃에 대해 배웠다. 학생들은 인근 산의 전망 좋은 곳에 서식하는 꽃들이 관광객에 의해 짓밟히고 있다는 사실을 알게 됐고, 꽃의 서식지 보호를 위해 전망대를 지었다.

아이챌린지유(iChallengeU) 프로그램은 2주짜리 여름 심화 과정이다. 이 프로그램은 지역 사업체와 비영리 단체에 실질적인 도움을 주는 활동으로 커뮤니티 컬리지의 비즈니스 혁신 과정이 결합된 프로그램이다. 프로그램에 참여한 학생들은 모둠을 이루어 교사, 지역 전문가들과 함께 문제를 조사하고, 해결책을 세우고, 프레젠테이션을 준비한다. 미시간주 홀란드에서 이 프로그램에 참여한 고등학생들은 한 기업과 함께 '핵심 인재를 모으는 방법'을 알아보았고, 지역 병원이 유방암 진단에 관해 충분한 서비스를 제공할 수 있는 방안을 마련하도록 도왔다. 농업 서비스 기관을 대신하여 농업에 대한 인식을 개선하는 캠페인을 진행하기도 했다.

오타와 지역에서 아이챌린지유 프로그램에 참여한 학생들은 자선 단체 유나이티드 웨이(United Way)를 위한 프로젝트를 실시했다. 학생들은 '우리 지역에 충분한 식량이 있다는 것을 고려했을 때, 지역 주민 중 굶고 있는 4분의 1에게 건강한 식사를 제공할 수 있는 방안은 무엇인가?'라는 탐구질문에 대해 고민했다. 탐구질문에 대한 답을 찾기 위해 식료품 저장실을 방문해 다양한 식료품 분배 시스템을 살펴보았고, 식료품 분배 시스템 개선에 관한 제안서를 작성해 심사단에 제출했다.

캐서린 스미스 초등학교 교장인 아론 브렌가드Aaron Brengard는 지역의 여름 방학 프로그램을 책임지게 됐다. 그가 소속된 캘리포니아주 산호세의 에버그린 지역의 여름 방학 프로그램은 한동안 중단되었다가 최근에 다시 시작된 상황이었다. 지역교육청 예산이 부족한 탓에 여름 방학 프로그램에는 여러 제약이 따랐다.

브렌가드는 15일 동안 학업이 부진한 4~8학년(우리나라 초등학교 4학년 ~ 중학교 2학년) 학생들을 가르쳐야 했다. 그는 학생들에게 보수 교육과 휴식이 혼합된 흔해 빠진 여름 방학 프로그램 대신에 풍부하고 의미 있는 경험을 선물하고 싶었다. 이를 위해 그가 선택한 방향은 학생들이 직업적 역량을 쌓을 수 있는 기회를 제공하는 것이었다. 브렌가드는 에버그린 지역교육청의 책임자인 데니스 윌리엄스Denise Williams와 협력하며 여름 방학 프로그램과 바깥세계를 연결지을 수 있는 방법을 고민했다. 그 결과 두 사람은 PBL을 선택했다. 이들은 여름 방학 프로그램 기간은 짧으므로 학교와 직장 생활을 연계한 단기 프로젝트가 적합하다고 판단했다. PBL을 통해 학생들의 배움에 목적을 제시하고, 교사들의 열정에 불을 지필 수 있기를 바랐다. 지역교육청에서는 여름 방학 프로그램을 위해 고용한 교사들을 위한 연수 과정에 프로젝트 설계 기술을 포함시켰다.

벅 교육협회에서 제공한 자료들을 활용하며 교사들은 PBL로 여름 방학 프로그램을 운영했다. 학생들은 프로젝트를 통해 보드게임을 설계하고 클레이 애니메이션을 만들었다. 스포츠 경기 중 수집한 자료를 분석하고 공공 서비스 안내문을 만들어내기도 했다. 학생들은 학교 정규 수업에서보다 더 많은 내용을 배웠고, 더 많은 역량을 발전시킬 수 있었다.

5학년 학생 중 한 명은 자신이 참여한 프로젝트에 대해 이렇게 설명했다. "우리는 수학을 하면서 축구에 관한 프로젝트를 했어요. 체육관에 들어가서 골대를 향해 골을 차고 자료를 모았어요. 그리고는 어느 각도에서 골을 성공시킬 확률이 높은지 알아냈어요." 학생이 참여한 수업은 능동적이었고 학생 주도적인 학습이었다. 기존의 수학 수업과는 확실히 달랐다. 이 학생은 "기존 수업에서 수학 학습지에 집중했던 것은 호기심 때문이 아니었어요. 정답을 맞추면 아이스크림 파티에 참가할 수 있는 스티커를 얻을 수 있으니까 집중했을 뿐이에요." 하고 말했다.

PBL을 활용한 여름 방학 프로그램은 아주 성공적이었고 지역의 교육 개혁 운동에도 영감을 주었다.

방과후학교에서 PBL하기

● 맞벌이 부모의 자녀들에게 방과후학교는 학교가 끝나고 머물 수 있는 안전한 장소를 의미한다. 방과후학교에서는 일반적으로 숙제 보조와 개인 교습이 이루어지며 운동, 예술, 테크놀로지 등 학생들의 관심사와 관련된 프로그램이 제공되기도 한다.

한 연구에 따르면, 방과후학교 프로그램은 학생들이 학교 정규 수업을 잘 해내도록 뒷받침하는 역할을 담당한다. 방과후학교에 참여한 학생들이 학교 정규 수업에서 더 좋은 출석률과 학업적인 발전을 보여주었다고 한다(Durlak, Weissberg, & Pachan, 2010; Vandell, 2013).

이렇듯 방과후학교는 많은 장점을 갖고 있지만 나름의 어려움도 있다. 우선, 방과후학교의 강사들은 대부분 정규직 교사가 아니다.

많은 경우 방과후학교 프로그램은 시간제 강사에 의존하고 있어 교사가 자주 바뀐다. 따라서 지속적인 전문성 신장 연수가 필요하다.

방과후학교에서는 테크놀로지를 비롯한 여러 자원을 충분히 활용할 수 없는 경우가 많다. 사실상 혁신적인 프로그램을 찾아보는 시간을 내는 것 자체가 어렵기도 하다. 아이들이 간식을 먹고 숙제를 할 시간을 확보해 주어야 하며, 하루 종일 교실에 앉아 있었던 탓에 밖에 나가 돌아다니고 싶어하는 아이들의 욕구도 충족시켜주어야 한다. 이 모든 것을 조율하며 아이들이 행복하고 안전한 시간을 보낼 수 있도록 해야 한다.

방과후학교에서의 PBL은 아직까지 보편적이지 않지만 그 발판을 마련하는 과정 중에 있다. 흥미 있는 프로젝트를 도입하는 것은 학생들의 참여를 확대하고, 방과후학교 프로그램의 수준을 높일 수 있을 것으로 기대된다.

PBL은 교사의 참여, 학생의 참여, 높은 수준을 갖춘 도전적인 활동을 제공한다. 이 세 가지 요소는 방과후학교 프로그램의 수준을 결정하는 요인들이기도 하다(Schwalm & Tylek, 2012).

21세기 지역학습센터는 전국 수천 명의 학생들을 위한 방과후학교와 여름 방학 프로그램을 제공하고 있다. 미국 교육부는 이곳을 통해 PBL의 실행을 독려하기 위한 온라인 자원과 기술 지원을 발전시켜 왔다[2].

다른 예로, 샌프란시스코 지역의 중학생들은 선셋 주민 비컨 센터(Sunset Neighborhood Beacon Center)에서 운영하는 다양한 PBL

클럽을 선택할 수 있다. 학생들은 일주일에 네 번, 90분 동안 만나며 각자의 흥미에 기반한 다양한 활동에 참여한다. 이곳에서는 다양한 경험적 접근법이 활용된다. 학생들은 자신의 흥미에 따라 영화와 만화를 제작하고 웹사이트를 디자인하고 춤을 배운다. 모든 클럽은 연구와 글쓰기 등의 언어영역 성취기준뿐 아니라 테크놀로지 활용을 강조한다. 이를 통해 정규 수업 중에 일어나는 학습을 보완하는 역할을 하고 있다.

PHMC의 방과후학교

PHMC(Public Health Management Corporation)는 필라델피아 지역에서 방과후학교와 여름 방학 프로그램 등을 운영하는 비영리 단체다. 이들은 2009년부터 비정규 교육 시간에 활용할 수 있는 PBL 프로그램을 소개하기 시작했으며 180개 이상의 프로그램을 통해 PBL을 진행했다. 이들이 운영한 방과후학교와 여름 방학 프로그램에는 수천 명의 어린이와 청소년이 참가했다. PHMC의 직원들은 PBL로 전환한 이후 프로그램의 수준이 향상됐다고 생각한다(Schwalm & Tylek, 2012).

PBL은 일상적인 활동들에도 목적을 부여해 주었다. PBL이란 구조를 통해 방과후학교의 강사와 학생들은 공유된 목적에 집중할 수 있었다. 또한 PBL이 가진 유연성은 프로젝트 설계에 있어서 학생들에게 더 많은 의사와 선택권을 제공할 수 있게 해주었다.

PHMC는 방과후학교와 여름 방학 프로그램을 운영하는 직원들을 위한 맞춤형 직무 연수를 진행해 왔다. 지역 기관들 사이의 네트워크를 지원하는 한편 온라인을 통해 추가적인 자료들을 제공하고 성공적인 프로젝트 기록을 보관하는 아카이브를 구성했다.

필라델피아 지역 학생들은 다양한 프로젝트에 참가하는 경험을 했다. 한 예로, 5학년 학생들은 〈이상한 나라의 앨리스〉를 '필라델피아의 앨리스' 이야기로 다시 썼다. 자신들만의 이야기를 만들기 전에 학생들은 먼저 앨리스 이야기를 읽거나 들었고, 〈이상한 나라의 앨리스〉 영화도 보았다. 또 이야기를 쓰는 과정에서 지역 신문의 스토리 보드, 이미지, 이야기 등을 활용했다. 마지막 프레젠테이션에서는 이야기 속 한 장면인 '미친 모자장수의 파티' 중 일부분을 연기했다. 학생들은 초대장과 의상을 만들고 스스로 파티를 꾸미는 등 파티의 모든 것을 준비했다. 주제는 우스꽝스럽고 바보스러웠을지 몰라도 학생들은 4일 동안 가치 있는 읽기 쓰기 활동과 씨름하며 오후 시간을 보낼 수 있었다.

센트로 누에바 크레시옹(Centro Nueva Creacion)의 여름 방학 프로그램에 참여했던 초등학생들은 쓰레기로 덮인 거리를 목격한 뒤 뛰어놀 수 있는 깨끗한 거리를 만들기 위한 프로젝트에 나섰다. 먼저 학생들은 쓰레기를 치우기 위한 커뮤니티를 만들었다. 그러고 나서 지역 사회에 '쓰레기 줄이기'의 중요성에 대해 알리기 위해 재활용을 주제로 글을 쓰고 연극을 했으며, 버려진 땅의 일부를 정원으로 꾸몄다.

베빌라콰 주민센터(Bevilacqua Community Center)에서 비영리 단체를 위한 모금 활동에 도전한 고등학생들도 있다. 먼저 남학생팀이 사교 댄스 모임을 통한 모금 활동을 시도했다. 하지만 광고가 잘 되지 않았고 만족스러운 결과를 얻지 못했다. 남학생팀의 경험을 참고하여 여학생팀은 축제를 계획했다. 축제는 성공적이었고 학생들은 모금 활동을 통해 지역의 저소득층을 도울 수 있었다.

PHMC 직원들은 PBL 프로그램을 발전시키기 위해 여러 어려움을 해결해야 했다. 이들은 다음의 전략들을 활용해 시스템 전체 변화에 대한 지지를 얻었고, 양질의 프로그램을 만들 수 있었다(Schwalm & Tylek, 2012).

PBL을 위한 시간 만들기

PBL을 중심 활동으로 도입하더라도 숙제, 간식, 신체 활동 등은 계속해서 방과후학교 스케줄에 포함되어야 한다. PHMC는 초등학생의 경우 1년에 최소한 4번(고등학생의 경우 최소 3번)의 프로젝트에 참여할 것이라 예상하고 프로그램을 구성한다. 그 외의 시간은 각 학교에서 관리한다. 초등학생들에게는 일반적으로 한 프로젝트당 몇 주의 시간을 할애한다. 청소년의 경우 두 달 혹은 그 이상의 시간이 걸리는 깊이 있는 프로젝트를 진행한다. 이러한 프로젝트들은 종종 방과 후 동아리 활동 시간에 이뤄지기도 한다.

강사 지원하기

PHMC는 시간제 강사들이 진행하며, 담당자가 자주 바뀌는 방과후학교 프로그램의 단점을 보완하기 위해 지속적인 전문성 연수와 기술적 지원을 제공했다. 미국 전 도시에서 프로젝트 계획과 자원운영 등의 도움을 받을 수 있도록 하는 등 개별 강사들의 전문성이 부족하더라도 지원을 통해 프로그램에 힘을 실어줄 수 있게 했다.

기존의 활동과 PBL 연계하기

인문학, 춤, 스포츠 등 학생들의 흥미를 끌 수 있는 프로그램들을 PBL과 연결시킬 수 있다. 이러한 방법은 과거의 성공적인 프로그램들을 대체하는 것이 아니라 해당 프로그램을 발전시키는 방향이 된다.

학부모와 소통하기

학교 정규 수업 시간에 진행되는 PBL의 가치를 학부모에게 이해시킬 필요가 있는 것처럼, 방과후학교 시간에도 똑같이 학부모들과 소통해야 한다. '왜 PBL인가'에 대해 학부모와 소통하는 것은 프로그램이 원활하게 진행되는 데 도움이 될 것이며 특히 PBL에 숙제 시간을 빼앗길 것이라 생각하는 학부모의 걱정을 잘 해결할 수 있다.

PHMC는 미국에서 가장 처음으로 방과후학교 프로그램에 PBL을 도입했다. 이들은 "빠듯한 스케줄을 관리하고, 직원들을 설득하고, 지속적인 직원 연수를 제공하는 것은 쉽지 않은 일이었습니다. 하지만 그보다 학생들이 얻어가는 이익이 훨씬 큽니다."라고 이야기한다(Schwalm & Tylek, 2012).

PBL이 가져다주는 기회들

● PBL은 제약이 없고 자유롭다. 이런 특징은 학생들의 시야를 넓히는 것을 목적으로 하는 비정규 학습 프로그램의 전략에도 부합한다.

비정규 학습 프로그램 속 PBL을 통해 학생들은 처음으로 영화를 만들고, 디지털 음악 녹음을 하고, 건축 도구나 3D 프린터 등을 사용해 볼 수 있다. 봉사 활동을 하고 싶은 마음에 비정규 프로그램에 참여하는 학생들도 있는데, 이런 학생들은 봉사-학습 프로젝트를 통해 자신들이 중요하다고 생각하는 지역 혹은 글로벌 현안을 다뤄 볼 수 있다.

탐구할 시간을 주는 PBL

혁신 교육가 에밀리 필로톤Emily Pilloton은 미국의 정규 교육과정에서 사용되는 디자인/건축 프로그램인 '프로젝트 H'를 만든 인물이다. 필로톤은 여름 방학 프로그램을 만들기도 했는데, 특별히 9~12살 사이의 여학생을 대상으로 프로그램을 구성했다. 필로톤이 만든 디자인/건축 프로젝트는 학생들의 창의적 자신감을 발전시키고 호기심을 촉발시켰다[3].

MESA USA는 청소년들을 STEM 분야로 이끄는 것을 목표로 하는 전국 단위 프로그램이다(MESA[Mathematics Engineering Science Achievement]는 수학, 기술, 과학의 성취를 의미한다). 몇몇 주에서는 MESA를 정규 수업과 결합해 운영하기도 하지만 대부분의 지역에서는 방과 후 동아리를 통해 MESA에 참여한다. MESA는 디자인 챌린지를 핵심 전략으로 사용하며 학생들에게 다른 사람들을 도울 수 있는 기회를 제공한다. 예를 들면 '전쟁이나 사고로 다친 개발도상국의 아이들의 삶을 향상시킬 수 있도록 저비용 의수(義手) 설계하기'에 도전하는 식이다.

MESA USA 대표인 데이비드 코로나도David Coronado는 한 인터뷰에서 "많은 청소년들이 다른 사람을 돕고 싶어 하는 마음을 갖고 있습니다. STEM에 관심을 갖는 것도 그런 이유 때문이라고 생각합니다. 많은 청소년들이 스스로의 삶 속에서 장애물을 극복했고, 이제는 지역 사회를 위해 공헌하고 싶어합니다. 우리는 이러한 마음에 접근하고자 합니다."라고 말한다(Boss, 2014b).

    MESA의 기반은 '자발적 학습'이다. 여기에는 PBL 전략들이 포함된다. MESA의 핵심은 학생에게 있지만 교사에게도 학습 기회로 작용한다. MESA는 교사와 학생이 매력적이고 재미있으며 부담 없는 방식으로 상호작용할 수 있는 모래상자(sandbox, 보호된 영역 안에서 사용자의 마음대로 무엇이든 할 수 있는 시스템을 의미한다. - 역자 주)를 만들고 싶어 한다. 코로나도는 "교사들이 독창성을 발휘할 수 있는 여지를 주고, 새로운 기술을 배울 수 있게 하고 싶습니다. 교사들 스스로 정규 수업 시간에도 같은 활동을 할 수 있다는 것을 깨닫게 되길 바랍니다."라고 말한다.

    MESA가 교사들에게 요구하는 전문성은 기술적인 것이 아니다. 단지 교사들은 학생들이 질문하고 해답을 찾도록 도와주는, 호기심을 불러일으키는 전문가가 되면 된다(Boss, personal communication, Aug.4, 2014).

    비정규 교육 속 PBL에 관한 연구는 거의 없다. 하지만 여러 사례들을 살펴보았을 때, 비정규 학습 프로그램 속 PBL을 통해 정규 수업에서 활용할 프로젝트를 미리 시험해 볼 수 있다는 사실을 짐작할 수 있다. 예를 들어 〈학교 속 '월드 오브 워크래프트'〉는 교사와 미디어 전문가들이 함께 개발한 인기 있는 프로젝트다. 전문가들은 이 프로젝트를 통해 언어 교육과정 속 디지털 게임의 잠재력을 탐구해 보려는 목적을 갖고 있었다. 개발자는 이 프로젝트에 대해 다음과 같이 설명하고 있다.

이 프로젝트는 원래 방과후학교 또는 중·고등학교에서 문제 행동을 보이는 학생들을 위해 개발한 것이다. '월드 오브 워크래프트'라는 게임을 활용해 학생들이 쓰기 / 읽기, 수학, 디지털 시민 의식, 온라인 안전에 대해 탐구할 수 있도록 프로그램을 설계했다. 또 여러 프로젝트와 수업을 통해 학생들이 21세기 역량을 개발할 수 있도록 구성했다. 처음 방과후학교 프로그램으로 시행되면서 성공을 거둔 덕분에 현재는 중학교의 정규 교육과정 중 선택 언어과목으로 시행되고 있다. 이 프로그램은 모든 학년 학생들에게 풍부한 정보를 제공하도록 설계되었고, 점차 많은 학교들이 이 프로그램을 활용하고 있다. 현재까지 미국과 캐나다에서 열두 개의 학교가 우리의 모험에 함께하고 있다.[4]

지역 사회에 공헌할 기회

봉사-학습 프로젝트는 지역 사회를 발전시키거나 국제적인 문제와 씨름하기를 원하는 학생들에게 특히 매력적이다. 봉사-학습 프로젝트는 핵심 성취기준에 부합하도록 설계되어 정규 수업 중에 이루어지기도 하지만, 많은 학생들은 동아리와 비정규 교육 프로그램에 참여하는 것을 선호한다. 이 경우가 지역 사회 현안에 참여할 기회를 더 많이 제공하기 때문이다.

예를 들어, 오레곤주 포트랜드에 있는 루즈벨트 고등학교 과학 동아리 학생들은 학교의 공기 질이 미국 내 다른 학교들과 비교해 최하위 수준이라는 것을 알고 자극을 받아 행동에 나섰다. 학생들은 시민 과학자, 로비스트, 활동가 등과 함께 문제와 씨름하며 시간을 보냈다. 학생들은 프로젝트의 일환으로 식물들의 공기 정화 능력에 대한 나사(NASA)의 연구를 면밀히 검토한 후 교실 안팎에 식물들을 들여오기도 했다. 학생들은 주변 대학 소속 과학자들과 협력하며 최신 측정 기술을 활용해 학교 주변의 공기 질을 측정하고 모니터했다. 또 '우리가 마시는 공기 속에는 무엇이 있을까요?'라는 표지판을 세워 이웃 주민들의 관심을 모으기도 했다. 학생들은 측정을 통해 확보한 확실한 자료를 갖고 주 의회 의원들에게 로비 활동을 벌였다. 이를 통해 공해 물질을 만들어내는 주범인 기업들에게 직접 공기 정화에 나설 것을 요구했다[5].

봉사-학습 프로젝트는 학생들에게 협업능력을 비롯한 다른 역량들을 발전시킬 수 있도록 해주며 성찰을 통해 가치 있는 시간을 보낼 수 있게 만든다. 학습과 시민권을 위한 국립 센터(The National Center for Learning and Citizenship)는 교육위원회에 다음과 같이 보고했다. "양질의 봉사-학습은 학생들이 21세기 역량을 습득하는 데 통계적으로 의미가 있는 정도의 긍정적인 영향을 준다(Guilfoile & Ryan, 2013)." 또 다른 연구는 봉사-학습 프로젝트가 학생 개인의 시험 성적을 높여주는 것을 넘어, 전체 지역 사회에 이익을 가져다 준다고 설명한다(Berg, 2011).

비정규 교육 속 PBL을 위한 전략

● 비정규 교육 속 PBL이 정규 수업 이상의 장점을 갖고 있다고 해도 여전히 운영상의 어려움은 있기 마련이다. 성공적으로 PBL을 운영하고 싶다면 다음의 핵심 전략들을 명심하기 바란다.

강사의 역량 키우기

비정규 교육 프로그램에 참여하는 강사들은 보통 임시직이다. 이런 상황은 높은 이직률과 연결되며 강사의 전문성 신장 연수를 어렵게 한다. 일부 강사들은 심층 학습을 이유로 자신들의 기존 방식을 바꾸도록 요구받는 것을 불편해 할 수 있으며, PBL에 아예 관심을 두지 않을 수도 있다. PBL이 힘을 발휘하려면 강사들이 먼저

PBL의 힘을 믿고 기존과는 다른 사고를 해야 한다. 하지만 이러한 사고 전환이 강사들에게 자신이 잘하는 것을 모두 버리라고 요구하라는 의미는 아니다.

비정규 교육 프로그램을 운영하는 강사들은 보통 청소년들과 긍정적인 관계를 형성하고 있다. 이들은 재미있는 활동을 설계해 학생들의 관심을 끄는 데 능숙하다. 강사들이 지니고 있는 이러한 역량들은 PBL을 위한 좋은 시작점이 될 것이다. 따라서 PBL을 별개의 활동으로 나누기보다는 하나의 방법론으로 강조하며 전문성 연수를 제공하기 바란다. 전문성 연수를 제공하는 것은 매우 중요한데, 온라인 또는 집합 연수를 제공하거나 강사의 곁에서 코치하는 방식으로 이뤄질 수도 있다.

PBL을 잘 정착시키려면 초기의 워크숍뿐만 아니라 지속적인 지원이 필요하다. 강사들이 필요한 자원에 접근할 수 있도록 도우며 정기적으로 상황을 점검하도록 하자. 진행 상황을 문서화해 공유하는 것도 중요하다. 이를 통해 PBL이 비정규 교육 프로그램 속에 잘 뿌리내릴 수 있을 것이다.

스케줄 고려하기

시기를 잘 선택하는 것도 중요하다. 여름 방학 내내 하루 6시간 동안 진행되는 프로그램도 있고 방과 후 한두 시간 정도만 진행되는 프로그램도 있다. 이 경우 학생들의 참여도가 일정하지 않을 수 있다. 따라서 프로젝트를 설계할 때는 전체 프로그램의 일정을 충분히 고려해야 한다. 또 간식, 숙제 보조 등 학부모들이 바라는 일정을 진행할 시간도 확보해 두어야 한다. 미술이나 레크레이션 등 기본 일정을 프로젝트 활동으로 통합할 수 있다는 점도 고려해야 한다.

학생 흥미와 재능에 기반하기

비정규 교육 프로그램에는 다양한 학생들이 참여한다. 이는 한 학년이 모여 있는 교실과 비교했을 때 더 다양한 역량, 흥미, 배경지식을 가진 학생들이 함께한다는 의미다. 이러한 특성을 잘 활용하기 위해 사전에 설문 조사나 가벼운 토론 활동을 통해 학생들의 흥미와 역량에 대해 알아두면 유용하다. 학생에 대해 파악하는 것은 관계 형성에도 도움을 주며, 프로젝트 진행 과정 중 학생의 의사와 선택권을 보장하는 것을 돕는다.

PBL을 위한 공유된 양식 만들기

교사들이 '통일된 용어를 사용하는 것'과 동일한 양식을 통해 프로젝트를 설계하는 것도 중요하다. 교사들은 각자의 프로젝트를 운영하겠지만 PBL에 대해서는 공통된 정의와 비전을 갖고 있어야 한다. 필라델피아에서 비정규 교육을 지원하고 있는 OST PBL의 블로그에서는 프로젝트 계획, 모둠 과제 목록, 보고서, 직원 평가표 등에 대한 표준 양식을 제공한다.[6]

협력 조성하기

교육 프로그램을 운영하는 교사들 사이에서도 협력이 중요하다. 양질의 프로젝트를 설계하고 실행하기 위해서 학교 직원, 지역 기업, 프로그램, 동료 등과 함께 일할 수 있어야 한다. 가령, 프로그램에 포함된 프로젝트가 학교에서의 학점이나 봉사 점수를 받을 수 있는 조건을 갖추고 있다면 교사들과 자주 확실하게 의사소통을 해야 할 것이다.

학생 의사와 선택권 강조하기

학생의 동의가 없다면 비정규 교육 프로그램은 그저 보육 프로그램으로 전락하게 된다. 따라서 학생의 의사와 선택권이 강조될 수 있도록 프로젝트의 설계 과정에서부터 고려해야 한다.

밀톤 첸은 비정규 교육 프로그램 속 PBL의 잠재력을 다음과 같이 묘사한다.

> 방과후학교와 여름 방학 프로그램에서의 변화는 미국 교육의 미래에 있어서도 긍정적이다. 학교와 지역 사회 간의 연대를 통해 이뤄진 프로그램들이 학생들에게 풍부한 경험을 제공하고 있다. 이는 미국의 발명품이며, 수천 명의 지역 교육가와 비영리 단체, 공공 단체, 개인 등 여러 사람의 헌신과 인내를 통해 가능한 일이다.
> 누군가는 이 혁신적인 움직임을 멈추고 싶어 할지 모른다. 그저 20

세기의 학교에서 일어나는 학습에 머물러 있기를 원하는 것이다. 하지만 이는 21세기의 세계 속 사회·경제적 흐름에 역행하는 일이다.

방과후학교와 여름 방학 프로그램에서의 변화는 기존의 틀을 깨는 노력이다. 이는 아이들에게 언제, 어디서, 어떤 방법, 어떤 속도로든 학습 기회를 제공하겠다는 노력이며, 미래의 교육을 이끄는 가장 앞선 노력이다(Milton Chen, 2013, p.109).

PBL 수업 엿보기 13

변화의 주역들

- **프로젝트 유형** _ 실생활 문제해결 & 디자인 챌린지
- **탐구질문** _ 영화 제작자로서 어떻게 우리 지역의 재활용을 독려할 수 있을까?
- **대상 학년 및 관련 교과** _ 초등 고학년·중학생 / 국어·과학

● 캘리포니아주 엘크 그로브 지역 주민들이 재활용과 재사용에 관심을 두게 된 데에는 포크스 랜치 초등학교 학생들의 역할이 컸다. 학생들은 영상물 프로젝트를 통해 지역 사회에 재활용의 이모저모에 대해 알렸다.

교사 짐 벤틀리Jim Bentley는 영상 제작 프로젝트가 학생들에게 적극적인 시민의 역할과 교과 지식 학습에 도움이 되는 효과적인 방법이라고 생각한다. 그는 몇 년 전 처음으로 정부와 시민 의식에 초점을 맞춘 사회 과목 프로젝트의 일환으로 영상 제작 활동을 시작했다. 프로젝트를 진행하면서 벤틀리는 영화 제작이란 틀 속에서 학생들의 글쓰기 능력과 비판적 사고력을 개발할 수 있는 요소를 발견했다. 영상 제작은 학생들이 교과 내용을 깊이 파고들게 했

으며 비문학 서적을 읽고, 전문가와 인터뷰하는 등의 탐구 활동으로 이끌었다.

〈변화의 주역들〉은 전문가의 의뢰를 통해 시작되었다. 당시 엘크 그로브시는 수백만 달러 규모의 재활용 시설 개관을 앞두고 있었다. 가정용 유해 물질의 안전한 처리를 위한 교육이 필요한 상황이었다. 그 사업의 관리자는 당시 학생들과 다른 프로젝트에 대해 협의 중이었다. 학생들은 학교 단위의 배터리 재활용 센터라는 아이디어를 제안했지만 안전상의 이유로 거절 당했다. 대신 관리자는 학생들에게 폐기물 관리에 대한 교육용 영상 제작을 의뢰했다.

이 제안은 장기 프로젝트로 이어졌다. 시청에서 제시한 조건은 까다로웠다. 5분짜리 최종 영상을 만들어내기 위해 학생들은 수차례에 걸친 대본 수정과 장시간의 촬영을 진행해야 했다. 하지만 프로젝트는 학년이 끝나기 전에 완성되지 못했고, 결국 6학년으로 진급한 학생들은 5학년 후배들에게 프로젝트를 넘겨주었다.

벤틀리는 "후배들에게 바통을 물려주게 된 것이지요. 프로젝트를 소개하는 도입활동으로 새 학년을 시작했습니다. '선배들이 여기까지 작업을 해두었고, 우리가 이걸 완성해야 한다.' 하고 아이들에게 알렸습니다. 이 프로젝트가 일종의 유산이 된 셈이지요. 아이들에게서 다른 아이들로 이어져오는 유산 말입니다."라고 말한다.

프로젝트는 성공적이었다. 그러자 시청으로부터 또 다른 영상을 만들어달라는 요청이 들어왔다. 학생들은 더 많은 영상 제작 아이디어를 내놓았고, 재활용 방법을 안내하는 영상물 시리즈를 제작했다. 이 영상물은 시청 홈페이지에서 볼 수 있게 되었고, 학생들은 공익 광고와 관련해 더 많은 아이디어를 구상 중이다.

벤틀리는 영상 제작 프로젝트의 틀 속에 교육과정을 결합시켰는데 특히 언어 영역이 강조됐다. 프로젝트가 환경 과학 및 행동 변화와 관련되어 있었기 때문에 학생들은 해당 주제에 관한 까다로운 읽기 자료를 분석해야 했다. 또한 자료 출처의 신뢰성과 정확성을 평가하며 비판적 사고력을 키웠다. 대본을 쓰고 스토리 보드를 짜 보는 것은 쓰기 활동과 연결되었다. 벤틀리는 "읽기나 쓰기를 따로 분리시켜 가르치는 건 상상하기 어렵죠."라고 말한다. 영상물의 주제에 따라 프로젝트를 통해 과학, 수학, 사회 과목 등의 성취기준을 다룰 수도 있음은 물론이다.

벤틀리는 한 학급을 전담하여 가르치고 있기 때문에 교과융합 프로젝트를 진행할 수 있었다. 벤틀리는 블록 타임으로 일정을 구성했다. 벤틀리는 심층 프로젝트를 진행하는 것과 많은 교과 내용을 가르치기 위해 애쓰는 것은 다르다고 이야기한다. "학생들은 프로젝트 활동을 통해 더 깊이 있는 사고를 합니다. 적극적으로 '왜'라는 질문을 하고 호기심을 보이죠. 프로젝트 활동은 결코 수박 겉 핥기식의 활동이 아닙니다."

물론 프로젝트가 항상 매끄럽게 진행되는 것은 아니었다. 벤틀리와 학생들 또한 '엄청난 실수'를 한 적이 몇 번 있었다. 하지만 벤틀리는 이렇게 말한다. "학년 초에 학생들에게 말해 줍니다. 프로젝트를 진행하는 것은 굉장히 힘든 일이며 투지가 필요한 일이라고요.

학생들이 생각해 낸 주제 중 일부를 이해하기 위해서는 초등학교 수준 이상의 복잡하고 까다로운 성인용 자료를 읽어야 할지도 모른다고 일러둡니다. 하지만 성적 면에서 최하위권에 있는 학생들조차도 교과서를 읽고 학습지를 푸는 것보다는 이런 방식이 좋다고 얘기합니다. 진정한 일을 할 수 있다면 사서 고생하는 쪽을 택하는 겁니다. 어른들이 자기를 중요한 존재로 대해 주는 걸 즐기는 거죠."

한편, 벤틀리는 영상 제작의 기술적 요소를 깊이 공부하고 싶어 하는 학생들을 위해 포크스 랜치 영화 아카데미를 조직해 방과 후 모임을 갖고 있다. 이 시간을 통해 학생들이 편집과 특수 효과를 배운 덕분에, 학교 일과 중에는 영상 프로젝트의 학업적 측면에 집중할 수 있었다. 학생들은 제작한 영상물을 유튜브 채널 큐리오시티 필름(Curiosity Films)을 통해서도 대중에 공개했다(https://www.youtube.com/user/CuriosityFilms?feature=mhee).

●●● 프로젝트 응용해 보기

단일 과목을 담당하는 교사라면 교과융합 프로젝트를 위해 기꺼이 팀을 구성할 동학년 동료를 찾아보길 바란다. 고등학생들에게는 실제 의뢰인이 있는 프로젝트를 어떻게 수행하는지 보여줌으로써 봉사-학습의 요구를 만족시켜줄 수 있다.

PBL 수업 엿보기 14

프랑스에 유학하는 미국인 교환학생

- **프로젝트 유형** _ 디자인 챌린지
- **탐구질문** _ 미국인 교환학생이 학교에 잘 적응하고, 지역 사회 및 프랑스 문화에 잘 융합되도록 니콜라와 그의 친구들은 어떤 도움을 줄 수 있을까?
- **대상 학년 및 관련 교과** _ 고등학생 / 프랑스 언어와 문화 · 영화 제작

● 돈 도엘라Don Doehla는 캘리포니아주 나파 지역의 빈티지 고등학교에서 프랑스어를 가르친다. 도엘라는 모든 수준의 프랑스어 학습자들이 풍부한 프로젝트를 경험을 할 수 있는 기회를 고민해 왔다.

도엘라는 초급 수준의 학습자들이 참여하는 짧은 프로젝트라도 탐구 활동과 실제 청중과의 만남이 포함된 프로젝트 활동으로 구성했다. 예를 들어 사진이나 단어 등을 활용하며 프랑스어로 프랑스에 거주하는 자신의 삶에 대해 설명해 보게 하거나 프랑스어권 국가를 한 곳 선택해 그곳의 전통 음식을 판매하는 레스토랑의 메뉴를 디자인해 웹사이트에 공유할 수 있게 하는 식이다.

외국어를 배운 지 3년 정도 되면 확장된 탐구 경험을 위한 준비

가 된다. 이 정도 수준의 학생들은 프랑스어만을 사용해 의사소통하는 경험이 필요하다. 도엘라는 어느 정도 수준을 갖춘 학생들을 위해 〈프랑스에 유학하는 미국인 교환학생〉이라 불리는 영화 제작 프로젝트를 설계했다.

학생들에게는 프랑스의 유명한 문학 작품 인물인 《꼬마 니콜라(Le Petit Nicolas)》에 관한 영화를 제작하는 과제가 주어졌다. 문학 작품 속 니콜라는 어린 소년이지만 이 프로젝트에서는 니콜라가 십 대 소년이라고 가정하기로 했다. 학생들은 고등학교에 다니는 니콜라와 친구들의 모습을 담은 대본을 쓰고 영화를 만들어야 했다.

학생들은 다음의 탐구질문에 따라 알아야 할 문제를 고려하며 탐구 과정을 시작했다. '미국인 교환학생이 학교에 잘 적응하고, 지역 사회 및 프랑스 문화에 잘 융합되도록 니콜라와 그의 친구들은 어떤 도움을 줄 수 있을까?' 이 탐구질문에는 학생들이 프랑스와 미국의 십 대 문화를 비교면서 비판적으로 사고해 보게 하려는 의도도 담겨 있었다.

4인 1조로 영화 제작에 나선 학생들은 니콜라의 이야기를 바탕으로 창의성을 발휘해서 새로운 캐릭터를 발전시키고 줄거리를 비틀었다. 프랑스의 영화 제작 전통을 기반으로 장면을 선택하고 대사와 내레이션 사이의 균형을 잡았다. 학생들은 보다 실제적인 프랑스의 도시를 배경으로 하기 위해 장소를 조사하기도 했다. 그리고 실제 랜드마크를 배경으로 스토리 보드를 구성했다. 학생들은 비평과 개선의 과정을 거쳐 대본을 발전시키고 영화를 제작했다.

그렇게 8분에서 10분 정도 길이의 단편 영화가 만들어졌다.

프로젝트는 공개적인 영화 상영으로 마무리됐다. 학생들의 가족과 지역의 프랑스어권 공동체의 구성원들이 관객으로 초대됐다. 온라인으로도 관객들이 함께했다. 도엘라는 프랑스어권 학교와 자매결연을 맺어 프랑스 파리 마르세유의 마르티니크 지역 학생들이 온라인으로 이 단편 영화를 감상하고 비평하게 했다.

프로젝트 내내 학생들은 거의 프랑스어로 협력하면서 의사소통했다. 학생들은 구글 독스(Google Docs)를 통해 협력적으로 글쓰기와 편집을 했으며 대부분의 모둠이 프랑스어로 토의를 진행했다. 도엘라는 이전에도 같은 학생들과 함께 영화 제작 활동을 한 바 있다. 학생들이 이전 활동을 통해 영화 제작에 대한 충분한 기술을 습득했기 때문에 이번 프로젝트에서는 따로 영화 제작에 관한 기술을 가르치는 시간을 할애할 필요가 없었다. 어떤 학생들은 휴대폰으로 영화를 촬영했고 어떤 학생들은 아이무비(iMovie, 애플사에서 개발한 영상 편집 프로그램)를 활용해 촬영했다. 도엘라는 "영화 제작 방법을 이해하는 것 역시 학생들의 탐구 경험의 일부"라고 설명한다. 학생에 따라 영화 제작을 위한 특별한 지도가 필요할 경우 도엘라는 수업을 제공하기도 했다.

한편, 학생들의 프랑스어 말하기·쓰기 능력이 얼마나 성장했는지 알아보기 위해 다면평가가 실시됐다. 최종 단계의 모둠별 영화 평가와 함께 학생들은 개별 수행평가를 받았다. 수행평가는 토크쇼 형식으로 진행됐다. 학생들은 자신들이 참여한 영화의 등장인물 중

하나를 대본 없이 연기해 볼 것을 요구받았다. 또 다른 개별 평가로 학생들은 주어진 상황에 맞게 영화 속 등장인물이 다른 인물에게 보내는 편지 또는 이메일을 써보았다.

　도엘라는 핵심 역량인 비판적 사고력을 평가하기 위해 창의적인 접근법을 취했다. 학생들에게 비판적 사고력에 포함되는 내용들을 알려주고, 해당 기준 중 학생들이 가장 관심 있어 하는 두 개의 기준을 함께 선택한 것이다. 그리고 학생들은 동료 평가와 자기 평가에 참여했다.

●●● 프로젝트 응용해 보기

　다른 언어로 유사한 프로젝트를 진행하고 싶다면 해당 언어와 문화가 잘 드러나는 적절한 문학 작품을 선정하면 된다. 만약 학생들이 영상을 만드는 일에 익숙하지 않다면 다른 방법을 찾아보기 바란다. 가령 만화책이 한 예가 될 수 있다. 다만, 학생들이 목적에 맞는 대화를 사용하고 이해하는 것을 입증할 수 있는 방법이어야 한다.

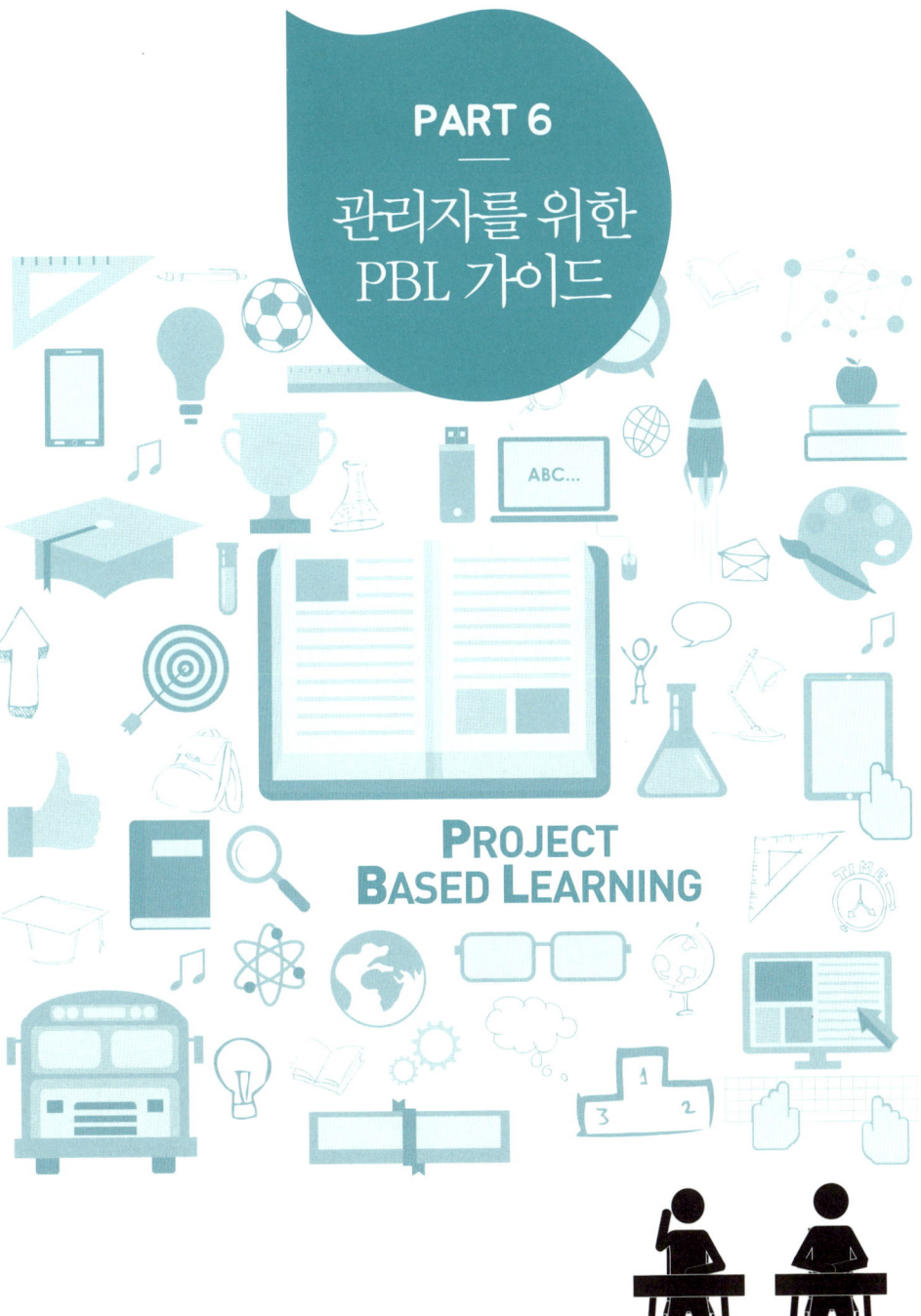

PART 6
관리자를 위한 PBL 가이드

● PBL에 능숙한 교사는 마지막 단계를 염두에 두고 프로젝트를 시작한다. 프로젝트 설계 과정에서 미리 학습 목표를 설정하고, 어떻게 학습 결과를 보여줄지 구상한다. 관리자들도 마찬가지여야 한다. 학교나 지역교육청 내 PBL을 도입하고자 한다면, 우선 그에 관한 명확한 비전을 가져야 한다.

PART6에서는 관리자들을 위해 PBL 도입 전략들을 소개하고자 한다. 이 전략들은 현장 조사를 거친 것들로 관리자를 위한 현실적인 조언이다. 관리자 각자의 최종 목표는 다양할 것이다. 어떤 관리자는 전 과목에서 지속적인 PBL을 기대한다. 이는 야심차지만 어려운 과제가 될 것이다. 반면, 적어도 1년에 몇 번의 프로젝트에 학생들을 참여시키겠다는 현실적인 목표를 가진 관리자들도 있다. 몇몇 관리자들은 전략적 이유로 처음에는 STEM과 같은 특정 과목 또는 특정 학년에서만 PBL에 집중하는 방식을 택하기도 한다.

관리자가 생각하는 PBL이 매일 이뤄지는 것인지 아니면 가끔 이뤄지는 것인지, 혹은 한 건물에서만 진행되는 것인지 학교 전반에 걸쳐 일어나는지는 상관없다. 어느 쪽이든 지속적인 결과를 얻고 싶다면 관리자의 사려 깊은 리더십이 필요하다.

PBL을 어떻게 도입할 것인가?

● '왜 PBL이 학교 시스템에 자리 잡기를 바라는가?' '수준 높은 PBL의 핵심인 학생 중심 학습과 전문가들 사이의 협업을 자신이 속한 기관의 가치관 및 현재 비전과 어떻게 조화시킬 것인가?' '학생, 교사, 지역 사회는 PBL의 성공적인 실천을 통해 무엇을 얻을 것인가?'

PBL 도입을 고려 중이라면 위와 같은 중요한 질문들에 대한 허심탄회한 논의가 필요하다. 학교의 PBL 준비 정도를 평가할 때 사명, 비전, 가치의 일치 여부는 중요한 요소다. 벅 교육협회의 실행책임자이며 PBL 계획을 관리하는 제니퍼 크루즈Jennifer Cruz는 PBL을 시작하려는 기관에 항상 똑같은 첫 질문을 던진다. "PBL을 왜 하려고 하십니까?"

많은 관리자들은 PBL이 학교 발전의 기폭제가 될 것이라고 기대한다. 실제로 PBL을 도입하는 것은 관리자부터 학생에 이르기까지 모두에게 영향을 끼치며, 교육 제도 전반에 파급력을 주는 일이다. PBL은 능동학습(active learning, 학습자가 적극적으로 모든 학습 및 수업 과정에 참여하는 것을 중시하는 교육 철학. 성공적인 학습을 위해서는 수동적으로 수업을 듣는 이상의 참여가 필요하며, 이를 위해 학습자가 수업 중에 실제로 무엇인가를 해야 한다고 주장한다. - 역자 주)과 관련 있으며, 학생들에게 교육에 대한 발언권과 자신만의 이해를 구축할 기회를 제공한다. 한편 교사들에게 PBL은 학생 탐구를 지원하기 위한 교수 방안에 익숙해져야 한다는 의미이며 전문성 신장 연수 시간이 늘어나고 동료와의 협력 기회도 확대될 것이란 뜻이다.

한편 학부모, 교육위원회, 지역 사회 이해 당사자들에게 PBL은 낯선 대상이다. 그들 대부분은 어린 시절 전통적인 방식의 학교 교육을 받았을 것이다. 따라서 직접 경험하지 못한 교육 방법에 회의적일 가능성이 있다.

PBL이라는 변화 준비하기

양질의 PBL을 경험하고자 한다면, 교사의 교육, 리더십 개발, 조직의 변화 등의 조건이 선행되어야 한다.

초기에 '왜 PBL이 필요한가?'라는 질문을 통해 관계자들을 논의로 끌어오고, 이를 변화의 추진력으로 확보해야 한다. 벅 교육협회의 시스템 파트너십 코치인 크리스 왈드포겔Cris Waldfogel은 그녀가 함께 일하는 지역교육청에 다음의 사항을 고려해 볼 것을 요청한다. 'PBL을 추진하려는 결정이 널리 공유됐는가? 누구와 함께하는가?' 그만큼 PBL에 대한 비전이 공유되지 않을 경우 실행 노력은 유지되기 힘들다.

관계자들이 PBL 실천 사례를 직접 살펴보게 하는 것도 도움이 된다. 교사와 관리자를 한 팀으로 모집해 PBL 실천 사례를 관찰하게 하는 것이다. 이 경우 교사들이 스스로의 교수 철학과 교수법에 대해 고민하고, PBL에 대한 이해를 공유하게 할 수 있다. 한 학교의 관리자는 실제로 PBL에 관심 있는 교사들을 한 팀으로 모집해 PBL 조사 연구와 현장 방문을 실시하게 했고 결과를 보고받았다. 이 과정에서 PBL에 대한 교사들의 지지가 쌓였고, 자연스레 다음 실행 단계로 이어졌다. 이들의 열정으로 학교 전반에 교사들을 중심으로 한 PBL을 지지하는 분위기가 형성되기도 했다.

지역 상황에 맞추어 PBL에 대한 공유된 비전을 발전시키는 한편, 방해가 될 만한 잠재적인 요소들도 고려해야 한다. 관리자는 학교 문화, 일정 관리, 교사 전문성 신장, 평가, 지역 사회의 참여 등의 문제에 대비해야 한다.

벅 교육협회의 전문성 지원 책임자인 로디 분쇼이Rody Boonchouy는 한 연구에서 PBL을 운영하는 학교의 교장들과 인터뷰를 진행했다. 이를 바탕으로 분쇼이는 "전문성 신장 연수는 PBL의 성공을 위해 반드시 필요합니다. 교사들을 보다 화합하게 만드는 발전의 계기가 될 수도 있지요. 전문성 신장 연수는 지속적으로 이뤄져야 하며 시간이 걸리는 일이기도 합니다."라고 설명한다(Boonchouy, 2014. p.133). 교사의 발전을 위해 동료 학습을 장려하는 것도 유용하다. 동료 학습은 정기적인 성찰과 대화의 기회를 강조하는데, 이러한 기회는 교사와 관리자가 자신들의 환경에 맞는 PBL을 이해하도록 도와준다. 분쇼이는 교사들이 함께 학생 활동을 관찰하거나 서로의 프로젝트 계획에 대해 중요한 피드백을 제공하는 등 교수 행위를 공유하는 방안도 가치 있다고 말한다.

관리자는 PBL 홍보에도 관심을 가져야 한다. 관리자로서 PBL의 성공을 위한 기초를 다지고 싶다면 다음의 질문들을 고려해야 한다.

지역교육청 또는 지역 수준에서

- 여러분의 사명, 비전, 전략 계획은 PBL과 관련된 목표를 반영하고 있는가? 학교운영위원회는 PBL을 지지하는가?
- 지역교육청의 문화는 공동의사 결정, 탐구, 실제적 평가 등 PBL의 원리들을 얼마나 잘 반영하고 있는가? 지역의 교육 문화와 PBL 문화를 어떻게 일치시킬 것인가?
- 교육 지도자로서, 협력, 합의 이끌기, 문제해결, 효과적인 의사소통과 같은 PBL 실천 방안들을 몸소 실천하고 있는가?
- PBL 실천을 위해 지역교육청이 세운 목표, 추진 일정, 자원은 무

엇인가? 목표를 세우고 이를 전 지역에 알리기 위해 어떻게 다른 사람들을 참여시킬 것인가?
- 지역교육청 정책들이 PBL과 상반되거나 모순되지는 않는가? PBL 실행의 잠재적 장애물을 제거하기 위해 일정 관리, 성적 부여, 교사 평가 등에 대한 정책을 재고할 수 있는가?

개별 학교 수준에서

- PBL이란 변화를 이끌면서 동시에 어떻게 기존 학교 문화와 교사들의 신념을 존중할 것인가?
- 교사들이 프로젝트 계획을 위해 협력할 수 있는 시간을 어떻게 확보할 것인가?
- 전문 학습 공동체와 동료가 이끄는 전문성 신장 연수 등의 구조를 활용하여 어떻게 교사들의 지속적인 학습을 지원할 것인가?
- 관리자는 PBL을 지원하고 교실 활동을 공유하는 절차들(비평 친구의 비평, 프로젝트 후 성찰하기, 학생 결과물 함께 검사하기 등)을 지지하는가?
- 수업을 참관할 때 양질의 PBL에 초점을 두고 있는가?
- 학생과 교사가 PBL 실행을 도와줄 지역의 전문가 및 자원과 연계될 수 있도록 어떻게 도울 것인가?
- 학교와 지역 사회 내에서 PBL 성공 경험을 어떻게 공유할 것인가?

시작은 작게, 비전은 크게

● PBL을 도입하고 싶은 마음이 크더라도 너무 서두르면 실패로 이어질 수 있으므로 주의해야 한다. 많은 교사, 학생, 학부모와 관리자들에게 PBL은 큰 변화를 의미한다. 따라서 작게 시작해서 먼저 성공의 경험을 만들어내고, 열정과 전문 지식을 형성하는 것이 현명한 방법이다. 이는 더 큰 시작 전에 가벼운 진행상의 문제들을 해결할 기회이기도 하다.

시작을 작게 하는 또 다른 이유는 지역에서 PBL 성공 모델을 만들어내기 위함이다. 성공 모델을 통해 관리자들은 우리 지역에서도 PBL이 효과를 발휘한다는 사실을 입증할 수 있다. PBL의 잠재력을 이야기할 때면 "여기는 달라요. 여기에서도 PBL이 효과가 있을지 모르겠네요."라고 말하는 사람들이 있다. 많은 이들이 PBL을 실천하는 유명 학교들의 사례가 특별한 것이라고 여긴다. 해당 학교에 방문하고, 관련된 글을 읽고, 영상을 보며 그 학교는 특별하기 때문에 '그 학생들'에게는 PBL이 효과적일지 모르지만 '우리 학생들'에게는 그렇지 않다고 생각하는 것이다.

이런 이유로, PBL을 크게 확장하기 전에 먼저 PBL 시범 프로그램을 시작하라고 제안하고 싶다. 교육청 단위에서는 한 학교로 시작할 수 있고, 학교 단위에서는 한 학년, 한 교과에서 시작할 수도 있다. 이를 통해 다른 교사들은 동료들이 경험한 것을 관찰하며 배울 기회를 얻게 된다. 하지만 이런 접근은 보다 광범위한 실행의 한 단계임을 분명히 해야 한다. 단순히 특정 소집단이 PBL을 경험해 보고 끝나는 것이 아니라 계획의 첫 단계 되어야 한다. 즉, 1년 차에는 그곳에서만 PBL이 이뤄지지만, 2년 차가 되면 이곳에서도 PBL이 시작될 것이란 사실을 모두가 알고 있어야 한다.

TIP

다른 교수법과 PBL 연결하기

교사와 관리자들은 PBL이 다른 교수법과 잘 조화되는지에 관심을 가집니다. PBL에는 최소한의 안내만 있고, 학생들이 스스로 수업을 진행할 것이란 일반적인 고정관념으로 인해, PBL을 받아들이면 이전에 사용하던 모든 교수법을 버려야 한다고 생각하기도 합니다. 하지만 PBL 속에서도 교사는 적절하고 효과적인 기존의 교수법을 사용하며 능동적인 역할을 수행합니다.

교사들 중에는 PBL 실천 요구를 업무 부담으로 느끼는 이들도 있을 것입니다. 하지만 PBL은 다른 교수법을 위한 다양한 기회를 제공합니다. 프로젝트를 도구 상자라고 생각하고, 여러 교수 도구들을 배치해 봅시다.

- 중재반응모델(RTI, Response to Intervention)

프로젝트는 개별화된 평가와 중재반응모델(학습 장애를 조기에 진단하고 판별하여 예방하고자 하는 진단 및 교수 모형으로, 학습에 어려움을 겪는 학생에게 확실하고도 필요한 도움을 제공함으로써 전체적인 학습 장애를 줄이려는 시도이다. - 역자 주)을 함께 운영할 수 있을 정도로 융통성이 있습니다.

- 개별화 교수(Differentiated instruction)

PBL은 학생이 여러 개의 해답이나 해결책을 가진 문제 또는 질문과 씨름하게 하며, 작업 방식과 결과물에 대한 결정권을 제공합니다. 이를 통해 자연스러운 개별화 교수가 이뤄집니다. PBL은 다양한 수행 과제를 포함하고 있기 때문에 다양한 학습 스타일로 학생의 욕구를 충족시킬 수 있습니다. PBL 모둠 활동을 할 때 교사는 개인과 모둠의 요구를 더 잘 관찰할 수 있고 개별화된 지원을 할 수 있습니다.

• 교수를 위한 체제(Framework for Teaching)

샬럿 다니엘슨Charlotte Danielson이 제안한 이 체제는 교수 학습의 구성주의 관점에 기반하고 있습니다. 따라서 '4가지 교수 영역'은 PBL과 부합합니다(샬럿 다니엘슨은 매우 복잡한 활동인 교수를 22개 부분으로 나누고 이를 4개의 영역으로 분류하였다. 4가지 교수 영역은 계획 및 준비[planning and preparation], 수업 환경[classroom environment], 수업 실행[instruction], 교직 전문성[professional responsibilities]이다. - 역자 주).

• 설계를 통한 이해

설계를 통한 이해(Understanding by Design, 백워드 설계의 한 예이며, 교육과정 단원, 수행평가, 교실 수업 설계를 하기 위해 결과를 먼저 살펴보는 방안이다. - 역자 주)는 깊은 이해와 전이를 위한 교수, 수행평가, 탐구질문, 큰 그림 위주의 교육과정 만들기를 강조합니다. 이 모든 것이 PBL의 특징이기도 합니다.

• 워크숍 모델

미니 레슨, 응용, 형성평가, 보고 등 전형적인 워크숍 요소들을 활용해 학생들의 지식과 역량을 키울 수 있습니다.

요크 카운티 교육청의 혁신적인 비전

버지니아주 요크 카운티 교육청 소속 장학관 에릭 윌리엄스Eric Williams는 부임 초기에 지역 교장, 교사들과 기타 여러 인사들을 한데 모아 팀을 꾸렸다. 윌리엄스는 이 팀에게 지역 소속 12,000명의 학생들을 위한 학습의 비전을 세워달라고 부탁했다. 자료를 공유하고, 연구와 토의의 과정을 거치며 팀은 '전환 학습(transformative learning, 학습을 지식 습득과 축적으로 보는 기존의 시각에서 벗어나 개인이 가진 기본 가정과 가치가 변화하는 과정으로 보는 시각을 의미한다. - 역자 주)'이라는 야심찬 목표를 세웠다. 이는 학생들에게 세상의 변화를 만들 수 있는 기회를 주는 것을 의미한다. 교육과정 속의 지식과 역량을 배우는 과정을 통해 학생들이 지역적, 국가적, 세계적 변화를 만들어낼 수 있도록 비전을 세운 것이다.

이 팀의 최종 목표는 학생 참여를 높이고 21세기에 필요한 성공 역량을 키우게 하는 교수 전략을 찾는 것이었다. 또한 학문적인 엄격함도 중시했다. 윌리엄스는 "학생들이 스스로 학습을 주도하도록 실제적인 활동을 강조하는 전략을 사용하고 싶었습니다. 우리가 나누었던 대화는 우리 스스로가 배움과 가르침의 기쁨을 누릴 수 있는 방안에 관한 것이었습니다." 하고 말했다.

이 팀은 PBL이 자신들의 비전을 현실로 만들어줄 핵심 교수 전략이라는 결론을 내렸다. PBL이 학생들에게 전환 학습의 기회를 제공하는 수단이 될 수 있을 것이라 기대했다. 하지만 하루아침에 교육청 소속의 모든 학교가 PBL을 받아들일 수는 없었다. 이들 역시 그 사실을 잘 알고 있었다.

그런 이유로 윌리엄스는 먼저 지역 내에서 PBL을 우선적으로 실천해 볼 교사들을 찾았다. 윌리엄스는 블로그나 트위터 등 소셜 미디어를 활용해 양질의 프로젝트 사례를 공유하며 지역 내 PBL 성공 모델을 홍보했다.

성공 모델의 한 예로, 지역 초등학교의 한 3학년 교실은 국제적인 문제와 관련된 탐구질문인 '어떻게 우리는 개발도상국의 토양 질을 향상시킬 수 있을까?'와 씨름했다. 학생들은 토양의 질을 향상시키기 위해 비료나 배양토를 위한 자선 기부를 요청해야 했다. 탐구 활동의 일환으로 학생들은 전문가와 스카이프로 화상 통화를 했고 비료와 배양토 두 가지 방법을 비교하기 위한 실험을 설계했다. 또 자선 단체 기부자들을 움직이게 하기 위한 주장을 펼치며 증거를 뒷받침했다. 이 프로젝트를 진행한 교사에 따르면 학생들은 높은 수업 참여도를 보여주었을 뿐 아니라 전통적인 수업 방식으로 교과 지식을 배웠을 때보다 시험에서 더 좋은 성적을 거두었다. PBL이 제공한 실제적인 탐구질문이 학습을 발전시킨 것이다.

윌리엄스가 소개한 또 다른 사례는 중학생들이 책을 소개하는 동영상인 '북트레일러'를 만들어 유튜브에 게시한 것이다. 학생들은 북트레일러를 통해 친구들이 책을 읽도록 설득했다. 한 고등학생들은 거주지 인근 바다의 수질을 개선하고, 굴 양식장을 복원하기 위해 환경 관련 과학 프로젝트에 참여했다. 윌리엄스가 관찰한 모든 프로젝트들은 풍부한 내용과 높은 학생 참여율을 특징으로 했다. 또한 학생만큼이나 중요한 교사의 높은 참여를 이끌었다. 윌리엄스는 "PBL은 믿을 수 없을 만큼 교사들의 사기를 불러일으킵니다."라고 말했다.

윌리엄스는 이와 같은 PBL 성공 사례들을 공유하며 지역 내 회의주의를 극복하고 지원을 구축할 수 있었다. 그는 "여러분이 속한 학교나 지역에서 프로젝트가 진행되고 있을 때, '다 맞는 말이야, 하지만 여기서는 할 수 없어, 왜냐하면….'이라는 반응은 있을 수 없습니다. 여러분의 학교, 여러분의 지역, 여러분의 동료에 관한 것이기 때문이죠. 지역에서 일어나고 있는 일에 관심을 가져보세요. 현실적인 힘이 됩니다. 가능한 것이 무엇인지 볼 수 있는 눈을 뜨게 됩니다."라고 말했다.

현재 요크 카운티 교육청은 몇 년째 PBL 실행 노력을 이어오는 중이다. 벅 교육협회와 협력하며 교사들의 전문성 신장 연수와 교수법 코칭을 제공하는 등 프로젝트 시작을 돕고 있다. 요크 카운티 교육청은 특히 오랜 기간 PBL 노력을 지속시킬 리더 교사들의 능력을 구축하고 있다.

다음은 PBL 진행에 가속도를 붙게 할 수 있는 핵심 전략들이다. 윌리엄스는 경험을 통해 이 전략들의 힘을 확인했다.

기반 쌓기

본격적인 PBL 실행 이전에, 요크 카운티 교육청 소속 교원들은 먼저 협력의 문화와 공유된 리더십을 경험해 보는 시간을 가졌다. 교사들은 함께 모여 양질의 평가 기준을 정했다. 수행 과제와 지시문의 표본을 설계하고 학생 결과물의 예시를 함께 분석했다. 이들은 또한 동료 간의 대화를 위해 국립 학교 개혁 교수회(National School Reform Faculty)에서 만든 절차를 정기적으로 활용하기도 했다.

이 지역에서는 전문성 신장을 위해 외부인에게 의지하기보다는 지역 소속의 교원들을 꾸준히 전문가로 전환시켰다. 이러한 부분이 변화를 이끄는 내부의 능력을 키우는 데 도움이 됐다. 윌리엄스는 "초반 작업은 기반 쌓기에 도움이 됐습니다. 전문성 신장을 위한 연수를 먼저 진행하며 PBL 문화를 형성하고 역량을 갖추게 됐습니다."라고 말한다.

교사의 주인 의식 구축하기

가능한 빨리 PBL를 수행하는 것에 목표를 두었다면 교육청은 하향식 접근법을 활용했을 것이다. 그러나 윌리엄스는 교사들로부터 PBL이 시작되게 했다. 먼저 교사들을 모집해 그들이 여름 동안 프로젝트 계획에 전념할 수 있게 했다. PBL에 관한 전문성 신장 연수를 받는 동시에 보다 유기적인 프로젝트 아이디어를 낼 수 있도록 환경을 조성해 주었다. 윌리엄스는 3년은 있어야 PBL이 제대로 자리를 잡을 것이라고 예상했다. 교사의 주인 의식을 강조하는 것은 인내심이 요구되는 과정이라고 생각했기 때문이다.

현재 윌리엄스는 모든 학년의 학생들이 모든 교과 영역에서 적어도 일 년에 몇 번은 프로젝트에 참여할 것을 기대하고 있다. 교사들은 전문성을 발전시키며 양질의 자료들을 축적해 일종의 라이브러리를 만들어놓았다. 라이브러리에 저장된 자료들은 교실에서 검증된 프로젝트로 교사들은 이 프로젝트를 차용해 필요에 따라 수정해 사용할 수 있다. 윌리엄스는 "이런 접근은 교사에게 자율성을 부여해 성장할 수 있도록 하기 위함입니다. 우리는 공통의 기대치를 갖고 있기도 하지만 여전히 교사의 의견과 선택권을 존중하고 있습니다."라고 설명한다.

성공 공유하기

PBL이 요크 카운티 전역에 퍼지기 시작하면서 지역에는 공유의 문화가 구축됐다. 윌리엄스는 "우리는 교사들과 함께 갤러리 워크, 학생 결과물 전시, 동료와의 대화 등을 시작했어요. 이를 통해 실행 규모를 확대하고 교사 리더십의 문화를 조성하고자 했습니다. 이제는 PBL이 많이 보편화됐습니다. 우리는 프로젝트 결과물을 전시하는 방향으로 가고 있습니다. 학생들이 그들의 결과물을 일반 청중과 공유하게 하는 것이죠."라고 설명한다.

전시회는 학부모와 지역의 관계자들에게 PBL에 대한 이해를 높일 수 있는 기회를 제공한다. 이 지역의 학교운영위원들과 학부모 대표들은 더 깊이 있는 이해를 위해 PBL 워크숍에 참여하기도 했다. 이들은 학생들이 함께 활동하며 전환 학습이라는 개념과 씨름하는 모습을 지켜봤다. 한 학부모 모임은 프로젝트에 필요한 자원과 현장학습을 위한 기금을 마련해 주는 등 PBL에 대한 지지를 보여주었다.

프로젝트를 공유하는 것은 교실 너머로 PBL을 확대하는 데 도움을 준다. 학부모회와 지역 주민들은 전문가, 청중, 협력자로서 PBL을 지지할 것이다. 이들과의 연결은 학생 참여를 높이고 지역 사회에 PBL 지지자를 만들어내는 데 도움이 될 것이다.

인내심 갖기

윌리엄스는 교사로부터 시작했던 느리지만 꾸준히 이어진 변화가 지역을 위한 적절한 선택이었다고 확신한다. 하지만 인내가 어렵다는 사실도 인정한다. PBL이 제대로 실행될 때까지 몇 년이 걸린다는 것은 어떤 학생들은 전환 학습을 경험할 기회도 없이 졸업하게 될지도 모른다는 의미이기 때문이다.

관리자들은 PBL이 자리 잡을 수 있는 시간을 주되, 진행되는 일에 대해서는 명확한 중심을 유지해야 한다. 윌리엄스는 이렇게 말한다. "PBL을 통해 비전을 성취할 수 있다고 믿는다면 여기에 모든 것을 걸어야 합니다. 즉, 잠재적 이익이 예상되더라도 다른 전략을 추구해서는 안 되며, PBL의 원칙에 반한다면 아무리 좋은 아이디어라도 단호히 거부해야 함을 뜻합니다. 다른 계획을 활용할 경우, 반드시 그것이 어떻게 PBL의 철학에 부합하는지를 보여주어야 합니다." 한 예로, 요크 카운티 지역교육청이 새로운 읽기·쓰기 모델을 채택했을 때 윌리엄스는 언어 과목에서 이러한 접근이 PBL에 부합하는 것이며 방향을 바꾸는 것이 결코 아니란 사실을 강조하는 데 주의를 기울였다.

윌리엄스는 느리지만 꾸준한 접근을 하면 PBL 지지자를 만들어 내고 오랫동안 지속될 수 있는 수업 전략을 세울 수 있다고 생각한다. "우리는 새로운 변화의 문턱에 와 있습니다. 'PBL을 하겠다'고 말하는 교사들이 충분히 많이 있습니다. 이들은 계속해서 PBL을 실천해 나갈 것입니다."

윌리엄스는 2014년 버지니아주 루던 카운티 장학관으로 자리를 옮겼다. 그는 이곳에서 새로운 도전을 맞이했다. 윌리엄스가 그곳에 PBL을 소개하게 될까? 아직은 예측하기 이르다. 윌리엄스는 말한다. "학생들을 깊이 있고 의미 있는 학습에 참여시킬 최선의 방법에 대해 교육 관계자들과 대화해야 합니다."

교사의 변화를 위한 공간 만들기

● PBL 비전을 형성하는 데 관리자들이 중요한 역할을 한다고 해도, 실제 교실에서 활동하는 것은 교사들이다. 교사들은 실제 학생들의 삶에 영향을 줄 수 있는 매일매일의 활동에 관여하고 있다. 교사들에게 PBL은 동료 및 전문가, 다른 지역 사회의 구성원들과 함께해야 하는 새로운 방법과 새로운 학습 전략을 배워야 하는 것을 의미한다.

관리자는 힘든 변화의 과정 속에 있는 교사들을 어떻게 지원하고 격려할 수 있을까? 어떻게 하면 교사들의 기존 신념을 존중하면서도 새로운 교수법을 받아들이게 할 수 있을까? 어떤 안전장치로 모험과 도전을 장려할 것인가? 교사와 학생이 개발했으면 하는 사고방식과 행동양식을 어떻게 몸소 실천해 보일 것인가? 즉, 회의에서 탐구질문을 활용하고 '알아야 할' 질문을 만들어낼 때 어떤 모습을 보일 것인가? 또 계획과 정책, 행사의 수준을 높이기 위한 비평과 개선 절차를 어떻게 사용할 것인가?

교사는 관리자에게 무엇을 바랄까?

평교사의 관점에서 '학교 리더십'을 생각해 보는 활동은 시사하는 바가 많다. PBL의 실행 과정에서 어려움을 겪는 교사는 관리자로부터 어떤 지원과 격려를 받기 원할까? 관리자들은 어떻게 교사들을 코치할 수 있을까? 어떻게 하면 협력을 위한 시간을 만들어내고 투명한 문화를 세울 수 있을까?

LA 사우스 센트럴 지역의 한 교사 그룹이 PBL이란 변화를 이끌기 위해 관리자가 갖춰야 할 자질에 대해 생각해 볼 기회를 가졌다. 이 교사들은 교육 기회 확대를 목적으로 지역 사회와 협력하며 디지털 게임과 디자인을 중심으로 하는 직업 학교를 세웠다. 학교는 아우구스투스 호킨스 고등학교 소속으로 설립됐다. 이 학교는 2012년에 개교한 작은 학교로 다른 두 개의 직업학교와 캠퍼스를 공유한다. 세 직업학교의 전체 등록 인원은 최대 1,500명 정도다.

호킨스에 '비판적 디자인 & 게이밍 스쿨'을 설립한 교사 마크 고메즈Mark Gomez에 따르면 교사들은 학교의 핵심 가치로 '학생 중심 학습'을 원했다. 이런 이유로 학교는 PBL을 핵심 교수 전략으로 채택했다. 초기에는 교사들 스스로 무엇이 PBL이고 또 PBL이 아닌지 이해할 수 있도록 전문성을 높이는 일이 필요했다.

개교 과정 중에 교사들은 교장 지원자를 인터뷰하는 일을 맡게 됐다. 교사들은 PBL 비전을 현실화시키기 위해 지역 사회와 협력할 때 힘을 실어줄 수 있는 관리자의 모습을 마음속에 그렸다. 협력 관계를 구축할 줄 아는 리더가 학교의 성공에 중요하다고 생각했다.

고메즈는 "우리는 혁신을 이끌어갈 리더를 원한다는 사실을 깨달았습니다. 우리 지역 사회, 즉 학부모와 적극 소통할 수 있는 사람이 필요합니다. 그러면서도 우리를 지원해 줄 수 있는 사람이 필요하죠."라고 말했다.

이 학교는 여전히 새로운 프로젝트와 협력 관계를 발전시키고 있다. 지역 단체들과의 협력을 통해 인상적인 프로젝트를 만들어내기도 했다(부록 〈사우스 센트럴의 내일〉 388쪽). 고메즈는 이렇게 말한다. "우리는 기존의 프로젝트가 성취할 수 있는 가능성을 뛰어넘는 많은 순간들을 경험했습니다. 교사와 관리자 사이의 의사소통이 평등하게 열려 있는 덕분입니다. 이는 리더십 공유를 위한 장을 열어주었습니다. 지금까지는 아주 좋습니다."

관리자들은 어떻게 길을 내는가?

협력적인 문화를 조성하고, 어려움을 예측하여 잠재된 장애물을 제거함으로써 관리자들은 PBL이 순조롭게 진행되게 할 수 있다. 어느 장학관의 충고에 따르면, 각 과정에서 'PBL 렌즈를 통해' 생각하는 것이 도움이 된다. 현장학습 승인 요청과 같은 일상적인 업무뿐만 아니라 정책 평가와 같은 큰 쟁점에도 'PBL 렌즈'가 필요하다.

관리자들은 PBL 지지자로서 중요한 역할을 한다. 높은 성과를 보였던 한 학교의 교사들은 자기 학교의 교장을 'PBL 치어리더'로 묘사했다. 열정적인 PBL 지지자로서 관리자는 PBL이 진행 중인 수업에 자주 참관해야 하며, 프로젝트 전시회에 참여하고, 학생들이 PBL 경험에 대해 지역 사회와 이야기할 기회를 만들어주어야 한다. 눈에 보이는 관리자의 열정은 주변 사람들에게 전파될 것이다. 관리자로서 교사를 지원하는 다음의 전략들을 살펴보길 바란다.

다른 관리자들과 협력하며 책임감 공유하기

협력은 효과적인 PBL의 결정적 요인이다. PBL이 자리를 잡도록 도와준다는 점에서 리더십과 마찬가지로 중요한 요소이기도 하다. PBL 지도자 모임을 구성하는 것은 PBL 계획을 세우고 유지하는 데 도움을 준다. 지지자를 확대하고, 변화를 이끌기 위한 능력을 높여주기도 한다. 학생들이 모둠으로 일하는 방법을 배우는 것처럼 어른들도 협력을 통해 이익을 얻을 것이다.

벅 교육협회의 시스템 파트너십 코치인 크리스 왈드포젤Cris Waldfogel은 "관리자들은 특정 지역에서 일하든 전 학군을 대상으로 일하든 PBL 지도자 모임에 참여할 필요가 있다. PBL을 추진하기 위해 계획을 세우고 실행하는 것은 혼자서 할 수 없는 일이다"라고 말한다. 여러 학교와 일하면서 왈드포젤은 관리자들이 PBL 지도자 모임에 권한을 부여했을 때 최선의 결과를 얻을 수 있다는 사실을 알게 됐다. 왈드포젤은 관리자들이 '누구와 책임을 공유할 것인가?' '모임에 참여하는 이들은 어떤 자산을 갖고 있을까?' '그러한 자산을 어떻게 활용할 것인가?' 등에 대해 생각해야 한다고 말한다.

관리자들은 전략적으로 PBL 지도자 모임 구성원들과 책임을 공유해야 한다. 이는 단지 결정권을 넘겨주는 것이 아니라 모임이 더 나은 결정을 내릴 수 있도록 압력을 가하는 것이며 여러 사람이 참여하는 의사 결정 모델을 사용한다는 의미다. 이 경우 모임 참가자들에게 적절한 지원을 제공해야 한다. 리더십 공유라는 패러다임 속에서 발전할 수 있도록 말이다.

PBL 지도자 모임이 함께 일하는 방식은 시스템에 따라 다를 수 있다. 하지만 어떤 상황이든 모임의 목표를 명확히 세우고 시작해야 한다. 목표가 없다면 매주 만나도 의미 있는 작업을 해낼 수 없다. 실제적인 목표를 처음부터 제시해야 한다. 지도자 모임에 명확한 목표가 있을 때, PBL 현안을 추진하고 지혜를 모아 장애물을 처리할 수 있게 된다. 이는 마치 PBL에서 훌륭한 탐구질문이 학습 활동의 중심을 잡아주는 역할을 하는 것과 같다.

지속적인 전문성 신장을 위한 시간 확보하기

GSPBL 프로젝트를 설계하고 운영하고 평가하는 법을 배우는 데는 시간이 걸린다. 보통의 교사들은 일단 입문자를 위한 워크숍에 참가하고 나면 전문성 신장에 대한 욕구를 멈추지 못하게 된다. 하지만 프로젝트 계획을 손에 넣은 것은 시작에 불과하다. 설사 그 프로젝트가 모든 필수 요소를 중심으로 세심하게 설계된 프로젝트일지라도 말이다. 학생들과 함께 PBL을 시도해 본 교사들은 효과적인 교수 전략에 대해 더 알고 싶어하는 것이 일반적이다. 따라서 핵심 전략으로 PBL을 강조하는 학교들은 지속적인 전문성 신장 연수에 시간을 할애한다. 샌디에이고의 하이테크 고등학교나 미국 전역의 뉴텍 네트워크 소속 학교의 교사들은 정기적으로 동료들과 함께 프로젝트 설계를 조율하고 협의하는 시간을 갖는다. 이들은 직원 회의에서 학생들의 결과물을 함께 살펴보는 시간을 갖기도 하는데 이는 평가에 관한 지속적인 대화의 일환이라고 할 수 있다.

그러나 PBL을 전면적으로 도입하지 않은 학교의 경우라면 교사 연수 시간을 어떻게 하면 창의적으로 활용할 수 있을지 고민해야 한다. 관리자는 연수를 통해 교사들에게 필요한 기회, 시의적절한 지원, 학습, 동료 간 대화를 제공해야 한다. 이는 전문 학습 공동체와 같은 기존의 체제를 PBL 중심으로 재구성한다는 것을 뜻할 수도 있다. 한 달에 한두 번 일과를 늦게 시작하거나 빨리 마쳐 교사 협력을 위한 시간을 더 많이 만들어내는 것도 한 방법이다. 교사가 동료의 프로젝트가 어떻게 진행되는지 관찰할 수 있도록 비공식적으로 관리자가 한 차시 수업을 보강해 줄 수도 있다. 일정상의 어려움을 극복하기 위해서 온라인 플랫폼을 활용해 교사 협력과 교사 연수를 진행할 수도 있다.

어느 장학관은 "빠듯한 학사 일정을 고려할 때 이런 일을 진행하는 것은 결코 쉽지 않습니다. 하지만 교사가 PBL 과정을 계획하고, 문제를 해결하고, 성찰하고 잘된 것과 못된 것을 확인할 시간이 필요합니다. 이를 통해 교사들이 프로젝트를 계속 발전시킬 수 있을 테니까요. 교사가 PBL에 성공하기를 원한다면 그것을 실행할 시간을 확보해야 합니다."라고 말했다.

TIP

PBL을 위한 새로운 전문성 향상

PBL에 성공하기 위해 교사들이 어떤 종류의 전문성을 높여야 하는가를 고려할 때는 '현실 세계'를 생각해 보세요. 다양한 분야의 전문가들과 이야기를 나누거나 함께 일하며 교사들은 실제적인 프로젝트 아이디어를 얻을 수 있습니다. 또 GSPBL에서 말하는 실제적인 활동이 무엇인지에 대해서도 배울 수 있습니다. 관리자는 지역 사회, 경제·산업 분야, 학계 등에서 도움을 줄 만한 전문가를 찾아내는 방식으로 교사를 도울 수 있습니다. 전문가와의 미팅이나 방문, 현장학습 등 교사들을 학교 밖 세상과 연결할 수 있는 다양한 방법을 찾아보기 바랍니다.

'21세기 역량을 위한 파트너십'의 책임자인 헬렌 술래Helen Soulé는 말합니다.

"PBL과 문제기반학습을 중등교육과정에 활용하도록 독려하는 것은 교사 연수에 있어서도 큰 변화를 가져올 것입니다. 예를 들어 교사들을 위한 인턴직 등 현실 세계와 연결된 교사 연수와 교수법에 보다 많은 초점이 맞춰지게 될 것입니다(District Administration, 2014)."

능동 학습의 증거 찾기

프로젝트가 진행 중인 수업에 참관한 관리자는 효과적인 학습의 증거로 무엇을 살펴야 할까? 관리자의 참관이 교사 평가의 일부분이라면 어떤 기준에 따라 교사를 평가해야 할까?

PBL을 처음 접한 한 교장이 워크숍이 끝날 때쯤 흥미로운 이야기를 했다. "지난 주에 제가 수업 참관을 위해 교실에 들어갔는데 교실이 다소 소란스러웠습니다. 몇몇 학생들이 컴퓨터로 조사를 하고 있었고 다른 아이들은 영상을 편집하고 있었어요. 선생님은 교실 한쪽에서 소그룹을 지도하고 있었지요. PBL이 진행되는 것을 보기 위해 자리에 앉는 대신 나는 교사에게 다음과 같이 말하는 실수를 저질렀지요. '음, 선생님이 가르치고 있을 때 다시 참관하러 오겠습니다.'라고 말했습니다. 이제야 제가 잘못했다는 것을 깨달았습니다. 아주 사려 깊은 교수와 학습이 진행되고 있었는데 그걸 놓친 겁니다. 저는 교사가 강의를 하는 것만을 좋은 수업으로 규정하고 있었습니다."

PBL에 익숙한 관리자들이라면 같은 상황에서 학생 옆에 앉아 PBL에 대해 질문하는 방식을 택했을 것이다. 학생에게 탐구질문이 무엇인지 묻고, 오늘까지 한 활동들이 어떻게 그 질문에 대해 답하도록 도와주었는지 설명하게 했을 것이다. 또한 PBL에 익숙한 관리자의 경우 프로젝트를 진행하며 어려움을 겪는 교사 곁에서 효과적인 자문역을 할 수도 있다.

학교 단위에서 관리자들은 PBL 변화 과정을 지원함에 있어 다음과 같은 질문들을 고려해야 한다.

- 관리자 자신의 리더십 유형이 변화 과정 속의 교사들을 어떻게 지원할 수 있는가? 예를 들어, 교사들이 위험을 감수하고 피드백을 통해 프로젝트를 향상시키도록 격려하는가? 리더로서의 책임을 공유하는가?
- PBL을 먼저 받아들인 교사들을 어떻게 찾고, 그들이 어떻게 다른 교사들의 리더가 되도록 격려할 것인가?
- 관리자 본인은 실질적으로 학교를 대표하는 인물인가? PBL 비전을 지역 사회 구성원들, 잠재적 파트너들, 지역교육청의 의사 결정권자들에게 알리고 있는가?
- 교사들이 새로운 교수 학습 방법을 소개할 때 뒤에서 교사들을 지원할 준비가 되어 있는가? 교사들이 새로운 모험에 나설 때, 관리자인 자신이 그들을 지지하고 있다는 사실을 어떻게 알릴 것인가?

지역교육청 단위에서 관리자들은 PBL 변화 과정을 지원함에 있어 다음과 같은 질문들을 고려해야 한다.

- 학교 관리자들이 알아야 할 것을 배우고, 현장에서 PBL을 안내하도록 어떻게 도울 것인가?
- 지역의 자원(시간 포함)을 교사 연수에 활용할 방안은 무엇인가?
- 교장들이 고립되지 않도록 그들 사이의 소통을 장려하면서 현장의 PBL 실천을 위한 노력을 지원할 방안은 무엇인가?

TIP

평가 방식과 씨름할 준비가 되어 있는가?

PBL 실행의 선두에 있어온 학교들은 평가를 재고했다는 측면에서도 선구자들입니다. 몇몇 학교들은 학생들이 PBL을 통해 배우는 내용과 더 잘 부합하도록 기존의 성적표를 수정했습니다. 이 부분은 정말 까다로운 영역입니다. 샌프란시스코만 지역에서 PBL 기반의 교육을 하는 3개의 차터 고등학교를 관리하는 인비전 학교 연합의 밥 렌즈Bob Lenz는 이렇게 설명합니다. "기존의 평가 방식을 바꾸는 것은 학교가 성스러운 소(sacred cow, 지나치게 신성시되어 비판 및 의심이 허용되지 않는 제도를 의미한다. - 역자 주)와 싸우겠다는 의지를 가져야만 한다는 의미입니다." 과거의 평가 방식은 새롭게 바뀔 것입니다. 평가 권위자이기도 한 켄터키 대학의 교육심리학과 교수 토마스 구스키Thomas Guskey의 말은 이렇습니다.

"한 개인의 신체 조건을 표현하기 위해 누군가가 키, 몸무게, 식습관, 운동량 측정을 단 하나의 숫자와 기호로 나타내자고 주장한다면 우리는 그것을 터무니없다고 여길 것이다. 그런 숫자나 문자가 무슨 의미가 있겠는가? 그런데도 교사들은 학생의 성취, 태도, 책임감, 노력, 품행을 단 하나의 등급에 모두 담아 성적표에 기록하고 있다. 그리고 아무도 거기에 의문을 제기하지 않는다(Guskey, 2011, p.19)."

구스키는 결과물과 학습 과정, 발전 정도를 구별해 표기하는 성적표가 더 유용하다고 주장합니다(Guskey & Bailey, 2010). 미국에서는 그런 성적표가 흔치 않지만 국제적으로는 힘을 얻고 있습니다.

인비전 학교 연합의 평가 방식 변화는 다음의 질문에서 시작됐습니다. '우리 아이들이 무엇을 알기를, 무엇을 할 수 있기를 바라는가? 아이들이 그것을 성취했다는 것을 우리는 어떻게 알 수 있을까?' 이런 물음을 통해 수행평가를 시행하고, 포트폴리오를 활용하게 됐습니다. 그러자 또 다른 의문이 생겨났습니다. '이러한 활동을 돕기 위해 우리는 (평가 시스템과 성적 시스템을 포함해서) 학교를 어떻게 조직해야 하는가?'

한편, 100개 이상의 학교가 참여하는 뉴텍 네트워크는 21세기 역량들이 더 반영되도록 성적표를 재구성하였습니다. 한 과정에 대해 단 하나의 문자로 점수를 매기는 대신에 각 학생이 여러 영역에 걸쳐 이뤄낸 발전을 묘사한 성적표를 제공합니다. 학업 성취도와 함께 근면, 비판적 사고력과 의사소통 능력 같은 역량들을 평가합니다.

제도 전반에 걸쳐 점수 체계와 평가 방식을 개선하기 위해서 교사들은 자신만의 평가 기준에 대한 애착을 버려야 합니다. 학교 전체의 기준표를 채택하려면 합의와 공동의 리더십이 필요합니다. 공통된 언어를 사용해 '수준 높은 결과물'을 정의해야 합니다. 이를 위해 먼저, 교사들은 수준 높은 결과물이 무엇을 의미하는지에 대해 합의를 이뤄야 합니다. 지속적인 교사 연수의 일환으로 교사들은 학생 결과물을 공유하고 토의하며 평가 기준을 정해야 합니다.

점수 체계 개선은 학생들에게 가장 큰 이익이 됩니다. 사실상 학생들을 위한 선물이라고 말할 수 있습니다. 교사들이 공통된 점수표를 가지고 있으면 학생들은 6명의 다른 교사들에 맞는 규칙들을 일일이 알아낼 필요가 없기 때문입니다. 또 구체적이고 자세하게 묘사된 경과 보고서를 받을 때 학생들은 학습자로서 스스로가 어디에 있는지 그리고 어디로 가기를 원하는지 더 명확한 그림을 그릴 수 있게 될 것입니다.

용기 있는 관리자들은 점수 체계에 대한 토의를 이끌 것입니다. 구스키는 관리자들에게 학생들에게 가장 효과가 있는 점수 체계에 대해 연구하라고 말합니다. 그렇게 된다면 학생들의 학습을 지원하고 학습자로서 스스로에 대한 인식을 높일 수 있는 의미 있는 정책과 사례를 제안할 수 있게 될 것입니다(Guskey, 2011, p.21). 마찬가지로 교사는 점수 체계에 대한 행동 연구에 참여할 수 있고 동료들과 연구 결과를 공유할 수 있습니다.

동료 리더십의 힘

● 미시간주 디트로이트의 노바이 지역교육청에는 약 6,200명의 학생들이 소속되어 있다. 2011년에 부임한 장학관 스티브 매튜스Steve Matthews는 '학생들을 의미 있는 활동에 참여시키기'라는 비전으로 지역을 이끌고 있다. 매튜스는 이러한 비전을 위한 핵심 교수 전략으로 PBL을 택했다. 매튜스는 "PBL은 학생들이 학업에 전념할 수 있도록 돕는 교수법 중 하나입니다. 저는 어떻게 하면 우리 지역에 PBL에 대한 의식을 확산시킬 수 있을지 고민했습니다. 더 많은 교사들이 PBL을 수용하게 하는 것이 제 목표였습니다."라고 말한다.

매튜스는 하향식의 명령 대신 교사 중심의 변화와 교사 리더십을 장려했다. 그에 딱 들어맞는 예가 베테랑 교사인 밀라 리Myla Lee의 사례다.

리의 교실을 처음 방문했을 때 매튜스는 리가 의도적으로 철저하게 PBL에 기반한 수업 환경을 만들었다는 것을 알았다. 수업을 지켜보며 매튜스는 '어떻게 그녀의 영향력을 우리 지역에 확장시킬 수 있을까? 그녀가 우리 지역 전반에 PBL의 힘을 보여줄 수 있는 교사 집단을 만들 수 있을까?'라고 생각하기 시작했다.

매튜스는 교사들이 동료 리더십을 활용하기를 바랐다. 이를 통해 교사들이 PBL에 대해 명확하게 공감하고, 공통된 정의를 발전시킬 수 있을 것이라 기대했다. 특히 매튜스는 PBL의 필수 요소를 적절하게 정의하는 것이 중요하다고 생각했다.

그가 교사 중심의 변화를 독려하는 데에는 또 다른 이유가 있었다. 바로 주정부와 연방정부 수준의 교육 혁신 등 지역 바깥에서 오는 교사들을 향한 압력이었다. 매튜스는 교사들이 '내 수업에서 일어나는 것을 통제하려고 하는 누군가가 있다'라고 생각하게 만들고 싶지 않았다. 보다 유기적이고 실제적인 변화를 바랐다. 매튜스는 "교사들의 지지를 이끌어내는 데에는 오랜 시간이 걸립니다. 하지만 변화를 더욱 의미 있게 만들어줍니다."라고 말한다.

매튜스는 PBL을 위한 교사 연수 예산을 확보하는 한편 교사 밀라 리에게 2년간 교실을 떠나 동료들을 위한 PBL 코치로 일해 달라고 요청했다. 그렇게 해서 리에게는 커다란 직업적 변화가 일어났다.

지역교육청의 PBL 코치로 일하게 된 리는 첫 단계로 워크숍을 주관했다. 이 워크숍을 통해 동료들에게 다른 교사들보다 먼저 전문성 신장 연수를 받을 기회를 소개했다. 그 결과 18명이 자발적으로 PBL 수업을 해보기로 결심했다. 각 교사는 2년 동안 PBL에 대해 배우고, 리의 코칭에 따라 핵심 성취기준에 부합하는 프로젝트를 수행했으며 자신들의 경험에 대해 성찰하는 시간을 가졌다.

리는 PBL 코치로 일하며 참여 교사들이 학생들만큼이나 다양한 모습을 보여준다는 것을 발견했다. 교사들은 교사 모임을 가지면서 PBL이 지닌 구체적인 매력에 빠져들었다. 리는 각 교사들의 교실에서 시간을 함께 보내며 PBL 전략을 시범 보이고 도움을 주었다. "저는 교사들에게 말합니다. 프로젝트 첫 5일 동안, 마지막 5일 동안, 그리고 불분명한 중간 단계 동안에도 그들을 지원하기 위해 제가 여기에 있는 거라고요."

리는 교사들에게 명확하고 알기 쉽게 내용을 전달하고자 애썼으며, 테크놀로지의 통합을 강조했다. 리는 온라인을 통해 프로젝트의 흥미로운 부분들과 교사의 성찰, 자료 등을 공유하며 양질의 PBL이 진행되는 것이 어떤 것인지에 대해 알렸다[1]. 리는 특히 '탐구질문'을 강조했다. '노바이 지역 교사로서 PBL 문화와 우리 교실을 위한 환경을 어떻게 발전시킬 것인가?' 등의 탐구질문은 교사들이 전문성 신장 경험에 초점을 맞추도록 도와주었다.

PBL 수업을 실행한 지 일 년이 안 되어 리와 동료들은 문화가 변했음을 보여주는 증거를 발견할 수 있었다. 한 초등학교 교실에서 교사가 막 첫 프로젝트를 마무리했을 때의 일이다. 교사는 학생들에게 이제 새로운 단원을 시작할 것이라고 말했다. 교사는 다음 단원을 PBL 스타일로 가르칠 생각이 없었다. 하지만 "좋아, 사회책을 꺼내고 다음 장을 시작해 보자."라고 말했을 때, 교사는 학생들의 얼굴에서 실망감을 보게 됐다. 학생들은 탐구질문이 무엇인지, 누구와 프로젝트 팀이 될 것인지 알고 싶어 했다. 교사는 그날 밤 리에게 전화했다. "다른 프로젝트를 계획해야 할 것 같아요. 학생들이 제가 기존 학습 스타일로 돌아가도록 내버려 두지 않네요."

물론 모든 프로젝트가 상황을 바꿔놓은 것은 아니었다. 리의 분석에 따르면, 교사 집단의 3분의 1가량에게 PBL은 크게 인기를 끌었으며 하나의 문화로 정착했다. 다른 3분의 1의 교사는 PBL을 위한 지원이 계속되기를 원했으며 실천 방안을 자세히 알고자 했다. 하지만 나머지 3분의 1에게 PBL은 여전히 익숙하지 않은 존재였다.

PBL에 대한 관심은 초기 교사 집단을 넘어 널리 확산되었다. 2년 차에는 PBL 실행 교사 집단의 규모가 더욱 커졌고 1년 차에 참여한 교사들도 계속해서 시의적절한 지도와 온라인 지원을 받았다. 리는 주기적으로 개별 교사들과 학교 관리자들의 요청을 처리했으며, PBL에 대한 관심은 전 학년으로 확산되었다. 계획이 진행되는 동안, 리는 전략적으로 1년 차 PBL에 참여했던 교사들 중에서 다른 교사들을 지도하는 역할을 담당할 이들을 모집하고 있다. 리는 "그들은 우리 지역의 PBL 확산에 중요한 역할을 하게 될 것입니다."라고 말한다.

장학관인 매튜스가 볼 때 교사 중심의 접근은 기대한 만큼의 결과를 보여주고 있다. 최근 1학년 교실을 방문한 매튜스는 한 학생의 옆에 앉아서 프로젝트에 대해 물었다. 학생은 자신이 하고 있는 일에 대해, 왜 그것이 중요한지, 또 학교에 어떤 긍정적인 영향을 미칠지에 대해 아주 자세히 말해 주었다. 매튜스는 이것을 학생이 참여하고 있다는 아주 강력한 신호로 읽었다. 그는 다른 교실에서도 비슷한 상황을 경험하며 확신을 갖게 됐다. '학생들은 직감적으로 PBL의 힘을 알고 모든 수업에서 PBL 방식으로 수업하기를 원한다.'는 것이 매튜스의 생각이다.

반면 아직은 한 걸음 물러나서 통제권을 내려놓을 준비가 되지 않은 교사들도 있다. 학생들이 학습 과정에서 자신의 책임을 받아들일 것이라 확신하지 못하는 것이다. 특히 지금처럼 교원 평가 항목에 학생의 성적(성적 향상 - 역자 주)이 포함되는 시대에는 이를 걱정할 수밖에 없다. 하지만 먼저 PBL에 나선 교사들이 풍부한 성공 사례를 만들어내고 있다. 이 사례들은 학생이 참여하는 교실을 만들 수 있다는 사실을 보여준다.

PBL로 가는 길이 마냥 순탄하지는 않을 것이다. 하지만 관리자들은 성공 사례를 드러내 교사들이 이를 주제로 서로 소통할 수 있게 해야 한다. 여전히 PBL을 망설이는 교사들도 동료의 성공을 보게 되면 PBL에 참여하고 싶다는 마음을 갖게 될 것이기 때문이다.

지역 사회 파트너와 함께하기

● 학교 또는 지역교육청에서 PBL을 이끌고 있는 관리자라면, 지역의 여러 교육 관계자들로부터 받게 될 질문을 예상해 볼 수 있다. 학부모들은 자신의 학창시절에 사용되던 교육 방법을 왜 바꾸려고 하는지 궁금해 할 것이다. 모둠 활동을 반영하는 점수 체계에 의문을 제기할지도 모른다. 기업인을 비롯한 지역 사회 구성원들은 이러한 접근이 고등학교 졸업 이후의 삶을 대비시킬 수 있는지 알고 싶을 것이다. 또한 CCSS처럼 학생의 성적에 대한 교사의 책임과 계획을 강조하는 현재 상황을 고려할 때, 필연적으로 사람들은 PBL이 학생의 학업적 성취에 어떻게 영향을 준다는 것인지 알고 싶을 것이다.

관리자들은 다양한 이해 당사자들에게 "왜 PBL인가?"라는 메시지를 전달할 준비가 되어 있어야 한다. 그 질문에 답하기 위해 엘리베이터 피치(elevator pitch, 어떤 상품, 서비스 혹은 기업과 그 가치에 대한 빠르고 간단한 요약 설명을 의미한다. 엘리베이터에서 중요한 사람을 만났을 때 자신의 생각을 요약하여 20초에서 3분이라는 짧은 시간에 전달할 수 있어야 한다는 의미에서 생겨난 말이다. - 역자 주)를 준비하는 것도 좋은 방법이다. 하지만 그것은 전략적 의사소통 계획의 일부일 뿐이다. 그보다는 지역의 홍보 전문가와 함께하는 방법을 추천하고 싶다. 소셜 미디어를 통해 학생들이 왜 프로젝트에 참여하는지, PBL의 가치를 입증하는 연구에는 어떤 것들이 있는지 등에 대해 설득력 있는 메시지를 전달하기 바란다. 특히 온라인을 통해 지속적으로 메시지를 공유해야 한다. PBL의 효율성을 보여주는 연구에서 흥미로운 부분, 설득력 있는 결과 등 프로젝트에 관한 긍정적인 이야기를 다른 사람들과 공유할 기회를 찾아야 한다. 프로젝트 결과물 전시회 등 언론 매체를 통해 PBL에 대해 이야기할 수 있는 기회를 활용할 수도 있다.

프로젝트의 최종 활동을 통해서만 PBL을 홍보할 수 있는 것은 아니다. 학교 개방 행사를 통해 대중과 언론에게 PBL을 알리는 방법도 있다. 이때 PBL에 열정적으로 몰입한 학생들이 행사를 이끌게 할 수도 있다.

또한 지역 사회 구성원들이 전문가로서 프로젝트에 참여하도록 요청해 보자. 학부모, 비영리 단체 및 사업체 대표, 지역 대학과 커뮤니티 칼리지(community college, 주로 인근 지역 출신 학생들에게 실용적 기술 위주의 교육을 하는 2년제 대학으로 우리나라의 전문대학과 비슷하다. - 역자 주) 교수진, 상공회의소나 관광청, 여타 공유할 지식을 가진 이들을 비롯한 다양한 이해 당사자들을 초청해 그들의 전문 지식을 공유하도록 하자.

이해 당사자들이 학생들의 프로젝트 활동을 통해 이익을 얻을 수 있는 문제나 쟁점 등을 공유하도록 독려할 수도 있다. 예를 들어, 학생들이 프로젝트를 통해 비영리 단체의 공익 광고를 제작하거나 지역 사회에 더 많은 관광객을 끄는 소셜 미디어 캠페인을 조직하게 할 수 있다.

내슈빌의 지역 협력 사례

테네시주 내슈빌 지역의 공립학교들은 수년간 PBL을 실행하며 일반적으로 겪게 될 난관들을 해결할 전략을 발전시켰다. 또한 학교와 지역 사회 사이에 견고한 파트너십을 구축했다.

내슈빌 지역교육청에는 약 85,000명의 학생들이 소속되어 있다. 처음에는 내슈빌 내의 12개 종합 고등학교(comprehensive high school, 미국에서 가장 흔한 공립 고등학교의 형태로, 대입 준비를 비롯해 직업 교육을 제공하는 고등학교이다. - 역자 주)에서 직업 전문학교를 만들기 위한 학교 개혁의 일환으로 PBL을 시작했다. 전문학교들은 음악 녹음, 공학 기술, 의료, 문화, 자동차 산업을 포함한 다양한 분야에 중점을 둔다. 그런 접근은 다양한 직업과 관련된 통합교과형 프로젝트의 장을 마련했다.

교육 프로젝트 코디네이터로 일하는 토드 위긴턴Todd Wigginton은 말한다. "우리 교사들은 자신들이 가르치고 있는 내용을 수행하는 직업을 가진 사람이 누구인지 알아내야 했습니다. 또 자신이 가르치는 내용을 망각하지 않으면서도 그 내용을 어떻게 실제적으로 만들지도 고민했습니다."

이처럼 프로젝트의 실제성을 확보하기 위해 교사들은 현실과의 연관성을 관찰해야 한다. 만일 실생활에서 누가 이런 내용을 사용하고 있는지 모른다면 그 정보를 찾아야 한다. '왜 이것을 가르치고 있는가? 왜 이것이 유용한가?' 등의 질문에 대한 답을 찾기 위해 전문가의 도움을 얻는 방법도 있다.

내슈빌 지역교육청은 전문가들과 교실을 연결하기 위해 지역 기업 및 여러 기관들과 파트너십을 맺어왔다. 그중에는 지역교육청 관리자들이 기존의 인적 네트워킹 방식으로 구축해 놓은 관계도 있다. 도시의 젊은이를 지원하는 비영리 단체인 내슈빌 연맹(Alignment Nashville)과 공립학교와 지역 사회를 연결하는 펜슬 재단(Pencil Foundation)의 도움을 받기도 했다.

확실하게 구축된 파트너십을 통해 내슈빌 지역 학생들은 프로젝트 설계 단계에서부터 마지막 마무리까지, 프로젝트 내내 전문가의 도움을 쉽게 받을 수 있게 되었다. 전문가들은 프로젝트 설계 워크숍에서 비판적 피드백을 제공하여 '계획에서의 실제성'을 보장해 주었다. 또 학생이 탐구 활동에서 겪는 어려움을 해결하도록 도와주고 때로는 특정한 직업적 도구를 사용할 수 있는 기회를 제공하기도 했다. 결과물을 발표하는 과정에서 전문가들은 학생의 사고를 자극하는 질문을 던져 현실 세계와의 관련성을 가미하였다. 지역과의 파트너십을 통해 교사는 짧은 현장 체험을 경험하며 학생들이 체험하게 될 작업장을 면밀하게 살필 기회도 얻었다.

지역 사회에 PBL을 홍보하기 위해 내슈빌 지역교육청은 프로젝트 전시회로 학년을 마무리하는 전략을 택했다. 매년 전시회에는 수백 명의 지역 중·고등학생들이 참여한다. 이 자리는 학습을 축하하고 공개적으로 학생 결과물을 전시하는 기회이다. 전시회 준비는 전문가 참여를 통해 심층 학습의 기회로 확장되기도 한다. 여러 분야에서 모집된 심사위원들이 전시회 준비 과정에 참여해 공통된 점수표를 통해 프로젝트를 채점한다. 학생들은 실제 청중을 만나기 전에 세 차례의 심사를 거치며 발표 기술을 갈고 닦는다. 위긴턴은 "학생들은 아주 활기에 차 있어요. 전시회는 매년 더 나아지고 있습니다."라고 말했다.

PBL의 확장과 발전

일단 PBL을 학교에 도입했다면 초반의 성공이 매우 중요하다. 교사와 학생들이 만들어낸 결과에 대한 축하 행사들은 PBL의 확산에 탄력이 붙도록 도와줄 것이다. 동시에 관리자는 인내심을 가져야 한다. 교수법을 바꾸는 것은 시간이 걸리는 일이다. PBL에 대한 열정이 학교 전반에 확장되기 원한다면 현명하게 규모를 키워야 한다. PBL을 지원하기 위한 관리자의 노력이 새로운 계획들로 약화되지 않도록 주의해야 한다.

관리자들이 생각해 봐야 할 마지막 질문들은 다음과 같다.

- PBL 지도자 모임에서 공동의사 결정을 어떻게 독려할 것인가?
- 성공한 PBL을 어떤 식으로 기록하고 축하하며 PBL의 장점과 혜택을 지역 사회에 널리 알릴 것인가?
- 동료 중심의 지속적인 PBL 전문성 신장을 위해 구성원들의 능력을 어떻게 개발할 것인가?
- PBL을 실천할 준비가 된 교사와 교수 지도자를 어떻게 모집할 것인가?
- 교사들이 초반에 지치지 않도록 어떻게 도울 것인가? 테크놀로지의 업그레이드나 수학, 과학, 문해력 등 교과에 새로운 교수법을 도입하는 앞으로의 계획이 수준 높은 PBL에 부합한다는 점을 깨달을 수 있도록 도울 수 있는 방법은 무엇인가?

PBL 수업 엿보기 15

달콤한 용해

- **프로젝트 유형** _ 조사 연구 & 디자인 챌린지
- **탐구질문** _ 내가 가진 화학적 지식과 이해를 캔디를 만드는 데 어떻게 사용할 수 있을까?
- **대상 학년 및 관련 교과** _ 고등학생 / 화학

● 미국 오레곤주 뉴버그 지역에 위치한 뉴버그 고등학교 교사들은 2013~2014년 학기 중에 서로의 PBL을 지원하기 위한 학습 공동체를 운영했다. 화학 교사 루안 리Luann Lee에게 이는 좋은 기회였다.

기존의 과학 탐구 실험을 확장해 학생들에게 '열린 정답의 모험'을 경험하게 해주고 싶었던 리는 '캔디 만들기 실험'을 기반으로 프로젝트를 구상했다. 캔디 만들기 실험은 인기 있는 실험 수업이자 학생들이 화학을 실생활에 적용해 볼 수 있는 좋은 기회이기도 했다. 리는 익숙한 활동을 통해 학생들이 창의성을 발휘하며 성장해 어려운 과제를 만났을 때에도 자신감을 갖게 되기를 바랐다.

기존의 캔디 만들기 실험이 제공한 학습 경험은 제한적이었다.

교사가 레시피를 나눠주면 학생들이 설탕과 향료를 가져와 캔디를 만드는 것이 전부였다. 물론 이 활동은 재미있었지만 진정한 PBL 수업이라면 재미 이상의 무언가가 있어야 했다.

리는 학생들이 쉽게 답을 찾을 수 없는 탐구질문을 만들어냈다. 리가 제시한 질문은 '화학적 경험을 통해 명확하고, 논리적이며, 비판적으로 생각하고 의사소통하는 법을 배웠다. 이 경험을 활용해 어떻게 대학과 진로를 준비할 수 있을까?'였다. 좀 더 좁게는 '내가 가진 화학적 지식과 이해를 캔디를 만드는 데 어떻게 사용할 수 있을까?'라는 탐구질문을 제시했다. 탐구질문은 캔디 만들기 실험을 화학 분야의 직업 탐구 활동으로 확장시켜주었다.

이 프로젝트에서는 학생들이 배움을 성찰할 수 있도록 블로그를 활용했다. 몇몇 학생은 사진 수업 시간에 포토 블로그를 만들어본 경험이 있었지만 대부분 학생에게 블로그 만들기는 새로운 경험이었다. 하지만 학생들은 금세 블로그 전문가가 되었다. 블로그에 포스팅 된 과제들은 주로 예비 연구에 초점을 맞추고 있었다. 학생들은 용해와 용해도, 데이터 수집을 위한 캔디 만들기, 실제 상황에서 용해의 과학적인 적용 등을 포스팅했다. 리는 학생들의 의견을 반영하고자 블로그 포스팅에 대한 평가 기준을 학생들이 세워보게 했다.

리는 용해와 용해도에 관한 학습 활동을 통해 학생들이 화학에 대한 이해를 얻을 수 있도록 도왔다. 학생들은 용해 과정을 모형으로 만들고, 온도에 따른 이온과 분자 합성의 용해도 변화를 그래프로 그렸다. 또 도표와 모형을 통해 불포화 용액, 포화용핵, 과포화 용액 등을 설명해 보는 시간도 가졌다.

　이러한 활동을 통해 학생들은 캔디를 만들 때 사용하는 분젠버너와 다른 실험 기구 등을 미리 연습해 볼 수 있었다. 〈달콤한 용해〉 과정 속에서 진행된 캔디 만들기 실험은 더 이상 레시피를 따라하는 단순한 활동이 아니었다. 학생들은 식품학자가 된 것처럼 활동에 접근하며 관찰하고, 자료를 모으고, 결과를 입증했다. 리는 실험에서의 안전도 중시했다. 학생들은 실험용 앞치마와 화학 실험용 고글을 착용해야 한다는 것을 잘 인지하고 있었다.

　프로젝트는 겨울 방학 직전에 마무리되었다. 그 덕분에 학생들은 직접 만든 캔디를 연휴 선물로 집에 가져갈 수 있었다. 학생들은 실제의 청중들과 함께 캔디를 만든 경험을 나누었다.

　리는 〈달콤한 용해〉를 또 진행한다면 기업가 정신을 프로젝트에 포함시켜보겠다고 한다. 학생들이 만든 캔디를 휴일 축제 장터에서 판매하는 것이다. 리는 화학과 실생활의 연관성을 보여주는 일이 지닌 장점에 완벽하게 매료되었다.

●●● 프로젝트 응용해 보기

　리의 제안에 따라 사업가적인 시각을 더해 학생들이 휴일 바자회 때 직접 만든 캔디를 판매하도록 계획을 세워보자. 혹은 학생들이 전문적인 캔디 생산자나 식품학자를 인터뷰하도록 해 그들의 직업에서 화학이 어떤 역할을 하고 있는지 물어보게 할 수도 있다.

PBL 수업 엿보기 16

사우스 센트럴의 내일

- **프로젝트 유형** _ 실생활 문제해결 & 디자인 챌린지
- **탐구질문** _ LA 사우스 센트럴 지역을 재구상하기 위해 우리는 서로 어떻게 협력해야 할까?
- **대상 학년 및 관련 교과** _ 고등학생 / 지리 · 디지털 게이밍

● LA 사우스 센트럴은 캘리포니아주 남부에 위치한 지역이다. 아우구스투스 호킨스 고등학교 산하의 비판적 디자인 & 게이밍 스쿨 학생들은 〈사우스 센트럴의 내일〉을 통해 '사우스 센트럴의 미래는 어떤 모습이어야 할까?'라는 질문에 대한 답을 찾기로 했다.

2014년 봄 학기, 9학년(우리나라의 중학교 3학년) 지리 수업에서 학생들은 '커뮤니티 플랜잇(Community PlanIt)'을 활용했다. 디지털 게이밍과 전략 계획이 가능한 이 플랫폼을 통해 학생들은 다양한 관점을 가진 이들을 초대해 지역을 주제로 대화하도록 유도했다. 대화의 주제는 토지 활용에서 보건 관리에 대한 접근, 사회적 책임이 있는 기업에 이르기까지 모든 것을 망라했다.

교사인 마크 고메즈Mark Gomez는 게임 기반의 프로젝트 수업을 통해 학생들이 지리라는 교과를 새롭게 이해할 수 있다고 믿는다. 학생들이 참여하는 지리 수업은 단지 주도(state capital)를 암기하는 시간이 아니다. 학생들은 프로젝트 수업을 통해 지리적 탐구의 중요성을 배우고, 지리적 감각을 익힌다. 한 예로, 학생들은 자료 분석의 일환으로 지도를 제작하고 분석하는 활동을 진행하는 과정에서 지역을 향한 주민들의 다양한 시각을 알게 됐다. 어떤 이들은 지역 주민들이 매우 활동적이고 에너지가 넘치며 창의적이고 잘 교육받았다고 묘사했다. 반면 다른 이들은 이 지역이 위험하고, 인구가 지나치게 많고 문제가 있는 지역이라고 말했다.

프로젝트 과정 중 학생들은 기능성 게임(Serious Game, 현실에서 일어날 상황을 가상으로 체험하거나 특정 문제를 해결하는 방안을 찾기 위해 설계된 게임. - 역자 주)에 대해 알게 됐다. 기능성 게임의 전략은 현실의 이슈와 문제해결에 초점을 두고 있다. 고메즈는 "우리 학교는 게임을 디자인하는 학교입니다. 따라서 학습의 한 부분으로 게임 디자인을 활용하는 것은 지극히 당연한 일입니다."라고 말했다. 기능성 게임을 통해 학생들은 게임이 오락 이외의 분야에서도 활용될 수 있다는 사실을 보게 됐다. 하지만 학생들은 기능성 게임일지라도 재미의 요소는 갖춰야 한다는 사실을 이해하고 있었다. 이는 학생들이 수준 있는 게임 경험을 위한 요소들에 대해 비판적으로 사고했음을 의미한다.

학생들은 매사추세츠주 보스턴에 위치한 에머슨 대학의 참여 연구소에 근무하는 게임 디자이너들과 협업했다. 이 전문가들은 게임을 활용해 시민 참여를 위한 재미있는 접근 방식을 마련했다. 학생들은 커뮤니티 플랜잇을 활용해 사우스 센트럴의 지역 주민들을 초대하고 이들이 지역의 미래에 대해 대화할 수 있도록 했다.

학생들은 플레이어들이 시각적으로 볼 수 있는 내용을 책임졌다. 어려운 질문, 주제, 미디어 등을 생각했다. 학생들이 집중했던 탐구 질문은 'LA 사우스 센트럴 지역을 재구상하기 위해 우리는 서로 어떻게 협력해야 할까?'였다. 탐구질문에 대해 조사할수록 학생들은 더 많은 관련 질문을 얻게 됐다. 이를 테면 '건강한 지역 사회란 무엇일까?' '사우스 센트럴 지역을 좀 더 건강하게 만드는 방법은 무엇일까?' '무엇이 도움이 될까?' 등이다.

그러는 동안에 보스턴의 게임 전문가들은 기술적인 부분을 책임졌다. 전문가들은 플레이어들이 질문에 응답할 수 있도록 온라인 플랫폼을 프로그래밍했다. 프로젝트를 진행하며 학생들과 보스턴의 전문가들은 구글 독스 등의 도구를 통해 게임 디자인 과정에 대해 의사소통했다. 전문가와의 연결은 프로젝트의 실제성을 높여주었다. 학생들은 자신들이 참여한 프로젝트가 단순히 학점을 얻는 것 이상의 의미가 있다는 것을 깨닫게 됐다.

게임 출시 준비가 끝나자 학생들은 게임에 참여할 다양한 이해당사자들을 모집했다. 학생들은 교실 밖으로 나가 게임을 홍보했다. 전단지를 만들었고, 교회, 동아리, 이전 학교의 친구들, 지역 내 다른 단체나 네트워크 등을 통해 참가자를 초대를 했다.

3주 동안 진행된 게임에 학생들도 주요 참가자로 활동했다. 학생들은 게임에서 제시되는 질문에 창의적으로 답했다. 주어진 질문들은 다음과 같았다. '당신의 이웃의 좋은 점은?' '사는 곳은 당신의 삶의 방식에 어떤 영향을 미치는가?' '동네의 가게들을 어떻게 살릴 수 있을까?' '당신은 어떻게 대처하는가?' '당신은 어디에 도움을 청하는가?' 게임이 시작되자 학생들은 자신들이 만든 것이 무엇인지 보다 분명하게 이해할 수 있었다.

한편, 게임은 자료를 수집하는 새로운 방법을 제공했다. 직접 설문지를 만들어 설문 조사를 하는 방식과 비교했을 때 훨씬 많은 사람들이 참여해 의견을 제시해 주었다. 모든 것이 게임이라는 관점을 통해 이루어진 덕분이다.

고메즈는 자신이 가르치게 될 10학년(우리나라의 고등학교 1학년) 세계사 시간이 되면 학생들과 함께 다시 게임을 활용한 프로젝트를 진행할 계획이다. "우리는 게임 참가자들에게 감사를 표현할 수 있는 공개 이벤트를 할 것입니다. 그러고 나서 데이터를 분석해서 지역 사회를 위한 프로젝트를 위해 활용할 것입니다."

게임은 빠르게 자료를 모아준다는 점에서 매우 큰 가능성을 지니고 있다. 다만 학생들이 성급한 일반화의 오류에 빠지지 않도록 지도해야 한다. 따라서 학생들은 데이터를 분석하는 방법을 배워야 하고, 그 분석에 기초해 의사 결정을 내려야 한다. 하지만 이는 시간이 많이 걸리는 일이다. 특히 데이터를 수집하는 부분이 그렇다. 데이터 수집을 위해 게임을 활용한다는 것은 분석과 분류에 더 많은 시간을 보낼 수 있다는 의미이기도 하다.

●●● 프로젝트 응용해 보기

저학년의 경우, 이 프로젝트를 지역 커뮤니티에 관한 보드 게임을 디자인해 보는 것으로 재구성할 수 있다. 학생들의 나이에 맞는 읽기 자료를 활용해 구체적인 이웃이나 지역 사회에 관한 이야기를 들려주고, 읽기 및 쓰기 수업을 포함시킬 수도 있다.

에필로그

　PBL 수업은 교사와 학생이 함께 배운 내용을 성찰하는 시간을 통해 마무리된다. 독자들에게도 이런 시간이 필요하다. 부디 이 책을 통해 GSPBL에 대한 기본적인 메시지들이 잘 전달되었기를 바란다.

　먼저 교사들에게 도전을 권한다. 학년과 교과에 상관없이 모든 학생들과 PBL 수업을 할 수 있다는 걸 기억하자. 처음 PBL을 시도해 보는 것은 큰 도전이다. 그래도 일단 한번 시도해 보자. 아이들이 이루어내는 것을 보며 기쁨과 놀라움을 느끼게 될 것이다.

　한 해 동안 진행할 프로젝트의 개수, 유형과 복잡성 여부 등은 각자가 처한 상황에 따라 달라질 것이다. 교사 자신의 전문가적 판단이나 소속 학교 또는 교육청의 목표도 하나의 기준이 될 것이다. 이러한 요소들에 대해서는 유연성을 갖되, PART1에서 소개했던 프로젝트의 필수 요소들만은 반드시 프로젝트에 포함시켜야 한다. 그래야 프로젝트가 올바르게 진행될 수 있고, 성공할 수 있다.

프로젝트의 운영은 교사와 학생의 손에 달려 있다. 일반적으로 학생들에게 더 많은 것을 맡기는 편이 더 좋은 결과를 가져올 것이다.

다음으로, PBL의 성공적인 정착에 있어 관리자의 역할은 결정적이다. 시스템 전반에서 PBL을 실행하는 것은 만만치 않은 일이며 장기적인 과제다. 정책과 관행을 바꾸고 조직 문화까지 모두 바꾸어야 할 것이다. 관리자들은 교사들이 공동으로 프로젝트를 계획하고, 검토와 비평의 과정을 통해 개선하며 성찰하는 시간을 가질 수 있도록 방법을 마련해야 한다. 학교 구성원 모두가 같은 관점으로 PBL을 바라보고 지지해야 한다는 사실을 기억하자.

PBL을 위한 노력을 오랫동안 지속시키려면 리더십을 공유해야 한다. 교사를 비롯한 교직원, 지역 사회와 함께 PBL에 대한 믿음을 갖기를 바란다. PBL은 우리 아이들이 21세기의 교육과 직장, 삶을 준비하도록 돕는 효과적인 교수법이란 믿음을 갖자.

마지막으로 이 책을 읽고 있는 모든 독자들, 다시 말해 우리 아이들에게 가장 좋은 것을 주고 싶어 하는 이들이 이 책을 통해 PBL의 정의를 명확히 이해하고, 그 장점에 수긍하게 되었기를 바란다. 우리는 이 책에서 소개한 GSPBL이 전 세계의 교실에 PBL이 오랫동안 실천되는 교수법으로 자리잡을 수 있도록 기여할 것이라고 믿는다.

우리가 소개했던 GSPBL 모형이 영원불변의 법칙은 아닐 것이다. 어쩌면 세계 각지에서 PBL을 실천하는 교사들이 우리의 철학을 더 풍성하게 발전시켜줄 것이다. PBL이 점차 확산되면서 세계 각지의 교사들과 함께 '훌륭한 PBL'은 무엇인가에 대해 공통된 이해를 구축해 나갈 수 있기를 희망한다.

이 책에서 소개한 GSPBL이란 기준은 교사와 학교, 교육청, 다양한 학교 연합과 단체 등이 자신들의 활동을 살펴보고 보완하며 개선할 수 있도록 도움을 제공할 것이다. 앞으로의 논의에도 지속적으로 관심을 가져주길 바란다. 또 한 가지, 소통의 중요성을 잊지 말자. 온라인 PBL 커뮤니티에 가입해도 좋고, 벅 교육협회 홈페이지(www.bie.org)를 통해서도 많은 정보를 얻을 수 있다.

이 책의 독자가 되어준 선생님들과 당신들의 학생, 그리고 함께 실천하게 될 PBL에 행운이 함께하길 바란다.

참고문헌

America Achieves. (n.d.). The Global Learning Network: A learning community for OECD Test for Schools participants. Available: http://www.americaachieves.org/oecd

American Management Association (AMA). (2012). AMA 2012 critical skills survey. Washington, DC: Author. Available: http://www.amanet.org/training/articles/AMA-2012-Critical-Skills-Survey.aspx

Arazm, G., & Sungur, S. (2007). Effectiveness of problem-based learning on academic performance in genetics. Biochemistry and Molecular Biology Education, 35(6), 448-451.

Aronson, E. (1978). The jigsaw classroom. Thousand Oaks, CA: Sage.

Bailin, S., Case, R., Coombs, J. R., & Daniels, L. B. (1999). Conceptualizing critical thinking. Journal of Curriculum Studies, 31(3), 285-302.

Balfanz, R. (2007, May). What your community can do to end its drop-out crisis: Learnings from research and practice. Baltimore, MD: Center for Social Organization of Schools, Johns Hopkins University. Available: http://web.jhu.edu/CSOS/images/Final_dropout_Balfanz.pdf

Barron, B. J., Schwartz, D. L., Vye, N. J., Moore, A., Petrosino, A., Zech, L., & Bransford, J. D. (1998). Doing with understanding: Lessons from research on problemand project-based learning. Journal of the Learning Sciences, 7(3-4), 271-311.

Barrows, H. S. (1992). The tutorial process (Rev. ed.). Springfield: Southern Illinois University School of Medicine.

Berg, P. (2011, May 17). Service learning projects-Project based learning taken further [blog post]. Retrieved from: http://www.educationtransformation.org/2011/05/service-learning-projects-project-based.html

Berger, R. (2003). An ethic of excellence: Building a culture of craftsmanship with students. Portsmouth, NH: Heinemann.

Black, P. J., & Wiliam, D. (1998). Inside the black box: Raising standards through classroom assessment. Phi Delta Kappan, 80(2), 139-148.

Blumenfeld, P. C., Kempler, T., & Krajcik, J. S. (2006). Motivation and cognitive engagement in learning environments. In R. K. Sawyer (Ed.), Cambridge handbook of the learning sciences. New York: Cambridge University Press.

Blumenfeld, P. C., Mergendoller, J. R., & Swarthout, D. W. (1987). Tasks as heuristics for understanding student learning and motivation. Journal of Curriculum Studies, 19(2), 135-148.

Blumenfeld, P. C., Solloway, E., Marx, R. W., Krajcik, J. S., Guzdial, M., & Palincsar, A. (1991). Motivating project based learning: Sustaining the doing, supporting the learning. Educational Psychologist, 26(3&4), 369-398.

Boaler, J. (1998). Open and closed mathematics: Student experiences and understandings. Journal for Research in Mathematics Education, 29(1), 41-62.

Boonchouy, S. R. (2014). Leadership for project based learning: Exploring how principals promote change, innovation, and professional learning. (Unpublished doctoral dissertation). University of California, Davis.

Boss, S. (2014a, May 20). How to find a home for service-learning projects. Edutopia.org. Available: http://www.edutopia.org/blog/home-to-service-learning-howto-suzie-boss

Boss, S. (2014b, Aug. 21). How to design right-sized challenges. Edutopia. Available: http://www.edutopia.org/blog/how-design-right-sized-challenges-suzie-boss

Boss, S., & Krauss, J. (2014). Reinventing project-based learning: Your field guide to real-world projects in the digital age (2nd ed.). Eugene, OR: International Society for Technology in Education.

Bransford, J., Brown, A., & Cocking, R., Eds. (2000). How people learn: Brain, mind, experience, and school. Washington, DC: National Academy Press.

Bridgeland, J. M., DiIulio, J. J., Jr., & Morison, K. B. (2006). The silent epidemic: Perspectivesof high school dropouts (Report by Civic Enterprises in association with Peter D. Hart Research Associates for the Bill & Melinda Gates Foundation). Available: https://docs.gatesfoundation.org/Documents/TheSilentEpidemic3-06Final.pdf

Brophy, J. E. (2013). Motivating students to learn. New York: Routledge.

Brown, A. L., Bransford, J. D., Ferrara, R., & Campione, J. (1983). Learning, remembering and understanding. In J. H. Flavell & E. M. Markham (Eds.), Handbook of child psychology, Vol 3: Cognitive development (4th ed., pp. 77-166). New York: Wiley.

Brown, A. L., Collins, A., & Duguid, P. (1989). Situated cognition and the culture of learning. Educational Researcher, 18, 32-41.

Bruner, J. S. (1966). Toward a theory of instruction (Vol. 59). Cambridge, MA: Harvard University Press.

Burke, K. (2010). Balanced assessment. Bloomington, IL: Solution Tree.

Camp, G. (1996). Problem-based learning: A paradigm shift or a passing fad? Medical Education Online, 1.

Capon, N., & Kuhn, D. (2004). What's so good about problem-based learning? Cognition and Instruction, 22(1), 61–79.

Casner-Lotto, J., & Barrington, L. (2006). Are they really ready to work? Employers' perspectives on the basic knowledge and applied skills of new entrants to the 21st century U.S. workforce. Washington, DC: The Conference Board, Partnership for 21st Century Skills, Corporate Voices for Working Families, & Society for Human Resource Management. Available: http://www.p21.org/storage/documents/FINAL_REPORT_PDF09-29-06.pdf

Chang, C. (2001). Comparing the impacts of a problem-based computer-assisted instruction and the direct-interactive teaching method on student science achievement. Journal of Science Education and Technology, 10(2), 147–153.

Chen, M. (2011). Education nation. San Francisco: Jossey-Bass.

Chen, M. (2013). The rise of any time, any place, any path, any place learning: Afterschool and summer as the new American frontier for innovative learning. In T. K. Peterson (Ed.), Expanding minds and opportunities: Leveraging the power of afterschool and summer learning for student success. Washington, DC: Collaborative Communications Group.

Cognition and Technology Group at Vanderbilt. (1998). Designing environments to reveal, support, and expand our children's potentials. In S. Soraci & W. J. McIlvane(Eds.), Perspectives on fundamental processes in intellectual functioning: A survey of research approaches (Vol. 1). Westport, CT: Greenwood.

College Board. (n.d.). Redesigned SAT. Available: https://www.collegeboard.org/delivering-opportunity/sat/redesign

Common Core State Standards Initiative. (n.d.). Standards for mathematical practice. Available: http://www.corestandards.org/Math/Practice/

Conley, D. T. (2005). College knowledge: What it really takes for students to succeed and what we can do to get them ready. San Francisco: Jossey-Bass.

Csikszentmihalyi, M., & Csikzentmihaly, M. (1991). Flow: The psychology of optimal experience. New York: HarperPerennial.

Dean, C. B. (2012). Classroom instruction that works: Research-based strategies for increasing student achievement. Alexandria, VA: ASCD.

Dewey, J. (1916). Democracy and education. New York: Macmillan.

Dewey, J. (1938). Education and experience. New York: Macmillan.

Dewey, J., & Small, A. W. (1897). My pedagogic creed (No. 25). New York: E. L. Kellogg & Company.

District Administration. (2014). Outlook on instruction: Class around the clock. Available: http://www.districtadministration.com/article/outlook-instruction-classaround-clock

Dochy, F., Segers, M., Van den Bossche, P., & Gijbels, D. (2003). Effects of problem based learning: A meta-analysis. Learning and instruction, 13(5), 533–568.

Drake, K. N., & Long, D. (2009). Rebecca's in the dark: A comparative study of problem-based learning and direct instruction/experiential learning in two fourthgrade classrooms. Journal of Elementary Science Education, 21(1), 1–16.

Durlak, J. A., Weissberg, R. P., & Pachan, M. (2010). A meta-analysis of after-school programs that seek to promote personal and social skills in children and adolescents. American Journal of Community Psychology, 45, 294–309.

Dweck, C. (2006). Mindset: The new psychology of success. New York: Random House.Ebbinghaus, H. (1913). Memory. A contribution to experimental psychology. New York: Teachers College, Columbia University.

Edelson, D. C., Gordon, D. N, & Pea, R. D. (1999). Addressing the challenge of inquiry-based learning. Journal of the Learning Sciences, 8, 392–450.

Fennema, E., & Romberg, T. (1999). Mathematics classrooms that promote understanding. Mahwah, NJ: Erlbaum.

Finkelstein, N., Hanson, T., Huang, C. W., Hirschman, B., & Huang, M. (2010). Effects of problem based economics on high school economics instruction (NCEE 2010-4002). Washington, DC: U.S. Department of Education.

Friedlaender, D., Burns, D., Lewis-Charp, H., Cook-Harvey, C. M., & Darling-Hammond, L. (2014). Student-centered schools: Closing the opportunity gap. Stanford, CA: Stanford Center for Opportunity Policy in Education (SCOPE). Available: https://edpolicy.stanford.edu/publications/pubs/1175

Gallagher, S. A., & Stepien, W. J. (1996). Content acquisition in problem-based learning: Depth versus breadth in American studies. Journal for the Education of the Gifted, 19(3), 257–275.

Geier, R., Blumenfeld, P. C., Marx, R. W., Krajcik, J. S., Fishman, B. Soloway, E., & Clay-Chambers, J. (2008). Standardized test outcomes for students engaged in inquiry-based science curricula in the context of urban reform. Journal of Research in Science Teaching, 45(8), 922–939.

Gordon, P. R., Rogers, A. M., Comfort, M., Gavula, N., & McGee, B. P. (2001). A taste of problem-based learning increases achievement of urban minority middle school students. Educational Horizons, 79(4), 171–175.

Guilfoile, L., & Ryan, M. (2013). Linking service-learning and the Common Core State Standards: Alignment, progress, and obstacles. Denver, CO: Education Commission of the States.

Guskey, T. R. (2011, Nov.). Five obstacles to grading reform. Educational Leadership, 69(3), 16–21.

Guskey, T. R., & Bailey, J. M. (2010). Developing standards-based report cards. Thousand Oaks, CA: Corwin.

Hackman, J. R., & Oldham, G. R. (1980). Work redesign (Vol. 72). Reading, MA:

Addison-Wesley.

Halvorsen, A., Duke, N. K., Brugar, K., Block, M., Strachan, S., Berka, M., & Brown, J. (2014). Narrowing the achievement gap in second-grade social studies and content area literacy: The promise of a project-based approach. Working Paper #26. East Lansing, MI: Education Policy Center at Michigan State University. Available: http://fi les.eric.ed.gov/fulltext/ED537157.pdf

Hart Research Associates. (2013). It takes more than a major: Employer priorities for college learning and student success. An online survey among employers conducted on behalf of: The Association of American Colleges and Universities. Washington, DC: Author. Available: https://www.aacu.org/leap/documents/2013_EmployerSurvey.pdf

Hattie, J. (2012). Visible learning for teachers: Maximizing impact on learning. New York: Routledge.

Hernandez-Ramos, P., & De La Paz, S. (2009). Learning history in middle school by designing multimedia in a project-based learning experience. Journal of Research on Technology in Education, 42(2), 151–173.

Hewlett Foundation. (n.d.). What is deeper learning? Available: http://www.hewlett.org/programs/education/deeper-learning/what-deeper-learning

Hickey, D. T., Moore, A. L., & Pellegrino, J. W. (2001). The motivational and academic consequences of elementary mathematics environments: Do constructivist innovations and reforms make a difference? American Educational Research Journal, 38(3), 611–652.

Hmelo-Silver, C. E., Duncan, R. G., & Chinn, C. A. (2007). Scaffolding and achievement in problem-based and inquiry learning: A response to Kirschner, Sweller, and Clark (2006). Educational Psychologist, 42(2), 99–107.

Hung, W., Jonassen, D. H., & Liu, R. (2007). Problem-based learning. In J. M. Spector, J. G. van Merrienboer, M. D. Merrill, & M. Driscoll (Eds.), Handbook of research on educational communications and technology (3rd ed., pp. 1503–1581). Mahwah, NJ: Erlbaum.

Kanevsky, L., & Keighley, T. (2003). To produce or not to produce? Understanding boredom and the honor in underachievement. Roeper Review: A Journal on Gifted Education, 26(1), 20–28.

Kilpatrick, W. (1918). The project method. The Teachers College Record, 19(4), 319–335.

Kirschner, P. A., Sweller, J., & Clark, R. E. (2006). Why minimal guidance during instruction does not work: An analysis of the failure of constructivist, discovery, problem-based, experiential, and inquiry-based teaching. Educational psychologist, 41(2), 75–86.

Kim, M. C., Hannafi n, M. J., & Bryan, L. A. (2007). Technology-enhanced inquiry tools in science education: An emerging pedagogical framework for classroom practice. Science Education, 91(6), 1010–1030.

Knoll, M. (1997). The project method: Its vocational education origin and international development. Journal of Industrial Teacher Education, 34(3), 59-80.

Kolodner, J. L., Camp, P. J., Crismond, D., Fasse, B., Gray, J., Holbrook, J., Puntambekar, S., & Ryan, M. (2003). Problem-based learning meets case-based reasoning in the middle-school science classroom: Putting Learning by Design into practice. Journal of the Learning Sciences, 12(4), 495-547.

Krajcik, J. S., Blumenfeld, P. C., Marx, R. W., Bass, K. M., Fredricks, J., & Soloway, E. (1998). Inquiry in project-based science classrooms: Initial attempts by middle school students. Journal of the Learning Sciences, 7, 313-350.

Lambros, A. (2002). Problem-based learning in middle and high school classrooms: A teacher's guide to implementation. Thousand Oaks, CA: Corwin Press.

Laur, D. (2013). Authentic learning experiences: A real-world approach to project-based learning. New York: Routledge.

Lave, J., & Wenger, E. (1991). Situated learning. Legitimate peripheral participation. Cambridge, UK: Cambridge University Press.

Lee, O., Buxton, C. A., Lewis, S., & LeRoy, K. (2006). Science inquiry and student diversity: Enhanced abilities and continuing difficulties after an instructional intervention. Journal of Research in Science Teaching, 43(7), 607-636.

Levy, F., & Murnane, R. J. (2013). Dancing with robots: Human skills for computerized work [White paper]. Washington, DC: Third Way.

Liu, M., Hsieh, P., Cho, Y. J., & Schallert, D. L. (2006). Middle school students' self-efficacy, attitudes, and achievement in a problem-based learning environment. Journal of Interactive Learning Research, 17(3), 225-242.

Lopez, B., Forgie, G., Dastur, F., & Hoffman, S. (2014). PBL and design thinking in first grade. Future Forwards, 2, 82-92.

Lynch, S., Kuipers, J. U., Pyke, C., & Szesze, M. (2005). Examining the effects of a highly rated science curriculum unit on diverse students: Results from a planning grant. Journal of Research in Science Teaching, 42, 921-946.

Marconi, P., Cipriani, A., & Valeriani, E., (1974). I disegni di architecttura dell' Archivo storico dell'Accademia di San Luca. Rome: De Luca Editore. Cited in Knoll, 1997.

Martenson, D., Eriksson, H., & Ingelman-Sundberg, M. (1985). Medical chemistry: Evaluation of active and problem-oriented teaching methods. Medical Education, 19(1), 34-42.

Marx, R. W., Blumenfeld, P. C., Krajcik, J. S., Blunk, M., Crawford, B., Kelly, B., & Meyer, K. M. (1994). Enacting project-based science: Experiences of four middle grade teachers. Elementary School Journal, 94(5), 517-538.

Marx, R. W., Blumenfeld, P. C., Krajcik, J. S., & Soloway, E. (1997) Enacting project based science. Elementary School Journal, 97(4), 341-358.

Maxwell, N. L., Bellisimo, Y., & Mergendoller, J. (2001). Problem-based learning: Modifying the medical school model for teaching high school economics. The Social Studies, 92(2), 73-78.

Maxwell, N., Mergendoller, J., & Bellisimo, Y. (2005). The high school economics curriculum: Does problem-based learning increase knowledge? Journal of Economic Education, 36(4), 315-331.

McCombs, B. L. (1996). Alternative perspectives for motivation. In L. Baker, P. Afflerback, & D. Reinking (Eds.), Developing engaged readers in school and home communities (pp. 67-87). Mahwah, NJ: Erlbaum.

Mergendoller, J. R., Markham, T., Ravitz, J., & Larmer, J. (2006). Pervasive management of project based learning: Teachers as guides and facilitators. In C. Evertson, C. M. Weinstein, & C. S. Weinstein (Eds.), Handbook of classroom management: Research, practice, and contemporary issues (pp. 583-615). Mahwah, NJ: Erlbaum.

Moll, L. C., Amanti, C., Neff, D., & Gonzalez, N. (1992). Funds of knowledge for teaching: Using a qualitative approach to connect homes and classrooms. Theory into Practice, 31(2), 132-141.

Murphy, P. K., Wilkinson, I. A. G., Soter, A. O., Hennessey, M. N., Alexander, J. F. (2009). Examining the effects of classroom discussion on students' comprehension of text: A meta-analysis. Journal of Educational Psychology, 101(3), 740-764.

National Center for Education Statistics (NCES). (2012). NAEP: Looking ahead: Leading assessment into the future. [Highlights]. Washington, DC: Author. Available: http://nces.ed.gov/nationsreportcard/pdf/naep_highlights_16may2012_view.pdf

New Tech Network. (2014). Student Outcomes Report 2014. Napa, CA: Author. Available: http://www.newtechnetwork.org/services/resources/ntn-student-outcomesreport-2014

Next Generation Science Standards. (2013). Appendix A.Conceptual shifts in the Next Generation Science Standards. Washington, DC: Achieve, Inc. Available: http://www.nextgenscience.org/sites/ngss/files/Appendix%20A%20-%204.11.13%20Conceptual%20Shifts%20in%20the%20Next%20Generation%20Science%20Standards.pdf

Organization for Economic Development (OECD). (2014). PISA 2012 results: Creative problem solving: Students' skills in tackling real-life problems (Vol. V). Paris: Author. Available: http://dx.doi.org/10.1787/9789264208070-en

Palmer, E. (2011). Well spoken: Teaching speaking to all students. Portland, ME: Stenhouse.

Parker, W. C., Lo, J., Yeo, A. J., Valencia, S. W., Nguyen, D., Abbot, R. D., Nolen, S. B., Bransford, J. D., & Vye, N. J. (2013). Beyond breadth-speed test: Toward deeper knowing and engagement in an advanced placement course. American Educational Research Journal, 5(9), 1424-1459.

Partnership for 21st Century Skills. (2007). Beyond the three Rs: Voter attitudes toward 21st century skills. Tucson, AZ: Author. Available: http://www.p21.org/storage/documents/P21_pollreport_singlepg.pdf

Perry, C. (2013). In AP 50, students own their education. Harvard School of Engineering and Applied Sciences. Available: http://www.seas.harvard.edu/news/2013/09/in-ap-50-students-own-their-education

Peterson, T. K. (Ed.) (2013). Expanding minds and opportunities: Leveraging the power of afterschool and summer learning for student success. Washington, DC: Collaborative Communications Group.

Piha, S. (n.d.) Learning in afterschool and summer: Preparing youth for the 21st century. Position paper of the Learning in Afterschool and Summer Project. www.learninginafterschool.org/position.htm

Pintrich, P. R., & Schunk, D. (1996). Motivation in education: Theory, research and application. Columbus, OH: Merrill/Prentice Hall.

Ritchhart, R., & Perkins, D. (2008). Making thinking visible. Educational Leadership, 65(5), 57-61.

Rivet, A. E., & Krajcik, J. S. (2004). Achieving standards in urban systemic reform: An example of a sixth grade project-based science curriculum. Journal of Research in Science Teaching, 41, 669-692.

Savery, J. R. (2006). Overview of problem-based learning: Definitions and distinctions. Interdisciplinary Journal of Problem-based Learning, 1(1), 3, 9-20.

Schmidt, H. G., Boshuizen, H. P. A., & de Vries, M. (1992). Comparing problem-based with conventional education: A review of the University of Limburg medical school experiment. Annals of Community-Oriented Education, 5, 193-198.

Schneider, R., Krajcik, J., Marx, R. W., & Soloway, E. (2002). Student learning in project-based science classrooms. Journal of Research in Science Teaching, 39(5), 410-422.

Schroeder, C. M., Scott, T. P., Tolson, H., Huang, T., & Lee, Y. (2007). A meta-analysis of national research: Effects of teaching strategies on student achievement in science in the United States. Journal of Research in Science Teaching, 44(10), 1436-1460.

Schwalm, J., & Tylek, K. S. (2012, Spring). Systemwide implementation of project-based learning: The Philadelphia approach. Afterschool Matters, 15, 1-8.

Scott, C. A. (1994). Project-based science: Reflections of a middle school teacher. The Elementary School Journal, 95(1), 75-94.

Sefton-Green, J. (2013). Learning at not-school. Cambridge, MA: MIT Press.

Seidel, S. (2011). Hip hop genius: Remixing high school education. Lanham, MD: Rowman & Littlefield.

Sizer, T. (1984). Horace's compromise, Boston: Houghton Mifflin.

Smarter Balanced Assessment Consortium. (2014) Sample items and performance tasks. Olympia, WA: Author. Available: http://www.smarterbalanced.org/sampleitems-and-performance-tasks/

Stiggins, R. (2005). From formative assessment to assessment for learning: A path to success in standards-based schools. Phi Delta Kappan, 324-328.

Strobel, J., & van Barneveld, A. (2009). When is PBL more effective? A meta-synthesis of meta-analyses comparing PBL to conventional classrooms. Interdisciplinary Journal of Problem-based Learning, 3(1). Available: http://dx.doi.org/10.7771/1541-5015.1046

Strobel, J., Wang, J., Weber, N. R., & Dyehouse, M. (2013). The role of authenticity in design-based learning environments: The case of engineering education. Computers & Education, 64, 143-152.

Tans, R. W., Schmidt, H. G., Schade-Hoogeveen, B. E. J., & Gijselaers, W. H. (1986). Sturing van het onderwijsleerproces door middel van problemen: Een veldexperiment [Guiding the learning process by means of problems: A field experiment]. Tijdschrift voor Onderwijsresearch, 11, 35-46.

Thomas, J. W. (2000). A review of research on project-based learning. San Rafael, CA: Autodesk Foundation.

Tomlinson, C. A. (2011, October). Coaching: The new leadership skill. Educational Leadership, 69(2), 92-93.

Torp, L., & Sage, S. (2002). Problems as possibilities: Problem-based learning for K.12 education. Alexandria, VA: ASCD.

Vandell, D. L. (2013) Afterschool program quality and student outcomes: Reflections on positive key findings on learning and development from recent research. In T. K. Peterson (Ed.), Expanding minds and opportunities: Leveraging the power of afterschool and summer learning for student success. Washington, DC: Collaborative Communications Group.

Walker, A., & Leary, H. (2009). A problem based learning meta analysis: Differences across problem types, implementation types, disciplines, and assessment levels. Interdisciplinary Journal of Problem-based Learning, 3(1).

Wiggins, G. (2014, May). Fixing the high school.Student Survey, Part 1 [blog post]. Available: http://grantwiggins.wordpress.com/2014/05/21/fixing-the-high-school/

Wirkala, C., & Kuhn, D. (2011). Problem-based learning in K.12 education: Is it effective and how does it achieve its effects? American Educational Research Journal, 48(5), 1157-1186.

Yazzie-Mintz, E. (2010). Charting the path from engagement to achievement: A report on the 2009 High School Survey of Student Engagement. Bloomington, IN: Center for Evaluation and Education Policy. Available: http://ceep.indiana.edu/hssse/images/HSSSE_2010_Report.pdf

주

PART 1
1. http://hewlett.org/strategy/deeper-learning/
2. edglossary.org

PART2
1. http://www.envisionschools.org/impact/
2. http://bit.ly/1iGN9c2
3. https://collegereadiness.collegeboard.org/
4. https://collegereadiness.collegeboard.org/sat/inside-the-test
5. https://collegereadiness.collegeboard.org/
6. https://advancesinap.collegeboard.org/overview
7. https://advancesinap.collegeboard.org/ap-capstone
8. https://www.youtube.com/watch?v=PQ_xnExy4LI

PART3
1. https://plus.google.com/+BIEPBL
2. https://www.edmodo.com/publisher/biepbl
3. http://pblu.org/projects/schoolyard-habitat-project
4. http://pblu.org/projects/bizworld
5. http://pblu.org/projects/choose-your-own-adventure
6. https://archive.org/details/Spiders_201403
7. http://pblu.org/projects/back-in-the-day
8. http://pblu.org/projects/resilience-cafe
9. https://www.youtube.com/watch?v=9VzhStQwQSI
10. http://www.real-projects.org/do-it-yourself/
11. http://bie.org/project_search
12. http://www.bie.org/results/search&keywords=propositions&category=388+397
13. http://www.mathalicious.com/lessons
14. http://www.mathalicious.com/lessons/win-at-any-cost
15. http://www.bie.org/objects/cat/videos

PART4
1. https://www.mindtools.com/pages/article/newCT_10.htm
2. https://challenges.openideo.com/blog/seven-tips-on-better-brainstorming
3. http://commons.eleducation.org/sites/default/files/Protocols_EL_120313.pdf
4. https://goo.gl/mnhBiC
5. http://www.bie.org/object/document/project_calendar
6. https://goo.gl/gcTh5r
7. http://www.bie.org/objects/cat/student_handouts

8. http://eleducation.org/resources/austins-butterfly
9. http://www.nsrfharmony.org/free-resources/protocols/a-z
10. http://www.bie.org/objects/cat/rubrics
11. http://www.bie.org/object/document/presentation_plan
12. http://memory.loc.gov/ammem/index.html
13. http://ed.ted.com/
14. http://www.teachertube.com/
15. http://www.schooltube.com/
16. https://education.microsoft.com/skype-in-the-classroom/overview
17. https://plus.google.com/hangouts
18. https://newsela.com/
19. http://www.pearltrees.com/
20. https://www.diigo.com/education
21. https://evernote.com/intl/ko/
22. https://todaysmeet.com/
23. https://padlet.com/
24. https://www.polleverywhere.com/
25. https://www.google.com/forms/about/
26. https://ko.surveymonkey.com/
27. http://edublogs.org/
28. http://kidblog.org/home/
29. https://www.weebly.com/
30. https://www.edmodo.com/
31. http://www.sketchup.com/
32. http://docs.google.com
33. https://www.lucidchart.com/
34. http://flowingdata.com/
35. http://edu.glogster.com/?ref=com
36. https://storybird.com/
37. https://www.techsmith.com/jing.html
38. http://screencast-o-matic.com/home
39. http://www.livebinders.com/
40. https://trello.com/
41. http://www.projectfoundry.com/

PART 5

1. http://www.learninginafterschool.org
2. https://y4y.ed.gov
3. http://girlsgarage.org
4. http://wowinschool.pbworks.com/w/page/5268731/FrontPage
5. http://chej.org/2013/04/29/teachers-and-students-that-inspire/
6. http://afterschoolinphilly.weebly.com

PART 6

1. http://www.novipbl.net/

프로젝트 수업 어떻게 할 것인가?

초판 1쇄 발행 2017년 1월 5일
초판 6쇄 발행 2023년 8월 30일

지은이 존 라머 존 머겐달러 수지 보스
옮긴이 최선경 장밝은 김병식

발행인 윤을식
발행처 도서출판 지식프레임
출판등록 2008년 1월 4일 제 2020-000053호
전화 (02)521-3172 | 팩스 (02)6007-1835

이메일 editor@jisikframe.com
홈페이지 http://www.jisikframe.com

ISBN 978-89-94655-54-3 (03370)

- 이 책 내용의 전부 또는 일부를 재사용하려면 반드시 저작권자와 지식프레임 양측의 서면에 의한 동의를 받아야 합니다.
- 파손된 책은 구입하신 서점에서 교환해 드리며, 책값은 뒤표지에 있습니다.